Ilse Wellershoff-Schuur

Am Kreuz der Erde

Ilse Wellershoff-Schuur

Am Kreuz der Erde

Ein Reisejournal aus dem Heiligen Land

Verlag Urachhaus

ISBN 978-3-8251-7909-0

Erschienen 2015 im Verlag Urachhaus
www.urachhaus.de

Umschlaggestaltung: Ursula Weismann
Umschlagabbildung: © gettyimages / Jeremy Woodhouse
Gesamtherstellung: CPI – Clausen & Bosse, Leck

Inhalt

Yallah!

Seit Jahren ist dieses Buch im Entstehen begriffen. Immer wieder wird daran gearbeitet. Und seit Jahren ist es schwer, das Manuskript fertig zu schreiben. Obwohl das Thema viel Stoff bereithält, obwohl ein Schatz an Geschichten und Erlebnissen aus zwanzig Jahren Reise- und Projekterfahrungen darauf wartet, als zusammenhängende Darstellung bearbeitet zu werden, bleibt die Arbeit seltsam ungeschmeidig. Was für ein Buch soll es werden? Ein Geschichtsbuch? Eine Reportage? Eine Sammlung von Aufsätzen? Gedanken, Erlebnisse, Begegnungen reihen sich aneinander – zusammenhängend und doch ohne zwingende Linienführung. Bunt wie das Leben in diesem Land. Wild, ein bisschen aufregend, sehr intensiv, scheinbar zufällig und willkürlich – gesucht wird: der rote Faden …

Und wenn es gar kein Faden ist, sondern ein Gewebe? Verflochten, verwoben, verstrickt, verschiedene Strukturen bildend – und doch eine Hülle bildend für etwas, das werden will im scheinbaren Chaos?

Es gibt viel Material, das darauf wartet, nach irgendeinem Gesichtspunkt geordnet zu werden. Und doch fehlten bisher zwei wesentliche Dinge, damit es ein Buch werden konnte: Das eine war der Faktor Zeit, denn ein bisschen Ruhe am Stück braucht es schon, wenn all die Ideen, Beobachtungen, Erlebnisse, aber auch die Erkenntnisse aus dem Studium der Geschichte und der Kulturen zu einem Text aus einem Guss werden sollen. Zum anderen braucht die Idee, die dem Buch zugrunde liegt, eine Form, einen Aufbau, der nicht nur äußerlich, sondern auch innerlich hilft, die

Komplexität dieses Landes, seine Vielschichtigkeit und damit seine Bedeutung zu begreifen.
Nun wage ich den Versuch, in einer begrenzten Zeit zu einem vorläufigen Ende zu kommen. Fertig wird man mit der Sache sowieso nicht ... Vor mir liegen etwa zwei Wochen, in denen mein Mann und ich eine Studienreise ins Heilige Land leiten werden. Plötzlich ist der Gedanke da, in diesen Tagen eine Art Tagebuch zu führen, in dem ich das Land zu erklären versuche – und dabei einflechte, was an Hintergrund, an Notizen und Beschreibungen an den jeweiligen Orten hilfreich sein könnte. So könnte ein Gesamteindruck entstehen. Der Leser wird zum stillen Reiseteilnehmer.

Die Reise als Möglichkeit

Eigentlich ist es eine gute Chance. Als Gemeindepfarrerin weiß ich, dass es in nächster Zeit keine Möglichkeit geben wird, eine Auszeit zu nehmen. Auch wird dies die letzte Reise dieser Art sein, weil ich nicht mehr in »Bildungsreisen« einiger weniger Teilnehmer investieren kann. Die Projekte in Israel, an denen ich beteiligt bin, brauchen ebenso wie die damit zusammenhängende interkulturelle Jugendarbeit Zeit und Engagement, was neben der Arbeit in der Gemeinde kaum zu leisten ist. Die Studienreisen wirken da wie ein elitärer Luxus für wenige.
Umso verlockender erscheint mir die Möglichkeit, die Reise mit mehr Menschen zu teilen als den sechzehn Teilnehmern, die uns in den nächsten zwei Wochen begleiten werden. Vielleicht kann das Buch eine Art Aufmunterung für andere werden, einmal selbst dieses Land zu erkunden, das – so verwirrend es scheint – doch ein so wundervolles Reiseziel ist, im wahrsten Sinne des Wortes. Ich kann vor Beginn dieser Reise nicht sicher sein, ob und wie das Vorhaben gelingen wird, und doch scheint mir ein guter Stern über dem Unternehmen zu stehen: Zwei Wochen fern vom Alltag, mit

geregeltem Nachtschlaf, manchmal einer Mittagspause – da müsste doch Zeit sein zum begleitenden Schreiben?

Yallah!

Es ist ein Versuch, den ich hier – im Zug nach Berlin, auf der Anreise zum Treffpunkt – beginne. Wenn Sie also nunmehr ein Buch in den Händen halten, ist das Experiment gelungen. Darüber freue ich mich, denn ich fühle, dass ich vielen Menschen diese Zusammenfassung unseres Engagements im Heiligen Land schulde: Allen, die mir das Reisen ermöglicht haben – von der ersten privaten Reise 1993 an, als noch meine Mutter meine Kinder hütete und meine erste Freundin im Lande mir in ihrem damals noch sehr bescheidenen Kibbuz-Häuschen ein kleines Kämmerlein als Herberge richtete. Allen, die als Mitfahrer Reisen mitgestaltet haben und durch Fragen und Beobachtungen Erkenntnis weckten, den Jugendlichen vor allem. Allen, die mich zu Hause und in der Gemeinde gebraucht hätten, als ich mich mal wieder im Nahen Osten herumtrieb. Allen, die gern noch einmal mitgefahren wären, das aber aus verschiedenen Gründen nie tun konnten. Allen, denen ich angekündigt habe, dass es eines Tages ein Buch über das Heilige Land geben würde, in dem all das vorkommt, was ich auf den Reisen, Friedensübungswochen im Lande, aber auch auf Vorträgen und Tagungen und Seminaren sowie bei Begegnungen anderer Art erzählt habe.

Ihnen allen wünsche ich viel Freude, einiges an erstaunlichen und vielleicht sogar religiös belebenden Erkenntnissen und vor allem eine Bereicherung ihres Bewusstseins dessen, dass alles Menschsein auf Erden als sinnvoll und zielgerichtet erlebt werden kann, auch da, wo es schwierig oder tragisch erscheint. Es lohnt sich immer, sich einzusetzen für das Zukünftige im Menschensein, für das sich dem Gruppenhaften entringende freie Individuelle, das sich überall auf der Welt findet – vielleicht im Heiligen Land, diesem besonderen Brennpunkt der Kulturen in unserer Zeit, in ganz besonders herausfordernder Weise.

Ich freue mich, dass Sie auf diesem Wege mitkommen auf die Reise!

Yallah, lassen Sie uns aufbrechen!

Vor der Reise

Sonntag

Pilger vor der Grabeskirche

Vorbereitungen für die Reise

Wer ins Heilige Land reist, wird sich in unterschiedlichster Weise inhaltlich vorbereiten, abhängig von den Schwerpunkten, die er mit der Reise setzen will. Man kann mit den verschiedensten Motiven in dieses Land fahren: als Erholungssuchender, Forscher, Geschäftsreisender, als Besucher von Freunden und Verwandten – am häufigsten aber trifft man hier auf Reisende, die irgendwie »Pilger« sind. Die meisten sind christliche Pilger, aber natürlich gibt es auch viele Juden, die in das Land ihrer Vorfahren, das Land ihrer Verheißung, reisen. Auch muslimische Pilger kommen hierher, denn immerhin ist der Tempelberg in Jerusalem nach Mekka und Medina die drittheiligste Stätte des Islam (und – was kaum einer weiß – Hebron, auf Arabisch *Al-Khalil*, die viertheiligste), selbst wenn die politischen Verhältnisse dafür sorgen, dass Reisende aus arabischen Ländern selten sind, schon weil viele den Staat Israel prinzipiell boykottieren. Nicht-arabische Muslime kommen aber immer öfter, Indonesier und Afrikaner, während viele Palästinenser aus den besetzten Gebieten, die doch diesen Heiligtümern so nahe sind, nur selten eine Genehmigung für rein religiös motivierte Reisen erhalten.

Doch zurück zu der christlichen Pilgerreise besonderer Art, die unser gemeinsamer Weg vielleicht sein will, und zu uns, die wir uns nun eine Vorbereitung wünschen. Was können wir im Vorfeld der Reise tun? Was werden wir überhaupt sehen? Ist das Grab nicht leer, der Christus überall zu finden, ausgegossen in die Welt, die Herzen der Menschen, der Ort damit für das Christentum irrelevant?

Wer die Reise antreten will, scheint das nicht so zu sehen. Für uns als Pilger gibt es verschiedene Motivschichten: Orte sehen, an denen etwas geschehen ist, das die Welt verändert hat, Stimmungen nachspüren, die etwas von dem enthalten, was das Geschehen der Zeitenwende möglich machte – oder eben auch in den heutigen Verhältnissen Spuren lesen, vielleicht sogar aktuelle Aufgabenstellungen sehen, die den Christenmenschen betreffen.

Bücherweisheit

Das wichtigste Buch zur Vorbereitung ist die Bibel, die ja zum großen Teil im Lande »spielt«. Das sogenannte »Alte« Testament, die Hebräische Bibel, und die Evangelienberichte sowie die Entstehungsgeschichte des frühen Christentums in der Apostelgeschichte. Das Buch der Bücher bildet den Hintergrund, den Untergrund, den Grund überhaupt, für alles, was wir heute im Land erleben.

Bücher und Schriften

Und für viel mehr natürlich, überall in der Welt. Aber vor allem für das, was hier im Land an Besonderem erlebt werden kann.
Dazu all die Bücher, die die Geistes- und Kulturgeschichte des Landes in allen Facetten einzufangen versuchen. Und davon gibt es viele – historische, theologische, politische, kunsthistorische Bücher, Reiseliteratur und Studienmaterial in Hülle und Fülle. Warum weckt das Land überhaupt ein solches Interesse? Und warum ist es derart erklärungsbedürftig? Warum ist das Thema immer wieder neu aktuell? So aktuell sogar, dass viele dieser Bücher eine sehr kurze Halbwertzeit haben?
Es ist aufschlussreich, einmal in einem gut sortierten Antiquariat zu erforschen, welche Bücher es zum Thema Heiliges Land, Israel, Palästina und den vielen verwandten Einzelthemen dort gibt, denn gerade in den Antiquariaten finden sich die Bücher, die oft durch ihr Alter zeitlose Aussagen über dieses Land enthalten, das jenseits aller Zeiten Bedeutung zu haben scheint. Bücher, die unerwartete Blicke erlauben in das, was den Ewigkeitswert ausmacht, der unter all dem aktuellen Gebrodel verloren zu gehen droht. In vielen al-

ten landeskundlichen Werken, die in Details überholt sein mögen, ist eine Stimmung bewahrt, die manches wenigstens anfänglich erklärt, das sonst schwer zu verstehen ist. Vieles, was in der Zeit der »Leben-Jesu-Forschung« im ausgehenden 19. Jahrhundert geschrieben wurde, fällt in diese Kategorie.

Aber auch in der frühen und neueren Schönliteratur zum Heiligen Land, von Selma Lagerlöfs *Jerusalem* über die Werke des ersten und bisher einzigen Literatur-Nobelpreisträgers hebräischer Sprache, S.Y. Agnon, bis zu unseren Zeitgenossen Amos Oz, David Grossmann, Sayed Kashua, Assaf Gavron, Zeruya und Meir Shalev oder auch Batya Gurs Kriminalromanen und denen des walisischen Journalisten Matt Beynon Rees zeichnen Schriftsteller ein buntes Bild der Geschichte und jeweiligen Gegenwart des Landes. Eines Landes, das heute als ein Gewirr verschiedenster Welten und Interessen erscheint, Überreste alter Sehnsüchte vermengt mit den nicht sterben wollenden Resten nationaler Sentimente, genährt von den Traumata des letzten Jahrhunderts sowie von machtpolitischen Einwürfen, die sich jeder wirklich menschlichen Vernunft angstbesetzt entgegenstemmen, als gälte es, den Untergang des Abendlandes wie des Morgenlandes durch größtmögliche Irrationalität zu beschleunigen.

Und dann weiter zu den Reisebeschreibungen verflossener Zeiten: Da waren die frühen Pilger und ersten »Forschungsreisenden« der neueren Art wie Ida Pfeiffer, die 1842 als österreichische Hausfrau unter abenteuerlichen Bedingungen die damals wirklich fast menschenleere türkische Provinz bereiste. Oder der deutsche Journalist Alfons Paquet, der vor dem Ausbruch des Ersten Weltkriegs festhielt, was ihn beeindruckte auf der Reise zu schwäbischen wie jüdischen Neu-Siedlern in jenem Land, das sich seit Ida Pfeiffers Reise offensichtlich schon deutlich gefüllt hatte. Bekannt sind auch die *Reisetagebücher* des Mitbegründers der Christengemeinschaft Emil Bock, der das Land 1932 und 1934 bereits besucht hatte.

In den Darstellungen älteren Datums sind es selbstverständlich nicht die praktischen Informationen und die Beschreibung der Sehenswürdigkeiten, die uns weiterhelfen. Die Stärken älterer Bücher liegen in der Beschreibung von Stimmungen und Alltäglichem; sie fügen dem gegenwärtigen Eindruck etwas hinzu, das heute schwer zu entdecken, aber in seiner Essenz unsterblich und zeitlos ist. Sie weisen uns auf eine historische Dimension hin, die etwas erklärt, das oft unerkannt bleibt, weil die erst später entstehenden Umstände es für den heutigen Blick verdecken.
So manche Ansicht des Landes und seiner früheren Wirklichkeit lässt ahnen, wie die heutigen Verhältnisse entstanden sind. In diesem Land, dessen Bevölkerung sich in den letzten 130 Jahren über vierzigfach vergrößert hat, sind heute Reisende erwünscht, die mit ihren Erlebnissen an der Oberfläche bleiben und möglichst nicht zu genau auf die menschlichen Wirklichkeiten aller Art schauen – weder in dem Staat, der den Namen Israel trägt, noch in dem hoffnungsvoll werdenden oder auch nur resigniert so genannten Staat Palästina. Der Eindruck entsteht, dass frühere Reisende langsamer und genauer hingeschaut haben. Und dass weniger Schichten an Komplikationen ihren klaren Blick auf das Land als Phänomen hinderten oder fesselten.
Immer und überall wird deutlich, dass es sich hier nicht um irgendein Land handelt, in dem »zufällig« wichtige Begebenheiten der Religionsgeschichte stattgefunden haben. Was ist es, das schon immer fasziniert hat? Erschöpft sich das Besondere in der Religionsgeschichte? Oder ist es nicht vielmehr so, dass die Begebenheiten, von denen die abrahamitischen Religionen erzählen, hier stattfinden *mussten*, weil es sich um einen besonderen Ort im Gesamtzusammenhang der Erde handelt?

Geografische Betrachtungen

Wir sollten uns auf der Suche nach dem Besonderen, das hier lebt, zuerst mit den geografischen Bedingungen beschäftigen, um uns auf die Reise vorzubereiten.

Was ins Auge fällt, wenn wir uns die Lage des Landes anschauen, sind zunächst die besonderen geologischen Gegebenheiten: zwischen Mittelmeer und dem tiefen Grabenbruch der Erde, auf dem Weg von Afrika nach Eurasien. Ein schmales Land, das Wegcharakter hat, wie man schon am Zug der Vögel sehen kann, die hier jeden Frühling und jeden Herbst flugs Afrika mit Europa verbinden. Es wird vermutet, dass schon in den Zeiten, aus denen die ersten Funde menschlichen Lebens stammen, hier Wanderbewegungen stattgefunden haben – das ganze Land ein Weg?

Der Grabenbruch selbst wird oft als »Wunde« charakterisiert, die durch größere geologische Ereignisse in urferner Vergangenheit entstanden ist, und die die Geologen zu erklären versuchen. Schon beim Anblick dieses ungeheuren Risses in der Erdoberfläche wird verständlich, warum hier schon immer ein offener Punkt gesehen wurde – der Nabel der Welt, an dem sich Geistiges in Materielles umgestülpt hat.

Hier liegt mit dem Toten Meer der tiefste Punkt der Erde – der Jordan als natürlicher Grenzfluss entspringt im Hochgebirge und fließt als der »Herabsteigende« vom Hermon-Massiv bis 400 Meter unter dem Meeresspiegel in das salzhaltige Gewässer, wo sein Wasser in extremer Hitze verdunstet, sodass der Salzgehalt im Toten Meer mit der Zeit immer weiter ansteigt. Der Wasserspiegel sinkt in jüngster Zeit ständig ab, da im Verlaufe des Jordans Wasser abgezweigt wird für die vielen im Lande lebenden Menschen, so viel, dass der tiefste Punkt der Erdoberfläche jedes Jahr etwa einen Meter tiefer liegt. In den letzten vier Jahrzehnten ist die Oberfläche des Sees so um etwa ein Drittel geschrumpft. Dem

Salzmeer gegenüber ist der Tempelberg in Jerusalem, der nur etwa 40 Kilometer vom Toten Meer entfernt auf ca. 750 Meter über dem Meeresspiegel liegt, mehr als 1100 Meter höher gelegen.
Nicht nur in der Ebstorfer Weltkarte aus dem 13. Jahrhundert ist Jerusalem als Mittelpunkt der Erde dargestellt. Eigentümlich mutet das an in dieser trotz allem europäischen Perspektive. Das Heilige Land, Jerusalem, als Dreh- und Angelpunkt der Welt ...

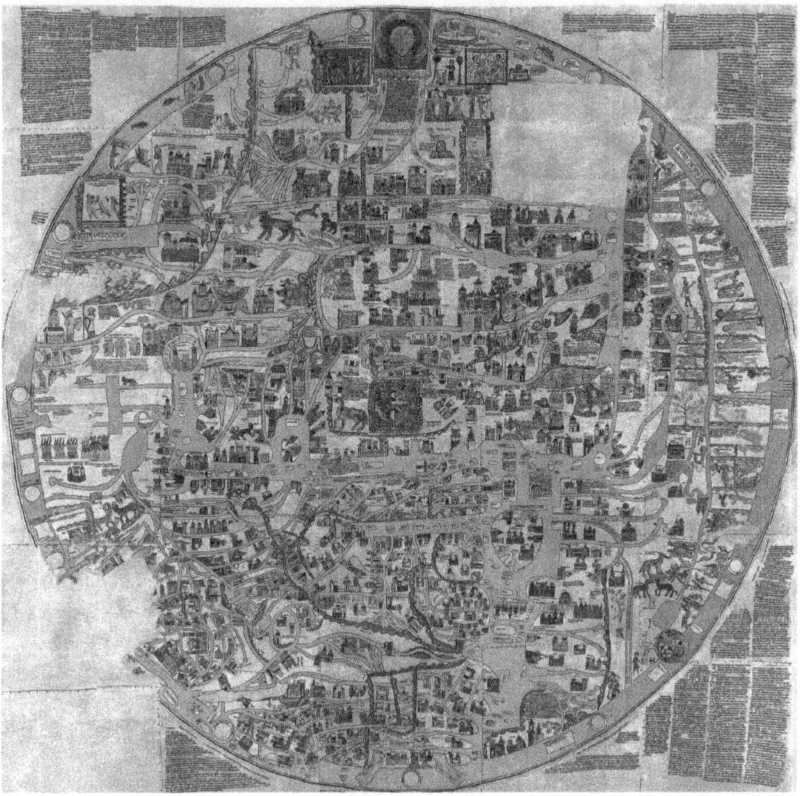

Ebstorfer Weltkarte mit Jerusalem als Mittelpunkt

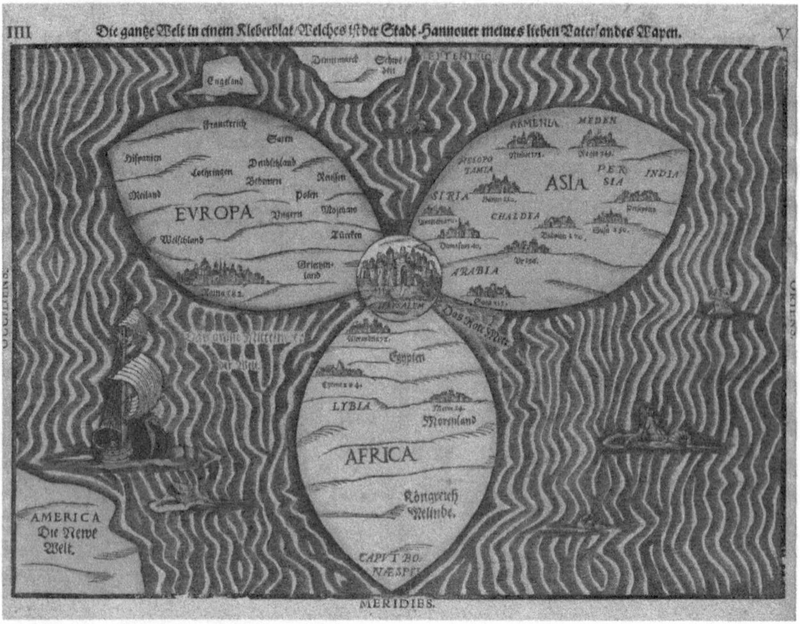

Kleeblatt-Karte Heinrich Büntings

Eine andere Darstellung dieser Art ist die Kleeblattkarte von Heinrich Bünting aus Hannover aus dem Jahr 1581. Hier liegt Jerusalem als Schnittpunkt dreier Kontinente in der Mitte der Welt – Europa, Asien und Afrika.

Es ist eine berechtigte Anschauungsweise, in der Lage des Landes einen Kreuzungspunkt zu sehen: Auf dem Weg zwischen Ost und West, der die Kulturräume Vorderasiens und Nordostafrikas miteinander verbindet, sowie dem zwischen Nord und Süd, zwischen Europa und Afrika, der dem Großen Grabenbruch folgt.
Das Kreuz nimmt noch einmal klarere Konturen an, wenn man ein Diagonalkreuz zwischen den Kulturräumen daraus macht: Dann haben wir einerseits das alte Spannungsfeld zwischen Ägypten und

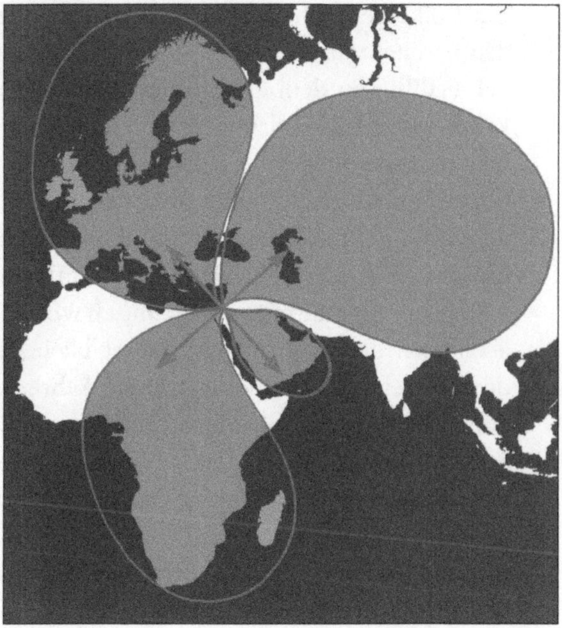

Jerusalem – das Kreuz der Erde

Vorderasien, wie es in biblischen Zeiten aktuell war – und spätestens seit dem Mittelalter und der Begründung des Islams das Spannungsfeld zwischen Europa und Arabien als zweite Diagonale. Diese Kreuzmotive sind keine Abstraktionen – sie sind wirkliche Wege, die sich genau an diesem Fleckchen Erde schneiden: Verkehr und Handel, Kulturaustausch, Begegnung, Berührung und auch Auseinandersetzung und Krieg fanden und finden hier statt und führen nicht nur zu Konflikten, sondern auch zu Bereicherung, Wachheit, Bewusstsein und einer Art anfänglichem, globalem Menschheitsbewusstsein. Die Menschen, die hier leben, stammen aus den Kulturen dieser Spannungsfelder. Nicht erst mit dem modernen Zionismus gibt es in diesem Land immer wieder besondere Immigrationsbestrebungen von verschiedenster Seite.

Ein Völkergemisch, das schon vor Jahrhunderten und Jahrtausenden bereitet wurde, nicht auf Dauer angelegt, im ständigen Wandel, erfüllt von dem Gefühl des Fremdseins, und doch von dem Lebensgefühl durchdrungen, am Urquell der Menschheit zu leben. Das jüdische Volk mit seinem einzigartigen Schicksal trägt zum ungewöhnlichen Charakter dieses Ortes bei, indem es eine besondere Mission für die ganze Menschheit empfindet und gleichzeitig durch zweitausend Jahre Diaspora fast überall auf der Erde fremd war, in der Fremde mitunter heimisch wurde, wo das nicht geschah aber auch der Sehnsucht verhaftet blieb, an den Ursprung und den Ort seiner Verheißung zurückzukehren: in das Land, das ihm zum Wohl der ganzen Menschheit von Gott versprochen wurde. So ist es kein Wunder, dass an diesem Ort immer auch die Frage des Menschheitsschicksals mit seinem Ursprung und Ziel im Mittelpunkt stand.
Vielleicht ist es insofern in höherem Sinne verständlich, dass sich hier die aktuellen Fragestellungen der Welt in einem Brennpunkt versammeln, wie um darauf hinzuweisen, dass es gerade heute keine einfachen Lösungen, keine Patentrezepte, und auch keine eindeutigen Schuldzuweisungen geben kann. Alle typischen Probleme der Menschheit erscheinen gerade hier in überdeutlicher Form. Insofern können wir mit einigem Recht sagen: Überall ist Israel. Oder eben auch: »Wir müssen da nicht hinfahren, um diese Fragestellungen zu erkennen ...«
Andererseits bleibt die vielleicht mythisch anmutende Frage, ob nicht ein Angehen der Verwicklungen an dieser wunden Stelle der Menschheit dazu beitragen kann, auch anderswo etwas zu heilen, was verfahren erscheint. Und ob wir mit unserem Verhalten andernorts nicht alle eine Art globale Verantwortung für das tragen, was hier geschieht. Nicht nur aus der Vergangenheit heraus, die uns unlösbar miteinander verbindet, sondern weil wir gerade heute in einer Gegenwart leben, in der es nichts Unzusammenhängen-

des mehr gibt, geben kann. Die Gegensätze, die hier Spannungen erzeugen, warten auf Heilung. Und so ist das Heilige Land vom christlichen Standpunkt aus nicht *Geschichte,* sondern seine *Geschichten* rufen nach Gegenwart, nach wirklicher Geistes-Gegenwart. Sie rufen uns auf, Mensch zu werden, Liebe, Barmherzigkeit, Offenheit, Verantwortungsbereitschaft im Kleinen und dadurch im immer Größeren zu verwirklichen.
Indem wir solche Gedanken denken, beginnen wir schon vor der Reise, etwas von der Bedeutung dieses Landes in der heutigen Zeit zu ahnen.

Die »Situation«

Schon wenn wir darüber nachdenken, ob das Land denn auch »sicher« genug ist für unsere Reise, nehmen wir die aktuellen Dimensionen in den Blick. Auch das wird ein Teil der Vorbereitung sein: Nachrichten, Zeitungen, Filme – aus den verschiedensten Quellen speist sich unser Bild einer komplexen politischen Realität. Je nachdem, wo wir gern hinschauen, wird dieses Bild gefärbt sein von den Ansichten bestimmter Protagonisten oder Zuschauer des »Konfliktes«, der eigentlich aus vielen verschiedenen, zum Teil undurchsichtig miteinander verbundenen Konflikten besteht. Am liebsten würden die meisten Reisenden das verdrängen, und tatsächlich sind viele Reisen ins Heilige Land so angelegt, dass sie die heutige Realität ausblenden – um nirgends anzuecken vielleicht, um sich auf das vermeintlich Wesentliche zu konzentrieren, aber auch, um den Pilgern das Leben zu erleichtern, sie davor zu schützen, sich Gedanken machen zu müssen, die widersprüchlich sind, sein *müssen.* Eine Reise soll doch angenehm sein, oder?
Unsere Reisen waren immer anders gemeint. Schon die ersten Reisen mit Jugendlichen hatten ihre besondere Bedeutung darin, dass es immer auch darum ging, »sowohl-als-auch« zu denken,

Gegensätze auszuhalten. Dieses Land ist das Paradebeispiel für die Komplexität der heutigen Welt – es gibt so viele Narrative (wie man die Geschichtserzählungen aus den jeweils verschiedenen Perspektiven in der historischen Wissenschaft heute nennt), wie es Menschen im Lande gibt. Man kann sie sehr vereinfacht unterteilen in einen »jüdischen« und einen »arabischen« Narrativ, die die Geschichte des Landes und damit die Genese des Konfliktes höchst unterschiedlich beschreiben. Dabei unterscheiden sich die harten Fakten nur wenig voneinander - es geht vielmehr um Gewichtungen, um Hinschauen und Wegschauen, Vergrößern, Verkleinern oder Negieren von Ereignissen …

Das dritte Narrativ

Neben den Narrativen aus jüdischer und arabischer Sicht möchte ich hier eine dritte Variante anbieten. Auf den ersten Blick erscheint sie vielleicht als das »europäische« oder das »christliche Narrativ«. Bei näherem Hinsehen zeigt sie sich aber als Sichtweise der gewissermaßen außenstehenden und doch betroffenen gesamten Menschheit.

Das Land stand nicht erst seit der Zeitenwende oft im Zentrum besonderer Aufmerksamkeit. Seit damals aber verbindet sich sein Schicksal mit dem Rest der Welt in einer neuen Weise. Damals war es das Römische Reich, das die Herrschaft im Lande ausübte und im Übrigen die Geschicke der Welt bestimmte. Dann verschob sich der kulturelle und politische Schwerpunkt im späten Mittelalter weiter nach Norden, nach Mittel- und Westeuropa (später wurde neben Europa auch Nordamerika als besondere westliche Metamorphose der europäischen Kultur dem Selbstgefühl nach ein weiterer »Nabel der Welt«). Im dritten Narrativ geht es mir darum, skizzenhaft die Bedeutung des Heiligen Landes für das Ganze der Menschheitsentwicklung aus europäischer Sicht anzuschauen.

Säulenkapitel Kapernaum

Hier soll also zunächst eine kleine Beschreibung des Verlaufs der Geschichte des Landes folgen, so wie sie sich vielleicht von Europa her, vielleicht eben einfach aus der Sicht eines Weltbürgers darstellt, der von außen schaut. Diese Beschreibung unterscheidet sich wiederum nur durch die Gewichtung der Ereignisse von dem, was man anderswo lesen kann. Und doch scheint es mir für den Verlauf unserer Reise wichtig, dass wir diese Sichtweise einnehmen können, um uns freizumachen von den eindeutigen Haltungen, die wir so gern annehmen, wenn es um komplizierte Gemengelagen geht. Beginnen wir, so gut es geht, ganz von vorn.

Die vorchristliche Zeit – Erzväter und Landnahme

Geprägt vom Christentum, das seinerseits die jüdische Geschichte vor Christus als »Vorbereitung des Heils« in seine Lehre aufgenommen hat, werfen wir erst einmal einen Blick auf die Zeit der Hebräischen Bibel, des sogenannten »Alten« Testamentes, das aus jüdischer Perspektive nicht alt ist, weil es für das Judentum kein »neues« Testament gibt. Der alte Bund besteht nach wie vor und gibt dem jüdischen Volk aus religiöser Sicht seine besondere Aufgabe. Das Heil der Welt soll durch dieses Volk kommen, alles andere ist Vorbereitung dafür.

Es ist das Verdienst des Theologen Emil Bock, genau herausgearbeitet zu haben, wie der Weg der Heraussonderung des Gottesvolkes seit der Berufung Abrahams in einer Art Pendelbewegung verlief, die immer wieder die starke Verbindung aufzeigt, die diese sich formende Kultur mit den beiden Hochkulturen der damaligen Zeit eingeht: einerseits Ägypten, andererseits Mesopotamien mit seinen wechselnden Reichen namens Chaldäa, Sumer, Akkadien, Assyrien, Babylonien und dem noch weiter östlich gelegenen und älteren Persien. Dabei sind die Erzählungen der heiligen Schriften des Judentums eine Art Urbilderschrift, in der sich der mythologische Gehalt des jüdischen Narrativs spiegelt. Da auch das Christentum und der Islam diese Inhalte in ihr Geschichtsbewusstsein aufgenommen haben, hilft es zum Einleben in die Verhältnisse im Lande, die Grundlinien zu kennen und überblicksartig zu verstehen.

Abraham selbst kommt aus dem Zweistromland, und in dem Mythos um seinen Aufbruch klingt schon das wichtigste Motiv der seelischen Entwicklung an, die von seinem Volk geleistet werden soll: Er wird mit der Frage nach der Heimat konfrontiert und aufgefordert, alles hinter sich zu lassen, was ihm bisher Sicherheit gab. Abraham ist derjenige, der sich löst aus den stammesmäßigen Gesetzmäßigkeiten und den Weg geht, der ihm von Gott offenbart wird – ohne Sicherheiten, entgegen jeder Vernunft, ohne Absicherung. Er ist der urbildliche Migrant, der es wagt, in die Fremde zu ziehen.

Kaum dass er aufgebrochen ist, führt ihn der Weg nach Ägypten, in die zweite Hochkultur seiner Zeit. Es ist eigenartig, wie die Inspiration, das Ursprüngliche, die Geistverbindung immer aus dem Osten zu kommen scheint, während im Westen, in Ägypten, die Veräußerlichung, die Erprobung des Mitgebrachten und die Gefährdung durch Entfremdung lauert. Nach Ägypten gehen heißt, das Geistige an die Grenze der Erdenwelt zu bringen, dort geprüft und verwandelt zu werden. Am Ende steht immer die Heimkehr – zumindest in die eigene Mitte.
Übrigens gibt es in der Abraham-Geschichte ein kleines Ereignis, das aus christlicher und weltgeschichtlicher Sicht nicht ganz unwichtig ist: Die Begegnung mit Melchisedek, dem König der Gerechtigkeit, der in Salem wohnt, im »Frieden« selbst, was für die erste Erwähnung Jerusalems, der Ir-u-shalim, der *Stadt des Friedens*, gehalten wird. Er ist ein Diener des Höchsten, während das Wesen der (sieben) Elohim, der Schöpfergeister und vor allem der mit dem Tetragrammaton, den vier Buchstaben Jud-Heh-Vav-Heh, als JHVH bezeichnete neue Herr des Volkes der »Jenseitigen«, der Ivri (Hebräer), ein den Menschen und der Schöpfung viel näherstehendes Wesen bezeichnet. Vielleicht ist es für unsere Zeit ganz recht, dass in der gängigen jüdischen wie christlichen und islamischen Theologie damit »Gott« bezeichnet ist, und sich dadurch diese Feinheiten verwischen.
Tatsächlich erhält die Geschichte eine neue Nuance, die für unser Narrativ nicht ganz unwichtig ist: Abraham wird in den Dienst der Welt genommen. Sein Volk, das von Gott eine besondere Mission erhält und für diese durch seine schmerzvolle Geschichte ausgebildet wird, tritt in den Dienst der Menschheit. »Auserwählung« bekommt damit einen anderen Klang. Es geht nicht um eine Bevorzugung, sondern um einen Auftrag, der allen Menschen zugutekommen soll. So empfinden das auch viele heutige Juden: Die Auserwählten müssen ein schwereres Leben führen, aber nicht

etwa, um allein gerettet zu werden oder etwas Besseres zu sein, sondern für den Fortgang der ganzen Menschheit. Sie nehmen die Last der Welt auf sich.

In der Geschichte der Erzväter setzt sich das Motiv fort, das die Erziehung des Volkes zwischen Ost und West, Zweistromland und Ägypten beschreibt. Das Land selbst ist noch kaum in Besitz genommen, wenn man von den Bäumen, Brunnen und Altären absieht, die die Erzväter an verschiedenen Orten hinterlassen, die den Juden noch heute heilig sind. Die Menschen sind Nomaden, es gibt noch keine Staaten oder Nationen im heutigen Sinne, keine Grenzen. Man lebt miteinander in Stammesgebieten, deren Grenzen sich lebendig bewegen.

Erst nach der ägyptischen Gefangenschaft beginnt sich abzuzeichnen, dass das Land auch wirklich in den Besitz des Gottesvolkes übergehen soll. Aber auch da ist das Land noch nicht wirklich bedeutsam in der äußeren Geschichte, die von anderen Machtzentren geprägt wird. Die Entwicklungen des Zeitalters der ägyptisch-chaldäischen Kulturepoche fegen über den Landstrich zwischen Mittelmeer und Jordan gewissermaßen immer wieder hinweg. Wenn es denn auch damals schon die Mitte der Erde sein sollte, bleibt das noch weitgehend unbemerkt von den äußerlich Mächtigen der Erde, die aber immer wieder anfänglich Bekanntschaft machen mit den Besonderheiten, der Rätselhaftigkeit dieses heranwachsenden und zunehmend andersartigen Volkes. Das Phänomen Moses und das Urbild des Auszugs aus Ägypten nach der Auseinandersetzung mit dem mächtigen Pharao lassen ahnen, dass sich hier etwas menschheitlich Bedeutsames anbahnt. Auch wenn die neue, vom Himmel gesandte Gesetzesgebundenheit, der anfängliche Gottesdienst um die Tafeln des Dekalogs und seine Rituale hier einen weiteren Schritt der Heranbildung eines Volkes der Heimatlosigkeit, der Innerlichkeit, des Dialogs mit Gott und schließlich des Selbstbewusstseins und der Individualität bedeuten, bleibt das noch weitgehend esoterisch im Volk selbst gebunden. Nicht umsonst steht am Anfang ein vierzigjähriger Weg durch die Wüste.

Die Auseinandersetzung mit dem Westen setzt sich im Kampf gegen die Philister fort, die vom Mittelmeer her inzwischen in das Land der Kanaanäer eingedrungen sind und mit den Israeliten um die Landnahme konkurrieren. Heute ist es eine beliebte und von allen Seiten vielfältig ausgenutzte Frage zur scheinbaren Klärung der Legitimität der Besitzverhältnisse im Lande, wer denn eigentlich zuerst da war. Wer lebte »ursprünglich« im Land? Kanaanäer gibt es so gesehen nicht mehr, Philister sind dem Namen nach Palästinenser, auch wenn der Stammvater der arabischen Völker nach allgemeiner Ansicht und der Chronik der Bibel Abrahams älterer Sohn Ismael, der Sohn der ägyptischen Magd ist. Viele Völker haben hier gelebt und sich in den heute hier lebenden Menschen genetisch verewigt. Machtfragen und Religionskriege über Tausende Jahre hinweg tun das Ihre, um Identitäten zu schaffen und zu vermischen.

Die Frage nach der blutsmäßigen Abstammung führt nicht wirklich weiter. Die Menschen von heute, Juden wie Araber, sind nicht die nachweisbaren, biologischen Erben irgendwelcher früherer Bewohner des Landes, auch wenn viel Kraft und Geld investiert wird in ideologisch gefärbte Forschungsprojekte, die genetische Verwandtschaften oder archäologische Nachweise in die Welt stellen, die irgendwem irgendetwas beweisen sollen.

Die Bewegungen lassen sich in der Tora, dem Moses zugeschriebenen Teil der Bibel, und in ihren geschichtlichen Büchern mit Blick auf die besondere Aufgabe von Land und Volk in einzigartigen Bildern nachvollziehen. Hier darf es vielleicht bei einer bruchstückhaften Aufzählung von Berührungspunkten bleiben, die Land und Leute geprägt haben:

Die vorchristliche Zeit – Könige – Tempel und Verfall

Für die Juden ist die Zeit der drei großen Könige Saul, David und Salomo in dieser Hinsicht besonders bedeutsam, denn es ist die einzige Epoche, in der ein geeintes, unabhängiges jüdisches Reich geschichtlich in Erscheinung tritt. Saul eint als vom Propheten Samuel in Gottes Auftrag gesalbter König das Volk der zwölf Stämme (geordnet wie die Sterne am Himmel, wie es Abraham als Prophezeiung empfing). David begründet die Hauptstadt des Reiches Jerusalem am »Nabel der Welt«, dem Ort, an dem Abrahams Gehorsam von Gott mit der Einwilligung in das Opfer des Sohnes geprüft wurde, an dem er von Melchisedek in den Dienst genommen wurde. Und Salomo erbaut das Heiligtum des Volkes für das gottgegebene Allerheiligste, das Haus Gottes, den Tempel auf dem heiligen Berg Moriah, der damals noch außerhalb der Stadt Davids liegt.

Schon nach ihm zerfällt das Reich der zwölf Stämme in Nord- und Südreich, eine Polarität, die sich bis heute in mancherlei Hinsicht erhalten hat. Im Süden Juda: das Zentrum, die Gelehrsamkeit, der Kopf, die Abstraktion, das Bewusstsein, das Absterbende; im Norden: Israel, das »Land der Völker«, der Willenspol, der Umkreis, die Peripherie der äußeren Welt, das Lebendige. Beide können ohne einander auf Dauer nicht überleben, und so fällt zuerst das Nordreich an die Assyrer (722 v.Chr.) und dann das Südreich an Babylon (586 v. Chr., vielleicht auch schon 598 v.Chr.). Der Nabel der Welt wird wieder finstere Provinz, während die Elite des Volkes im babylonischen Exil eine eigene Identität findet.

Die Verschleppung trägt dazu bei, dass das Besondere der Gottesbeziehung ganz neu erlebt wird. Hier werden große Teile der Überlieferungen des Volkes verschriftlicht. Hier entsteht religiöse Sehnsucht, die Sehnsucht nach dem zerstörten Tempel, nach der Wiederverbindung mit der verlorenen göttlichen Heimat.

Als die Perser Babylon erobern, erlässt König Kyros ein Edikt, das besagt, dass die Juden in ihre Heimat zurückkehren und den Tempel wieder aufbauen sollen. In der Esoterik des persischen Volkes hat das Volk Gottes bereits eine Bedeutung, die zum Verständnis dafür führt, dass seine Verbindung mit dem Heiligen Land als Voraussetzung dafür gesehen wird, dass Gott den Menschen wieder näherkommt. Eine Art Messias-Erwartung herrscht bis nach Persien und beendet das Exil ab 538 v.Chr. mit dem Auftrag zum Wiederaufbau des Tempels. Der zweite Tempel ist das Haus Gottes, zu dem die nun wieder im Land lebenden Juden zu den drei höchsten Festen des Jahres gepilgert kommen, um die vorgeschriebenen Opfer zu bringen.

In den folgenden Jahrhunderten steht dieser Tempel den Griechen im Wege, denen die nicht zu bezwingende Eigenkultur der Juden ein Dorn im Auge und eine Bedrohung bei der Errichtung und Erhaltung ihres Weltreiches ist. Alexander der Große erobert das Land, und obwohl er selbst dieser Tatsache keine besondere Bedeutung beizumessen scheint, ergibt sich in der Folge eine völlig neue kulturelle Orientierung im Lande, die das spiegelt, was jetzt im ganzen griechischen Mittelmeerraum lebt, in dem nun die Kulturen von Orient und Okzident miteinander zu verschmelzen beginnen. Das griechische Denken begegnet hier nicht nur dem asiatischen Gedankengut Indiens und Persiens sowie der Geisteswelt der Ägypter. Kunst und Kultur, was damals noch annähernd dasselbe ist, vermischen und beflügeln sich gegenseitig. Auf diesen beiden Säulen ruht die Zukunft des Abendlandes – die religiöse Bilderwelt des Ostens und die gedankliche Aufklärung durch den griechischen Westen. Die jüdische Kultur und Religion, die sich durch strikten Monotheismus und strenge Gebote von den Kulturen der umliegenden Länder und Völker abgrenzen muss, muss sich von nun an auch mit diesen hellenistischen Einflüssen auseinandersetzen.

Die jüdische Sonderwelt, das auserwählte Volk des »Bewusstseins durch Entfremdung«, bekommt einen weiteren Anstoß für sein Werden: Die letzte Herausforderung vor der Inkarnation des Messias in Jesus von Nazareth ist die Hellenisierung des Landes, die zu grausamen anti-jüdischen Provokationen der Griechen und damit letztlich zu den Aufständen der Makkabäer führt. Diese erhalten dann durch ihre äußeren, meist militärischen Erfolge den Tempelkult, wenn auch in verfremdeter Form, bis in die Tage des Jesus von Nazareth.

Die Königslinie des Hauses David, aus der nach alter Prophezeiung der Erlöser hervorgehen soll, ist in dieser Zeit längst in der Verborgenheit verschwunden, denn nach dem Babylonischen Exil gibt es keine exoterischen Könige mehr, die in der ursprünglichen Erbfolge stehen, obwohl die Genealogie der Nachfolge den Eingeweihten des Volkes bekannt ist. Könige sind ab jetzt von Gnaden der eigentlichen hellenistischen und später römischen Machthaber die Makkabäer, auch Hasmonäer genannt. Mit diesen verbindet sich Herodes der Große (ein Idumäer, dessen Volk nach der Eroberung mehr oder weniger zwangsjudaisiert worden war) durch Heirat und erwirkt seine Ernennung zum König durch geschicktes Taktieren in Rom. Er wird so zum ersten »nichtjüdischen« König des Landes. Um das Volk zu besänftigen, hält er sich an die äußeren Regeln des Judentums, die für viele Angehörige des Volkes inzwischen ein veräußerlichtes ethnisches Brauchtum geworden sind. Er lässt den Tempel in großer Pracht renovieren und leidet zeitlebens darunter, kein »wirklicher« König zu sein, was ihn misstrauisch und machtsüchtig macht.

Wir sind in der Zeit der Zeitenwende angekommen, der »dunkelsten Nacht im dunkelsten Winter der Erde«, wie es in einem Hirtenspiel für die Kinder so treffend heißt. Die Stimme Gottes schweigt, und nicht nur das jüdische Volk leidet in der Kälte der Gottferne.

Nach der Zeitenwende

Wenn ich nicht Christ wäre, würde es mich doch stutzig machen, wie sich das Christusleben auf Erden in den Lauf der historischen Ereignisse einfügt, obwohl es noch Hunderte von Jahren dauern soll, bis es sich bei den Mächtigen etabliert. Eine Generation nach dem Ereignis von Golgatha wird der Tempel, der für die Lebensgeschichte des Jesus von Nazareth noch dringend gebraucht wurde, von den Römern zerstört, und nach letzten Aufständen – etwa weitere siebzig Jahre später – sind die Juden in alle Welt zerstreut. Jerusalem heißt Aelia Capitolina, und das jüdisch-israelische Reich Syria Palaestina ist eine verschlafene, bedeutungslose Provinz im riesigen Römischen Reich. Juden – und das sind in den Augen der Römer auch die Anhänger der neuen »jüdischen Sekte« der Christen – werden gnadenlos verfolgt. Dass die (im Lande meist jüdisch-stämmigen) Christen inzwischen auch von den (anderen) Juden verfolgt werden, ist insofern fast ein Nebenkriegsschauplatz – beide sind im Römischen Reich für die Machthaber gefährliche Außenseiter.

Das Römische Reich wird im vierten Jahrhundert allmählich vom Christentum durchsetzt. Kaiser Konstantin siegte im Zeichen des Kreuzes über seinen Rivalen Maxentius an der Milvischen Brücke. Das Christentum wird privilegiert, Konstantins Mutter Helena reist im Heiligen Land umher und sucht dort die Orte auf, an denen wichtige Begebenheiten im Christusleben stattfanden. Erste Kirchen werden gebaut. Das Heilige Land wird erstmalig ein Pilgerort, an den fromme Reisende aus Europa ziehen. Byzantion wird als Konstantinopel Hauptstadt des Ostreiches, Brücke zwischen Orient und Okzident.

Eine interessante Episode aus der Sicht unserer europäischen Narrative ist die Eroberung des Landes durch die Perser im Jahre 614. Auch wenn das Intermezzo nur wenige Jahre dauerte, war der

Kampf des zoroastrischen Sassaniden Chosrau II., der die Christen erbittert bekämpfte, obwohl mehrere seiner Frauen Christinnen waren, eine der Ursachen der Schwächung des byzantinischen Reiches, das dann dem sich rasch ausbreitenden Islam unterlag. Das Reich des lichten Sonnengottes Ahura Mazdao bekämpfte das christliche Abendland – und verhalf so dem arabischen Großreich zur Herrschaft im Heiligen Land.
Im Jahr 636 erobert Omar ibn al-Khattab Jerusalem für den Islam – eine Generation nach dem Tod des Propheten Mohammed. Auf dem Tempelberg befinden sich zu dieser Zeit die Ruinen der byzantinischen Kirche, die die Sassaniden zerstört hatten. 686–691 wird an dieser Stelle der Felsendom errichtet, eines der großartigsten Bauwerke der frühen islamischen Epoche. Im Jahr 705 wird auch die Al-Aqsa-Moschee vollendet, und damit wird der Tempelberg als Haram ash-Sharif zum drittheiligsten Ort des Islam. In seiner Himmelfahrtsvision hat Mohammed seine Nachtreise zur »entfernten Moschee« geschildert, einem Bauwerk, das allerdings erst viel später erbaut wurde. Als Kultstätte der Vorgängerreligionen des Islam, des Judentums und Christentums, war Jerusalem auch Mohammed wichtig. Er hatte es sogar zur ursprünglichen Gebetsrichtung ausersehen, und erst als die Vertreter der anderen Buchreligionen, die er verehrte und respektierte, sich ihm nicht anschließen wollten, wandte er sich gegen sie und gen Mekka. Mit Omar beginnt die islamische Geschichte des Landes.

Die Kreuzzüge und ihre Folgen

Was hat die merkwürdige Bewegung ausgelöst, durch die Ritter aus dem »christlichen Abendland« sich einige Hundert Jahre später mit Leib und Leben für die Belange des Heiligen Landes einsetzten? Eine Verbindung wurde spürbar: Europa hatte sich mit dem Christentum durchdrungen, das immer veräußerlichter daherkam,

Karne Hittin

sich immer mehr in der Welt einlebte. Das dumpfe Empfinden dafür, dass dieser immer äußerlicher werdenden Religion etwas fehlte, machte die Menschen dafür empfänglich, dort suchen zu müssen, wo alles seinen Ursprung genommen hatte. Das Grab aber war leer, und die blutigen Auseinandersetzungen mit den Andersgläubigen, den »Heiden«, führten zu einer weiteren Entfremdung von den Quellen. Tatsächlich drückt sich das in einigen der Legenden sehr gut aus, die sich um den großen letzten Heerführer der islamischen Streitmacht ranken, den Sultan Saladin, auf Arabisch: Salah-ad-Din.

Wir haben uns mit seiner Person immer wieder intensiv auseinandergesetzt, wenn wir Lessings dramatisches Gedicht *Nathan der Weise* für unsere interreligiöse Schauspielarbeit studierten. Tatsächlich ist dieses Stück, das im Jerusalem zur Zeit Saladins spielt, eine Art Schlüssel zu unserer Arbeit geworden:

War Nathan weise?
Interreligiöser Dialog bei Lessing und heute

Gotthold Ephraim Lessing, dramatisches Gedicht *Nathan der Weise,* 1779 erstmals gedruckt, Schauplatz: Jerusalem im 12. Jahrhundert.
Die Kreuzfahrer haben das Land an die Muslime verloren. Der Feldherr und Sultan Salah ad-Din, in die europäische Geschichtsschreibung eingegangen als Saladin, ist gnädig gegen die Besiegten: Er entlässt die Christen gegen Zahlung eines Kopfgeldes in die Freiheit. Nebenbei bemerkt: Als er erfahren muss, dass die Reichen sich daraufhin gern freikaufen, ohne sich um das Schicksal ihrer armen Glaubensgenossen zu kümmern, ist er so erstaunt und erschüttert, dass er die mittellosen Christen kostenlos ziehen lässt. Unter seiner Herrschaft leben Christen, Juden und Muslime in relativer Ruhe Seite an Seite.
Es geht die Sage, Saladin habe für die Waffenstillstandsverhandlungen besondere Teppiche mit Kreuzmotiven weben lassen, um Respekt vor dem Glauben der Christen zu zeigen – die Kreuzritter seien aber mit ihren schmutzigen Stiefeln darüber getrampelt, ohne es auch nur zu bemerken. Umgekehrt habe er die gesittete Zivilisation der »Franken« bewundert, als er ihr Lager besuchte und dort die fein gedeckten Tafeln mit Silber und feinstem Tischgeschirr erleben konnte. Dann aber der Schock, als er gewahr wurde, wie die armen Kriegsknechte ein tristes Dasein führten, wie groß also die sozialen Gegensätze im Tross der Christen waren. Konnte das die Nächstenliebe sein, für die die Abendländer gerühmt wurden? Es scheint, dass in dem kurdischen Herrscher eine gewisse Neugier gegenüber dem Christentum lebte, die nie richtig gewürdigt wurde.
In diesem Zusammenhang ist die Frage Saladins an Nathan zu sehen, welches der rechte Glaube, die wahre Religion sei. Auf diese Frage antwortet der jüdische Kaufmann Nathan, den das Volk einen Weisen nennt, mit einem Gleichnis, der sogenannten Ringparabel:
Es hatte ein Vater von drei Söhnen von seinen Vorfahren einen wundersamen Ring geerbt, dem von Gott die Eigenschaft verliehen war, denjeni-

Nathan-Aufführung

gen, der ihn trug im Vertrauen auf seine besondere Eigenschaft, vor Gott und den Menschen »angenehm« zu machen. Dieser Ring sollte immer dem liebsten Sohn vermacht werden, der dann ohne Ansehen seines Alters der Erbe und Nachfolger des Vaters werden sollte. Alle drei Söhne waren dem Vater aber gleich gehorsam und daher in gleichem Maße ans Herz gewachsen, sodass er nicht wusste, wem er den Ring nach seinem Tode zu treuen Händen überlassen sollte. Seine Neigungen zu dem einen, dem andern, dem dritten wechselten beständig, und so hatte er jedem Sohn in einer schwachen Stunde bereits versprochen, dass er den Ring erben werde. Was sollte er tun?

In seiner Not ließ er zwei Kopien des Ringes anfertigen, die von dem Original nicht zu unterscheiden waren. So bekam jeder Sohn einen Ring. Das Problem wurde auf die Zeit nach seinem Tode verschoben, in der entsprechend Unfrieden herrschte zwischen den Erben. Hier endet die Parabel und der Rest ist, was zu erwarten war: Die Söhne begehrten herauszufinden, welches der echte Ring sei. Keiner konnte sich vorstellen, dass sein geliebter Vater ihn betrogen haben könnte. Sie befragten einen Richter, der seinerseits keinen Rat wusste, als sich auf die Wirkung des

Ringes zu beziehen, der doch »angenehm« machen sollte, beliebt. Wäre das so, so müssten doch zwei der Brüder den dritten mehr lieben als sich selbst, was aber offensichtlich nicht der Fall war, da doch jeder der Besitzer des echten Ringes zu sein hoffte. Also sei der echte Ring wohl verloren gegangen. Der Ratschlag des Richters: So zu leben, als habe man den echten Ring in seinen Händen. Die Zukunft werde dann erweisen, welcher Ring der wahre gewesen sei ...

Saladin ist von dieser Antwort beeindruckt. Sie enthält die Grundaussage des dramatischen Gedichtes, die Botschaft, die Lessing seinen Zeitgenossen in künstlerischer Verpackung übermitteln wollte, nachdem man ihm für journalistische Äußerungen zu diesem Thema den Mund verboten hatte: Was da in der Welt lebt als religiöse Bekenntnisse, als religiös verbrämte und doch letztlich meist nur ererbte und anerzogene Kultureigenschaften der Menschen, das ist alles noch nicht die wahre Religion, die eigentliche Beziehung des Menschen zu seinem Schöpfer und Urbild. Jeder wird in eine Strömung hineingeboren, und zieht am wenigsten das in Zweifel, was ihm von den geliebten Eltern, der vertrauten Umgebung an Religion mitgegeben wird. Wer ist schon so weit wie Nathan, von dem Saladin sagt, dass ein Mann wie er nicht dort stehen bleiben könne, wo »der Zufall der Geburt« ihn hingeworfen?

Und doch: Wo der Mensch im Vertrauen auf die Heilkraft der Religion in Hinwendung zur göttlichen Welt lebt, und dabei den anderen stets höher achtet als sich selbst, da wird ihn das »angenehm« machen, ihm helfen, mit Gott und den Menschen in Harmonie zu leben.

Wo wir Religionen und Bekenntnisse nach ihrer Lehre miteinander vergleichen, geraten wir unweigerlich in Oberflächlichkeiten und Irrtümer. Zum ersten sind Religionen nicht immer Glaubensinhalte, sondern oft eher kulturelle Lebensstile und Denkgewohnheiten. Ein kurdischer Yeside, der ganz fest in seiner religiösen Gemeinschaft verwurzelt ist, weiß dennoch nicht genau, was hinter seinem Glauben steht. Innerhalb seiner Gemeinschaft ist das die Regel. Genaueres wissen nur die Eingeweihten. Ähnliches gilt für die Drusen im Nahen Osten. Viele »Religionen« basieren tatsächlich gar nicht darauf, dass der einzelne Mensch von irgendwelchen Glaubensinhalten überzeugt ist. Vielmehr wird er in die Gemeinschaft hineingeboren und soll ihren Traditionen folgen. Eine individuelle Auseinandersetzung mit den religiösen Grundfragen ist ursprünglich nicht vonnöten, um ein religiöser Mensch zu sein!

Und bei näherem Nachdenken gilt ähnliches wohl für die meisten Menschen auf der Erde noch heute, auch wenn meist nicht so bewusst *nichts gewusst* wird wie bei Drusen und Yesiden. Selbst die meisten deutschen Kirchenchristen dürften kaum Begriffe von den Grundtatsachen des Christentums haben, die ihrer Konfession theologisch-dogmatisch zugrunde liegen.

Und doch: In Deutschland finden wir es heute selbstverständlich, dass der Mensch für sein Bekenntnis selbst verantwortlich ist, es womöglich sogar frei wählt. Aber: Wer ist evangelisch und in welcher Landeskirche, mit reformierter oder lutherischer Prägung? Wer ist katholisch? Schauen wir uns Statistiken an, kommen wir schnell zurück zu dem alten Grundsatz »cuius regio, eius religio« (lat. »wessen Land, dessen Religion«), nach dem sich schon in Zeiten der Christianisierung die Religionszugehörigkeit aus den Herrschaftsverhältnissen ergab. Natürlich hat sich inzwischen innerhalb der deutschen Bevölkerung vieles verschoben, Mischehen und Kirchenaustritte sind an der Tagesordnung. Aber wir sind weit davon entfernt, bei jedem einzelnen Menschen annehmen zu dürfen, dass er sich ganz frei und bewusst für seine Konfession entschieden hat.

Wenn wir es mit Menschen aus anderen Weltengegenden zu tun bekommen, ist das natürlich nicht anders. Überall wachsen Menschen in die religiösen Lebensformen ihrer Umgebung hinein. Und obwohl im Zeitalter zunehmender Individualisierung auch die Abtrünnigkeiten zunehmen, ist es meist ungeheuer schwer für den Einzelnen, neue Wege zu gehen – oder auch nur die alten auf neue, zeitgemäße, selbstergriffene Weise zu beschreiten, um sie mit neuem Leben zu erfüllen.

Das Gespräch »der Religionen« miteinander kann es in diesem Sinne gar nicht geben. Miteinander sprechen können wir immer nur als einzelne

Menschen, die auch im religiösen Sinne eigene Lebensweisen suchen, mehr oder weniger verhaftet in unserer Kultur, unseren Traditionen, unserem Umfeld. Und die Frage, die wir uns stellen, wird dann immer weniger: *Wer hat recht?* Und immer mehr: *Was bedeutet mir meine religiöse Kultur?* Welche Wahrheiten kann ich in ihr finden? Was kann ich von dir, dem anderen, lernen? (Nicht etwa in erster Linie: Was kann ich dich lehren?)

War also die Frage Saladins irreführend? Immerhin führte sie Nathan nach einigem Überlegen zur Ringparabel. Diese Antwort scheint vielleicht eher listig als weise, ausweichend sogar. Doch Saladin konnte die Weisheit der Fabel anerkennen, um so Nathans Freund zu werden. Beide haben durch die Frage Erkenntnisse – und jeweils einen Freund! – gewonnen.

Das Christentum und der Sucher Salah ad-Din – eine Ver-gegnung, um mit einer Wortschöpfung Martin Bubers zu sprechen? Natürlich konnte das Christentum nicht reif sein für diese Begegnung, der Feldherr musste zu viel erwarten. Auch heute ist das eine Konstellation, die noch nicht veraltet ist. Wer das Ideal des Christentums, die bedingungslose Liebe in äußerster Freiheit und mitempfindender Verantwortung für Freund wie Feind sucht, wird in den organisierten Formen oder in der »christlich geprägten« Gesellschaft nicht so leicht fündig werden. Was nicht heißt, dass das Christentum versagt hat. Der Prozess dauert an … »Wir stehen nicht am Ende sondern am Anfang des Christentums«, sagt Christian Morgenstern auch noch fast tausend Jahre später …

Die Grabeskirche bleibt nach der Eroberung eine christliche Kirche, denn Saladin bewundert sie, hält sich aber in ihrem Inneren mit dem Gebet zurück. Jedes Gotteshaus, in dem ein Muslim gebetet hat, gehört dem Islam und darf unter keinen Umständen wieder aufgegeben werden. Statt die Kirche in Besitz zu nehmen,

lässt Saladin direkt neben ihr eine Moschee erbauen. (Eine ähnliche Begebenheit wird auch dem ersten muslimischen Eroberer der Heiligen Stadt, Omar ibn al-Khattab, zugeschrieben.) Es beginnt eine Zeit der verhältnismäßigen Toleranz, wie wir sie auch im maurischen Spanien kennen, in Al-Andaluz. Christen, Juden und Muslime leben nebeneinander in der Heiligen Stadt Jerusalem. Doch auch der Islam wird seinem Ideal nicht immer gerecht. Das Mittelalter ist eine grausame Zeit.
Franziskus von Assisi besucht 1204 das Land und begründet damit ideell den Anspruch der Franziskaner darauf, die heiligen Stätten der Christenheit als »Custodia Terrae Sanctae« zu verwalten – bis in unsere Tage. Später stattet auch der islamfreundliche Friedrich II. von Staufen aus Sizilien dem Land einen Besuch ab – zwei herausgehobene und zeituntypische Pilger, die Vorboten einer neuen Zeit sind, in der das Land in seiner Bedeutung mehr und mehr erkannt werden wird. Doch zunächst bleibt das Mittelalter finster.

Die Neuzeit – eine unbedeutende osmanische Provinz

Waren die Juden denn nicht aus dem Land vertrieben worden? Zunächst ja, aber schon bald nach den Vertreibungen siedeln sich die ansonsten im Mittelmeerraum verstreuten Gemeinden und Familien zum Teil wieder im Lande an. Es entstehen Gemeinschaften in Galiläa und auch in Jerusalem. Mitunter gibt es erneute Vertreibungen, aber das Land ist immer auch ein Ort, an dem Juden leben, meist nur wenige, meist nur sehr religiöse. Während der *Reconquista*, als Spanien wieder christlich wird, gibt es einen starken Schub neuer Einwanderer, die durch die Inquisition von der Iberischen Halbinsel vertrieben werden. In Safed und Tiberias entstehen religiöse Kolonien. Auch heute gibt es in Israel Menschen, die ihre Abstammung bis in diese Zeit zurückverfolgen können, die also nicht das Gefühl haben, »zionistische Kolonisten« zu sein.

In dieser Zeit befindet sich das Land schon unter osmanischer Herrschaft – die längste, stabilste und besonders am Ende kulturell ärmste Ära in der Geschichte des Heiligen Landes beginnt. Die türkischen Herrscher interessiert der unfruchtbare Landstrich nur am Rande, und genau dort liegt es dann, abseits der großen Zentren der Weltgeschichte. Das Land ist dünn besiedelt und arm. Reisende aus Europa verirren sich in der ersten Hälfte der immerhin vier Jahrhunderte andauernden Zeit der türkischen Herrschaft äußerst selten in das Land. Napoleon versucht die Eroberung, seiner Zeit voraus – die Türken behaupten sich und verstehen es, das Land aus der Ferne auszubeuten.
Bis das Interesse der Welt im 19. Jahrhundert langsam erwacht.

Eine neue Zeit beginnt – das 19. Jahrhundert

Über dieses Jahrhundert allein könnte man Bücher schreiben, sind Bücher geschrieben worden, die lesenswert sind. Amos Elon, israelischer Historiker, hat sich mit der Beziehung zwischen Deutschen und Juden in der Zeit zwischen Aufklärung und Shoa beschäftigt: Auf Hebräisch heißt sein Buch »Ein deutsches Requiem«, der deutsche Titel lautet: *Zu einer anderen Zeit*. Auch wenn die Zeitspanne länger ist, auch wenn der Schwerpunkt der Geschichte in Europa liegt, hier ist phänomenologisch manches von dem beschrieben, was nun wichtig wird für unser drittes Narrativ. Auch einige der Reisebeschreibungen, die schon erwähnt wurden, sind in dieser Beziehung aufschlussreich. Selma Lagerlöfs *Jerusalem* und *In Palästina* von Alfons Paquet gehören dazu.
Man kann das Phänomen ebenso in der Baugeschichte verfolgen, in dem Engagement der europäischen Groß- und Kleinmächte im Lande. Das Heilige Land rückt im Laufe des Jahrhunderts wieder in den Fokus des politischen, kulturellen und religiösen Interesses – ja, das ist inzwischen die Reihenfolge, denn das Machtstreben der

Collage aus dem Zitadellen-Museum zu den Bevölkerungsgruppen im 19. Jahrhundert

Europäer ist zunächst nicht ideeller Art. Man baut Eisenbahnen, Poststationen, Siedlungen für Arme, Krankenhäuser, Schulen. Jeder möchte der größte Wohltäter sein, den wichtigsten Beitrag zum Aufbau des Landes leisten, um sich Einfluss auf die Geschicke des Landes zu sichern. Aus diesen Motiven entstehen auch neue Kirchen, die beiden vom deutschen Kaiser Wilhelm gebauten wie die englische Christ Church.

Gleichzeitig und vielleicht sogar untergründig ursächlich für das wiedererwachte Interesse an dem Land des Ursprungs der jüdischen wie der christlichen Kultur, die Europa prägte, ist eine andere Bewegung, die vielerlei Formen annimmt: Ob es schwäbische Pietisten sind, amerikanische »Sektenführer«, junge Juden aus Russland, die vor Pogromen flüchten, oder katholische Orden mit Bezug zum 5. Evangelium (wie die Franziskaner das Land nennen, weil in ihm erlebbar wird, was die Christuswirksamkeit ausmacht) ... Sie alle wollen ein Ideal verwirklichen, das dem des Urchristentums entspricht, auch diejenigen, die keine Christen sind: ein

bescheidenes Leben in Arbeit, als Individuen in starken Gemeinschaften, in denen jeder tut, was er kann, und bekommt, was er braucht. Ganz egal, ob das entstehende Gemeinwesen eine Siedlung der neuen Templer genannt wird, ein Kloster der Nazarener Schwestern, ein sozialistischer Kibbuz oder die »amerikanische Kolonie« evangelikaler Christen – gemeint ist ein Ort, wie es ihn auf Erden bisher nicht gibt, der sich der Erde aber spürbar nähert und das Bewusstsein der Zeitgenossen umso mehr verwandelt, je weiter das 19. Jahrhundert voranschreitet.
Und in der Folge der Bewegungen, die Kolonialmächte und reiche jüdische Kaufleute, christliche Reformer und Fürsorger, jüdische Einwanderer aus Osteuropa und junge säkulare Idealisten jüdischer Herkunft ins Land zieht, entsteht eine mächtige Anziehungskraft auch auf die arabischen Nachbarstämme und -völker. In diesem Land geschieht etwas, und die Wachen und Strebsamen folgen der Bewegung. Es ist nicht einfach, in Bezug auf all diese Bevölkerungsbewegungen zu einigermaßen belastbaren Zahlen zu kommen. Die Quellen sind einerseits dünn, andererseits widersprüchlich. Und doch gibt es Tendenzen, die eine eindeutige Sprache sprechen.
Die erste Zählung der Bevölkerung in Jerusalem in neuerer Zeit geht auf das Jahr 1844 zurück. Damals sprechen die türkischen Behörden von 7.120 Juden, die in der Stadt leben, 5.760 Muslimen und 3.390 Christen. 1874 sollen es schon etwa 30.000 Einwohner sein, davon 20.000 Juden. Die Juden im Lande leben in dieser Zeit vorwiegend in Jerusalem, Tiberias und Safed. 1882 zählt man landesweit 150.000 Araber (Muslime und Christen, die damals noch einen großen Teil der arabischen Bevölkerung ausmachten), 25.000 Juden und 25.000 »sonstige«, was im Wesentlichen Europäer bedeutete: türkische Beamte, griechische Händler, europäische Ordensleute und Geistliche, aber auch schon die oben genannten Neueinwanderer, die im Heiligen Land das Paradies auf Erden errichten wollten.

Wie sehr die Bevölkerung in der Folge anwächst, zeigen die Zahlen von 1919 (entsprechend der ersten britischen Zählung, nachdem Großbritannien das Völkerbunds-Mandat als Siegermacht des Ersten Weltkriegs übernommen hatte). Es wird nun anders gezählt: 55.000 Juden, 69.000 Christen und 457.000 Muslime. Die Bevölkerung hat sich also zwischen 1882 und 1919 fast verdreifacht! Dabei sind allein 300.000 Araber dazugekommen, was – wie bei den anderen Gruppen auch – nicht nur mit natürlichem Wachstum zusammenhängt, sondern auch auf Einwanderung beruht.

So weit – so gut?

Die Zugfahrt vom Bodensee nach Berlin neigt sich dem Ende zu. Für heute muss das als Vorbereitung unserer Reise reichen. Die Frage, ob das Land ein Schmelztiegel sein kann oder soll, oder es gar ist, wird sich am Flughafen noch einmal anders stellen. Woher kommen die Israelis von heute? Welche verschiedenen Kulturen leben im Land?

Auch Berlin wäre insofern ein paar Bemerkungen wert: die Stadt Moses Mendelssohns, eine der jüdischen Metropolen Deutschlands vor der Nazizeit und auch heute wieder – es sollen etwa 30.000 junge Israelis in Berlin leben. Doch das gehört nur am Rande zum Thema.

Offene Fragen ... Je mehr man über dieses Land erfährt, desto mehr Fragen entstehen. Nur wer Abstand hält, wähnt oft genau zu wissen, was er von dem Phänomen Israel/Palästina zu halten hat. Je näher dran, desto komplizierter die Wahrheit.

Eine Bemerkung zum Gebrauch der Namen des Landes

Noch eine kleine Bemerkung sei gestattet zur Terminologie, weil sie schon den Titel des Buches betrifft: Ich habe mir in den letzten

Jahren angewöhnt, vom »Heiligen Land« zu sprechen. Dieses Land hat viele Namen, und zurzeit sind alle politisch besetzt:
Israel (ישראל) ist der Name, der dem Gottesstreiter Jakob nach seinem Kampf mit dem Gotteswesen als Beiname verliehen wurde, der Name dessen, der Gott (repräsentiert durch den Engel) direkt gegenübertritt und so seine Individualität als Gegenüber seines eigenen Urbildes, des Schöpfers, dessen Ebenbild er sein soll, stärkt. Israel war der Name des Nordreiches des Landes nach dem Zerfall des geeinten Königreiches, das ja nur drei Generationen lang unter Saul, David und Salomo Bestand hatte. Das Südreich, das mit Jerusalem den Tempel umfasste, hieß Yehuda (יהודה) – zu Deutsch: Juda (»der Gott dankt«) nach einem der Stämme. Von diesem Namen leiten wir die Bezeichnung des Volkes ab, das mit diesem Land seiner ganzen Geschichte nach existentiell verbunden ist, des Volkes der Juden. Die Sprache, das Hebräische, Ivrit (was heute im Ausland oft für das neue Hebräisch verwendet wird, aber an sich nur einfach »Hebräisch« heißt) wiederum bezeichnen wir mit einem noch älteren Namen, der auf die Zeit des Urvaters Abraham zurückgeht. Die Ivri (עברי), die Hebräer, kann man als diejenigen verstehen, die von der anderen Seite – der göttlichen, der jenseitigen – her kommen, von dort ihre Berufung empfangen.
Alle diese Begriffe sind zutiefst von der Geschichte des jüdischen Volkes geprägt. Für die Menschen im heutigen Staat Israel, die anderen Bevölkerungsteilen angehören, klingt in ihnen eine gewisse Ausschließlichkeit mit, die es schwer macht, sich mit ihnen zu verbinden. Die Bezeichnungen werden in der Darstellung überall dort auftauchen, wo es sachgemäß ist, aber nicht der Einfachheit halber das ganze Land bezeichnen.
Palästina ist für unsere heutigen Ohren das Land der Araber im Lande, ein noch nicht souveräner Staat, der doch irgendwie schon vorhanden ist. Die Palästinenser selbst meinen damit je nach Kon-

text und/oder politischer Ausrichtung das Westjordanland und Gaza – oder aber auch das ganze Land.
Die frühen Juden im Lande (und auch die europäischen Siedler im 19. und frühen 20. Jahrhundert) nannten das ganze Land allerdings auch Palästina und sich selbst Palästinenser.
Das Wort geht zurück auf die lateinische Form des Wortes für die Philister – Arabisch: فلسطين, »Falastin«, eines Sammelbegriffs für die in vorchristlicher Zeit aus Kleinasien, von den Mittelmeerinseln und aus der Ägais eingewanderten Seefahrerstämme, gegen die die Israeliten sich in der Zeit der Landnahme nach dem ägyptischen Exil durchsetzen mussten. Die Römer gebrauchten diesen Namen für das Land zuerst nach den Bar-Kochba Aufständen (132–135 AD), als sie den beiden Landesteilen Syria und Judaea den gemeinsamen Verwaltungsnamen Syria Palaestina gaben, um das aufständische Volk der Juden abzustrafen und jede Legitimierung einer tieferen Verbindung mit dem Land zu vermeiden. Im gleichen Zuge wurde die Hauptstadt umbenannt in Aelia Capitolina, um die tiefen religiösen Bezüge zum Namen Jerusalem (Stadt des Friedens) zu vermeiden. Palästina ist also trotz seiner heutigen politischen Bedeutung mitnichten ein arabisches Wort.
Es ist auch nicht in jedem Kontext politisch korrekt, alle im Lande lebenden Araber als Palästinenser zu bezeichnen. Ich habe zum Beispiel erlebt, dass die in Galiläa lebenden israelischen Staatsbürger arabischer »Nationalität« dies heute gar nicht so gern hören, weil sie befürchten, als nicht ganz echte Israelis ausgegrenzt zu werden nach dem Motto: »Geht doch ins Westjordanland ...«
Andererseits verleiht die Bezeichnung den im ganzen Lande lebenden Palästinensern gegenüber der sehr allgemeinen Zugehörigkeit zur Volksgruppe der arabischen Völker eine eigene Identität, was durchaus erwünscht ist.
Allen Beteiligten aber ist das Land an sich »heilig«. Auch hat die Bezeichnung Heiliges Land den Vorteil, dass sie sehr gut ohne ge-

nauere Grenzen auskommt, die im Falle dieses besonderen Fleckchens Erde immer gleich zum Politikum werden. So hat sich die Bezeichnung »Heiliges Land« bei uns inzwischen eingebürgert. Als säkulare Variante gibt es die Alternative, in der Polarität zu bleiben und von »Israel/Palästina« oder »Palästina/Israel« zu sprechen. Aber auch dabei muss man dann schon wieder über das Primat des einen Begriffs über den anderen entscheiden …

Auf dem Wege …

Montag, den 11. März 2013

Blick aus dem Flieger – über den Wolken

Wir, die tatsächlichen Reisenden im März 2013, haben uns gefunden, um die Reise gemeinsam zu beginnen: 18 Menschen aus verschiedenen Gegenden Deutschlands, aus den Niederlanden, der Schweiz und aus Südafrika. Obwohl wir uns noch fremd sind, beginnt die Gemeinschaft sich zu bilden – an gemeinsamen Erlebnissen, die schnell gemeinsame Erinnerungen werden: Wartezeiten, Sicherheitskontrollen, Verspätungen, die Possen der Welt.

Wie verwöhnt sind wir inzwischen – und wie lang dauerte im Gegensatz dazu eine Reise ins Heilige Land in früheren Zeiten! Mit Kutschen, Pferden, Segelschiffen, zu Fuß oder auf Eseln und Kamelen … Sie musste für viele Menschen ein Traum bleiben. Wir sind weltweit so viel näher zusammengerückt. Wir hören ständig voneinander und sind ziemlich schnell überall auf der Erde, wo es uns wirklich hinzieht. Wir gehen einander an. Vielleicht unternehmen wir diese Reise auch deshalb – um uns als Menschheit zu erleben …

Zur Methodik des Reisetagebuchs

Dieses Buch ist eine in jeder Hinsicht verkürzte Darstellung. Der Hinweis auf das Selbstverständliche in dieser Tatsache wird nicht dadurch überflüssig, dass das natürlich bei allen Versuchen der Verschriftlichung des real existierenden Lebens so ist. Es ist mir wichtig, mich selbst und andere an dieser Stelle daran zu erinnern, dass niemand eine alle Aspekte umfassende Wahrheit kennt, geschweige denn übersichtlich darzustellen vermag. Und so erleichtert die Form eines Reiseberichtes ungemein – wir können nicht überall hinfahren, müssen auswählen, und werden am Ende auch vieles nicht gesehen haben.
Jeder Versuch einer Beschreibung der Lebenswirklichkeit geschieht aus der individuellen Perspektive eines Betrachters, der von seinem Standpunkt aus auf die Dinge schaut, und bezieht dessen Erfahrungen und Erkenntnisse mit ein. Andere Menschen verbinden mit dem gleichen Thema andere Erfahrungen und Sichtweisen, die ebenso individuell sind, von ihrem Standpunkt genauso richtig. Selbstverständlich ist auch dies ein ausgesprochen perspektivisches Buch, in dem ich mich zwar bemühe, möglichst viele Gesichtspunkte einzubeziehen, bei dem ich aber von Anfang an sehr im Bewusstsein der Grenzen lebe, die meinen Versuchen gesetzt

sind. Was sind schon zwei Wochen, um das Land kennenzulernen? Was sind zwanzig Jahre Reise- und Arbeitserfahrungen angesichts der Komplexität der Lebensverhältnisse? Was sind einige Seiten bedrucktes Papier, um davon auch nur einen Eindruck zu vermitteln?

Mein Weltbild fließt ein, meine Sichtweise der Verhältnisse, geformt von der kulturellen Prägung durch das Aufwachsen in Deutschland, Europa, beeinflusst von den Menschen, denen ich begegnete, hier und anderswo, den Büchern, die ich gelesen habe, meiner Erziehung und nicht zuletzt auch von bisherigen Selbsterziehungsversuchen, die wiederum zusammenhängen mit der jahrelangen Auseinandersetzung mit einem inneren Weg, wie die Anthroposophie ihn beschreibt – einem sehr individuellen Weg, den jeder nur auf seine ganz eigene Weise gehen kann, und der so notwendigerweise zu ganz verschiedenen Veränderungen der Weltsicht führt. Dieser Weg bedeutet unter anderem die Berücksichtigung des Geistig-Seelischen, der Faktoren »Leben«, »Entwicklung«, »Schicksal«, des nicht Sichtbaren, das sich in der Wirklichkeit in vielfältiger und nachvollziehbarer Weise folgerichtig ausdrückt, das aber nicht im gewohnten Sinne berechenbar, messbar, kalkulierbar, planbar ist. Und dessen Darstellbarkeit im Wort von Anfang an an Grenzen stieß, wie schon Rudolf Steiner oft beklagte.

Für die Pädagogik ist eine solche erweiterte Sichtweise des Menschen schon fast im Mainstream angekommen. Viele Menschen schauen die Wirklichkeit des heranwachsenden Menschen so an, dass sie mit der Erziehung lediglich Hilfestellung dazu geben wollen, dass sich das entwickeln kann, was im Kind schon angelegt ist, sodass der junge Mensch seinen ihm gemäßen Weg finden kann. Dazu gehört das Imponderable, die Seele, der Geist, Teile des Menschen, die sich physiologisch nicht verorten lassen.

In der Geschichte, der Politik, der Betrachtung gesellschaftlicher und politischer Zusammenhänge bedeutet eine von derart ganzheitlichen Bestrebungen getragene Sichtweise vor allem, dass die Symptomatologie zur Methode erhoben wird, wenn diese auch nicht immer so genannt wird. Viele Geschichtsschreiber und vor allem viele Journalisten arbeiten heute ganz unbewusst, aber sehr erfolgreich auf diese Weise. Die besten Filme über das Heilige Land sind so gemacht – eine oft fast unkommentierte Komposition von Äußerungen, Stimmungen, Geschehnissen, relevanten Ereignissen, eine Hilfe zu eigenen Wahrnehmungen ohne Wertung.

Was macht diese Methode aus? Es geht beispielsweise um ein genaues Beobachten auch der scheinbar unwichtigen Einzelheiten im kulturellen und gesellschaftlichen Leben, in denen wir Symptome für Entwicklungslinien finden können. Es geht um Zusammenhänge, die im Hinschauen und Hinhören deutlich werden, und in diesem Prozess selbst um die möglichst vollständige Unbefangenheit, um ein immer wieder neues Infrage-Stellen dessen, was sich als Schlussfolgerung aufdrängt. Ein Urteil wird eben schnell zum Vorurteil, wenn es nicht immer wieder losgelassen und in jeder neuen Situation neu gefunden wird, statt dass wir es nur auf seine Richtigkeit »überprüfen«, weil wir an den einmal gefundenen Schlüssen hängen und recht behalten wollen.

Ich habe diese Methode nicht etwa von vornherein theoretisch so gewählt – mein Leben mit dem Heiligen Land und seinen Menschen führte mich dahin, dass sich nur eine solche Arbeitsweise als fruchtbar erweisen konnte. Das Land ist auch in dieser Hinsicht ein Lehrmeister. Viele vorschnelle Erkenntnisse mussten immer wieder revidiert werden. Je länger ich mit dem Land lebe, desto weniger weiß ich. Wer einmal dorthin gereist ist, wird vielleicht bemerkt haben, dass er nachher weniger bereit ist zu urteilen als vorher, obwohl oder *gerade weil* er viel Neues aufgenommen hat. Erste Erkenntnisse sind eben oft unkritisch übernommene Einseitigkeiten, die sich bei erneutem, vielleicht mehrfachem Hinschauen mit immer neuen Perspektiven anreichern.

Verbindungen zwischen Phänomenen entstanden nie am Schreibtisch, sondern immer im Leben. Ich bin weder Historikerin noch Soziologin, geschweige denn Judaistin oder Islamwissenschaftlerin. Auch bin ich als Pfarrerin der Christengemeinschaft nicht universitär-akademisch ausgebildete Theologin. Ich habe nie eine Prüfung als Reiseleiterin in Israel abgelegt. Insofern erhebe ich keinen Anspruch auf »abgesegnete Lehrmeinungen«. Im Übrigen kann man mitunter auch aus dem Munde professioneller Reiseleiter ziemlich oberflächliche Fragwürdigkeiten hören. Und die akademischen Spezialisten widersprechen sich ständig ... Da schreibe ich lieber einen subjektiven Reisebericht, den jeder nach Belieben um eigene Wahrnehmungen ergänzen kann.
Ich habe seit nunmehr zwanzig Jahren Beobachtungen und Erfahrungen gemacht, die ich teilen möchte mit allen, die die Bedeutung dieses Landes kennenlernen oder ihre eigene Beziehung zum »Kreuz der Erde« entwickeln möchten.
Dabei ist mein Schwerpunkt weniger die geologische, geografische oder biologische Seite dieser Weltgegend. Die Bedeutung des Landes ist auch in dieser Beziehung kein »Zufall«. Ein ziemlich zeitloses Standardwerk zum Thema ist das umfangreiche und vielseitige Buch *Mitte der Erde* von Suchantke, Schmutz, Schad und Fackler. Den Ausführungen dort ist wenig hinzuzufügen.
Mein Augenmerk gilt vielmehr der menschlichen und gesellschaftlichen Seite der Phänomene dieses Landes, so wie es sich heute als äußerst problematischer Dreh- und Angelpunkt des Zusammenlebens zwischen den Menschen, den Kulturen, den Religionen, eben als Epizentrum des bedrohten Weltfriedens darstellt.
Das Heilige Land steht in den Nachrichten seit Jahrzehnten immer wieder im Mittelpunkt, auch wenn tatsächlich anderswo »quantitativ« weit größere Katastrophen geschehen. Es ist eine der zu behandelnden Fragen, was es eigentlich ist, das dieses besondere Interesse auslöst.

Und so schreibe ich im Folgenden über »das Besondere« in diesem Land, das in den Schicksalen der hier lebenden Menschen oft eine Tragik entfaltet, die dazu führt, dass viele Einwohner, egal welcher Volks- oder Religionszugehörigkeit, dieses »Besondere« gern eintauschen würden gegen die vermeintliche Normalität Norwegens, Kanadas oder Österreichs.

Ich möchte darüber schreiben, was das Leben im Heiligen Land an Schicksalsträchtigem zu bieten hat, wie wir versuchen können, die rätselhaften Biografien zu entschlüsseln, die uns hier begegnen, und die in Hieroglyphen geschrieben sind, die viele Zeitgenossen geneigt sind, einfach als tragisch hinzunehmen. Ich möchte darüber schreiben, wie die geschichtlichen Wege des Heiligen Landes bis heute mit unserem mitteleuropäischen Leben verbunden sind. Ich schreibe davon, wie wir voneinander abhängen, und wie wir genau darüber auch heute etwas erfahren können, wenn es uns nicht zu unbequem ist. Und ich schreibe darüber, was all das an gemeinsamer Verantwortung für die Welt bedeutet.

Der hier angelegte Blickwinkel geht vom Kleinen aus, richtet sich von den Graswurzeln aus auf das, was sich in der menschlichen Landschaft dieses Landes symptomatisch zeigt. Das ganze Land ist wie eine Nussschale, in der sich die wichtigsten Probleme der heutigen Welt in höchster Konzentration versammelt haben. Ich wage zu behaupten: Was hier im Argen liegt, hat in anderen Weltgegenden Entsprechungen, urständet vielleicht sogar dort. Und was hier nicht bearbeitet wird, wird sich anderswo auf der Erde rächen.

Und auch das Umgekehrte mag gelten: Was wir hier heilen, trägt in homöopathischer Weise zur Heilung der Welt bei. Nicht umsonst heißt es im Islam, dass ein Gebet, das in Jerusalem geleistet wird, ein Vielfaches zählt im Verhältnis zu Gebeten, die anderswo verrichtet werden (auch wenn der Faktor zwischen 5 und 25.000 variiert ...).

Einer nur von außen auf die Zustände schauenden Sichtweise ist dieser Gedanke vielleicht fremd. Die Erfahrung spricht eine eigene Sprache. Und auch der Fluch, der hier gesprochen wird, die Unbeugsamkeit des eigenen Willens, die Unfähigkeit zur Vergebung, scheint anders zu wirken und das heraufbeschworene Unheil weltweit zu potenzieren.

Ankunft am Flughafen Ben Gurion

Nie weiß ich so richtig, wie ich das finden soll: Als ich vor zwanzig Jahren zum ersten Mal hier landete, war der Flughafen kaum mehr als ein pragmatischer Zweckbau, nur notdürftig mit etwas Glamour versehen. Und irgendwann war plötzlich alles anders. Hier ein Auszug aus dem Reise-Tagebuch von 2005, als diese wundersame Verwandlung eintrat:

Auf der Fahrt vom Flughafen

Vor zwölf Jahren war alles noch so anders.
Dieses Land, die schnellen Veränderungen …

1993 gab es noch diesen primitiven Flughafen, Busabholung vom Flugzeug, dann kurz der Eindruck einer mondänen Empfangshalle – und draußen der Bretterzaun, fast nichts, Taxen, Busbahnhof, freier Himmel. Schon ca. zwei Jahre später wuchs der Luxusbereich langsam – Springbrunnen, Flughafenhalle, zweites Terminal, alles von Jahr zu Jahr edler. Jetzt im Verhältnis zum letzten Sommer wieder enorme Fortschritte, vor allem die weitläufigen Andockstationen, keine Busse mehr, kein Hitzeschock. Nur das Erlebnis von sauberem, großzügigem Luxus in Marmor, Glas und Chrom.

Und nun noch die direkte Eisenbahnanbindung: Doppelstöckige deutsche Regionalbahnen, dänische IC3-Züge mit original DSB-Melodie (merkt aber hier keiner: Klingelton der Dänischen Eisenbahn, der wohl mitgekauft wurde, die Dänin in mir lächelt amüsiert ...). Ein gut ausgebautes Eisenbahnnetz. Alles clean und ruhig.

Warum nur finde ich das alles so merkwürdig deprimierend? Hier im Orient, in unmittelbarer Nähe der Flüchtlingslager von Palästina, ja selbst der Dörfer der israelischen Beduinen ohne Strom und Wasser, wirkt das alles ein wenig deplatziert und taktlos.

Ich verstehe den Drang nach Normalität. Wenn ich lange genug in der Altstadt von Jerusalem bin, geht es mir ganz genauso: Ich habe die Nase voll von orientalischen Düften, Feilschen und Angequatscht-Werden und sehne mich nach einem westlichen Kaufhaus mit festen Preisen und höflich-zurückhaltendem Personal. Und wieder in Deutschland angekommen, atme ich erleichtert auf, wenn alles ruhig, sauber, zuverlässig einfach zur Verfügung steht. Unterschwellig bemerke ich an mir: zivilisatorische Verwöhntheit und Sicherheitsbedürfnis.

Toll, dieser Zug. Großartig, wie er nicht in die Luft fliegt ...

Terrorgefahr – wer hat eigentlich mein Gepäck durchleuchtet, durchsucht, bevor ich in diesen Zug einstieg? Das heißt aber doch: Niemand hat den Rucksack dieses dunkelarabisch aussehenden jungen Mannes angeschaut, der da im Gang sitzt? Gewiss, auch er ist am Flughafen eingestiegen, in dessen Bereich man nur durch Sicherheitskontrollen kommt. Aber kann man im Auto nicht ziemlich leicht durchkommen, wenn es die richtige Bauart, das richtige Nummernschild hat? Und wie ist das an den anderen Bahnstationen?

Schicksalsergebenheit erfüllt das Herz. Autofahren ist schließlich auch nicht ungefährlich. Ich fühle mich der Möglichkeit des Lebensendes wieder einmal näher, wie so oft in diesem Land. Empfinde dieses Gefühl als durchaus gesund. So intensiviert sich jedes Gespräch mit den Mächten, die unser Schicksal lenken. Lernt man hier besser, leichter, selbstverständlicher das Beten?

Zuerst fahren wir durch das städtische Ballungsgebiet von Tel Aviv – von Mal zu Mal wirkt es dichter besiedelt. Eigentlich durchaus ästhetisch, modern. Mit charmanten architektonischen, landschaftsgärtnerischen Details mit orientalischem Anklang. Aber eben durch und durch kommerzialisiert. Von vielspurigen Straßen zerschnitten. Wie eine europäische Großstadt eben. Warum nehme ich das übel? Ich weiß doch, dass es auch hier charmantere Stadtteile gibt! Einsame, wüste Landschaften. Jedenfalls noch ein paar …

Heute werden wir einen anderen Weg nehmen, es geht ja nach Jerusalem. Zuerst erleben wir die Merkwürdigkeiten der Ankunftsrituale: Warum fragen die Passkontrolleurinnen, die meist eher gelangweilt wirken, danach, was der Zweck unserer Reise ist? Was müsste man wohl antworten, damit sie einem Probleme machen? Ich habe schon so vieles ausprobiert, einschließlich des dummen Scherzes, dass das Reisen nach Israel eine schlechte Angewohnheit meinerseits sei, und trotzdem durfte ich immer einreisen. Früher musste man noch ein Einwanderungszettelchen ausfüllen, bei dem man nie so genau wusste, wo denn der »Port of Embarkation« sein sollte und warum die Behörde den Vornamen unseres Vaters wissen will. Diese Formulare sind so spurlos verschwunden wie eines Tages die seltsamen Tütchen verschwinden werden, in denen wir brav unsere kleinen Medizinfläschchen im Handgepäck verwahren – wir können sie ja jederzeit wieder herausholen, niemand weiß, wozu das gut sein soll. Gehalten hat sich aber das Zettelchen, dass jeder bekommt, wenn er die Passprüfung bestanden hat, und das dann einer anderen gelangweilten jungen Dame zu überreichen ist, die zwanzig Meter weiter die Zettelchen wieder einsammelt, bevor wir zum Gepäckband vordringen dürfen ... Halt, heute wurden sie nur eingerissen und dann zurückgegeben. Warum auch immer ... Jedenfalls wurde hier niemandem klar, dass das Zettelchen später noch gebraucht werden würde, weil es neuerdings die Aufenthaltsgenehmigung dokumentiert. Es wird nicht mehr gestempelt – eine Konzession an die Reisenden, die ihren Pass noch in der arabischen Welt einsetzen wollen, wo ein israelischer Stempel die Einreise unmöglich macht – weil es die »zionistische Entität« gar nicht geben darf?

Nachdem alle Geld getauscht oder aus dem Automaten gezogen haben, verteilen wir uns auf zwei Shuttles und fahren auf verschiedenen Wegen die rund 50 Kilometer nach Jerusalem. Der eine Wagen fährt auf der klassischen Route über Abu Ghosh, ganz innerhalb der sogenannten grünen Grenze des Israels von 1948, in der Jerusalem am Ende eines sich verengenden Korridors quasi mitten in Jordanien lag. Erst als wir in die Altstadt einfahren, geht es sozusagen in territorial umstrittenes Gebiet. Der andere Wagen fährt nördlich dieser Strecke durch das Westjordanland, palästinensisches Territorium. Die Siedlungen nördlich von Jerusalem sind in die Stadt eingemeindet, die Grenze wurde ins palästinensische Land verschoben, und die schnellste Straße führt hier entlang. Da gibt es schon einiges zu entdecken: Checkpoints, die für uns keine Grenze darstellen, die Mauer, moderne israelische Wohnsiedlungen, arabische Dörfer mit grün beleuchteten Moscheen – so nah ist Ramallah? Das könnte ja ein Vorort von Jerusalem sein ...

Der Kontakt mit dem lauten, aber äußerst freundlichen Taxifahrer, der kurze Eindruck der Altstadt auf dem Weg vom Jaffator zum Gästehaus des deutschen Propstes – wir sammeln Wahrnehmun-

gen, Widersprüche. Beim Abendessen spiegelt man mir, dass es so unerwartet sei, wie alles hier munter durcheinandergeht – hatten viele doch erwartet, dass es eine stärkere Trennung geben müsste zwischen den Bevölkerungsteilen.
Einmal haben wir auf einem Jugendlager fotografiert, wer so alles in einer halben Stunde am Jaffator vorbei kam – eine unglaubliche Vielfalt an Menschenwelten: Klassische Orthodoxe mit Streimel (dem schwarzen Hut) und Schläfenlocken, die dazugehörigen Frauen mit langen Röcken, bedeckten Ellenbogen, eleganten Hüten, Perücken und immer mit Strümpfen ... Muslimische Frauen mit Kopftuch in allen Variationen, kleine arabische Mädchen in Uniformen ihrer christliche Schule, manchmal mit einer Mischung aus Uniform und Schleier. Die Shabab, junge Männer mit eher weniger festen Jobs, immer unterwegs, ohne Hoffnung auf erfolgversprechende Lebensarbeit und blonden Europäerinnen gegenüber immer kontaktfreudig. Geistliche aller Art, armenisch, franziskanisch, orthodox, koptisch ... und natürlich Reisende, junge Hippies, Gruppen biederer polnischer Bauersfrauen, Koreaner

Menschen am Jaffa-Tor

mit bunten Kappen und Nigerianerinnen in bunten afrikanischen Trachten auf Pilgerfahrt: Weil die islamische Regierung den Muslimen eine Hadsch nach Mekka finanzierte, haben auch alle Christen das Recht auf eine staatsfinanzierte Reise ins Heilige Land – dem Öl sei Dank. Soldaten und Polizisten nicht zu vergessen. Und Geschäftsleute im Basar und ihre Familien ... viele bunte Welten!
Nur wenigen dieser Menschen-Welten werden wir näher begegnen, denn zwei Wochen sind nicht lang. Und doch werden wir angefüllt von neuen Welten zurückkehren, und uns nachher die Urteile nicht mehr zutrauen, mit denen wir gekommen sind. Das wird im Abendgespräch deutlich. Auch wir selbst sind ja schon viele Welten, das macht anschaulich, dass es da draußen ganz genauso sein wird, nur anders, intensiver, und noch viel verschiedener. Und dass ein allumfassendes Kennenlernen nie möglich sein wird, sodass jede Expertise eine Illusion bleibt.
Am Abend: ein erster Eindruck, eine Vorstellungsrunde, ein Plan und dann ein paar Besinnlichkeiten. Erste Beobachtungen:
Man hatte erwartet, dass große Spannung herrschen würde in Jerusalem, im Heiligen Land, eine totale Trennung der Volksgruppen voneinander, spürbare Feindschaft vielleicht.
Und nun das hier: offensichtlicher Alltag mitten in all dem kulturellen Neben- und Gegeneinander, ein Alltag, in dem es viel Nebeneinander und durchaus auch ein wenig Miteinander gibt. Zu wenig sicherlich, aber immerhin. Die Menschen in der Altstadt, dem Auge des Sturms, leben ihr Leben, jeder auf seine Weise. Arabische Kinder gehen ihre Wege zu den oft christlichen Schulen. Orthodoxe Juden hasten über die Dächer zum Gebet. Soldaten und Polizisten sorgen für Ordnung. Straßenhändler versuchen sich in allen Sprachen, um Touristen Andenken aus den Kulturen des Landes sowie billige Importware von anderswo zu verkaufen: Rosenkränze und muslimische Gebetsketten, kleine siebenarmige Leuchter und Weihrauchgefäße, indische Paschmina-Schals und

echte Beduinenstickereien, T-Shirts mit dem Aufdruck »Don't worry America, Israel is behind you« oder »Holy Rock Café Jerusalem« neben Retro-Postern mit dem Slogan »Visit Palestine« und den ideologisch nur noch wenig aufgeladenen und meist modisch aufgehübschten Pali-Tüchern. Zuruf vom Händler: »Von Deutschland oder von Bayern?«

Am Abend kommt die Frage nach der Integration auf. Gelingt das nicht doch ganz gut? Wer mit wem? Warum integriert sich das nicht? Ist es überhaupt Integration, die gefragt ist, oder vielmehr Vielfalt und Toleranz? Was hat das mit den weltweit brennenden Fragen unserer Zeit zu tun? Und mit dem Wirken des Christus gerade in unseren Tagen? Das sind Fragen, die uns begleiten werden.

Integration?

Als der gebildete Reiseteilnehmer fragte, ob denn hier die Integration nicht doch wenigstens teilweise schon gelänge, verstand ich zuerst gar nicht, was er wollte. Integration? Wer soll sich hier integrieren – und in was? So ein schönes mitteleuropäisches Schlagwort im interkulturellen Zusammenhang.

In Deutschland verstehen wir sofort, was gemeint ist, wenn von Integration die Rede ist: Es gibt eine »Mainstream«-Kultur, eine anerkannte Landessprache, ein im Grundgesetz verankertes Wertesystem. Und alle, die hierherkommen, sollen sich dem anpassen und so werden wie das, was vor ihnen schon da war.

Im Heiligen Land ist das aber ganz anders.

Ein kleines Experiment. Früher einmal lebten wir Deutschen zum Teil im Römischen Reich. Was wenn die heutigen Römer es zu Wohlstand brächten und ihre früheren Herrschaftsgebiete aufkauften? Oder – Gott behüte, aber viel wahrscheinlicher – Saudis, Russen oder Chinesen in großen Scharen nach Deutschland kämen um zu bleiben, die besten Grundstücke und Immobilien kauften, wirtschaftlich und akademisch zu dominieren begönnen, ihre Sprache und Kultur mitbrächten? Schnell würden wir uns bedroht fühlen, mal angenommen, wir könnten ihr Kommen nicht verhindern – zumindest die Integration der Fremden könnten wir einfordern, oder? Oder sie die unsere? Wie viele müssten sie dafür werden? Wie war das in Nordamerika?

Wer müsste sich also im Heiligen Land integrieren? Hätten die frühen jüdischen Einwanderer sich der arabischen Kultur des Landes anpassen sollen, statt Goethe, Mozart und europäische Sitten mitzubringen? Tatsächlich haben die Pioniere sich noch verhältnismäßig arabisch gebärdet, als sie noch nicht so viele waren, dass ihre westliche Kultur der bestimmende Faktor wurde.

Oder müssten sich die arabischen Bewohner des Landes an die neue, mehr oder weniger europäisch-amerikanische Kultur anpassen? So wie die Juden aus den arabischen Ländern, die *Mizrachim*, sich an die Mehrheit der westlich geprägten *Aschkenazim*, der aus Mittel- und Osteuropa stammenden Juden, anpassen mussten?

Das sind ganz offensichtlich absurde Fragen. Sie zeigen nur, dass die »Frage der Integration« so nicht richtig gestellt ist. Ein gedeihliches Zusammenleben ist vielleicht ohne Integration viel ehrlicher möglich. Das erfordert allerdings, dass wir die Gleichwertigkeit der Kulturen anerkennen, auch wenn sie in mancher Hinsicht nicht zu gleichen Erfolgen geführt haben. Die Frage nach der Integration stellen wir nur zu leicht aus dem Bewusstsein der eigenen kulturellen Überlegenheit …

Ist der Plan für unsere Reise, so wie er am Abend vorgestellt wurde, nicht gleichzeitig mehr oder weniger das Inhaltsverzeichnis des Buches?

Es ist ein Weg, der uns durch das Land führen wird. Vieles wird ausgespart. Es gäbe so viel zu sehen. Auch wer hier seit Jahren wohnt, kennt nicht alles. Die Reiseführer lernen voneinander immer noch neue Geheimtipps. Jeder hat eben sein eigenes Jerusalem und auch sein eigenes Heiliges Land. Zu meinem gehört Tel Aviv eher nicht dazu, obwohl ich allein auch ganz gern mal dort bin. Der ganze Küstenstreifen wird auf dieser Reise etwas stiefmütterlich behandelt. Das mag daran liegen, dass dort das eigentliche »Philisterland« liegt, die Orte, die tendenziell »weniger heilig« sind. Ironischerweise lebt dort das Gros der jüdisch-israelischen Bevölkerung, meist ohne viel Kontakt mit den arabischen Bürgern, die in Galiläa und im Negev konzentriert sind – und natürlich in den palästinensischen Gebieten des Westjordanlandes bis nach Jerusalem hinein.

Hier der Plan: Nach den Tagen in Jerusalem, von wo aus wir auch einen Ausflug nach Bethlehem unternehmen werden, geht es ans Tote Meer. Von dort fahren wir dann gen Norden, wo wir im Kibbuz Harduf Quartier beziehen werden, um von dort Ausflüge in Galiläa zu unternehmen. Zum Schluss geht es zurück nach Jerusalem, von wo aus wir die Rückreise antreten werden.

Orientierung

Dienstag, den 12. März

Sonne über dem Ölberg

Vor Sonnenaufgang

Um 5.41 Uhr singt der Muezzin der Al Aqsa-Moschee eine wunderschöne Sure, gefolgt vom Gebetsruf zum Adhan. Wenn man sich an die ganz andere Tonalität gewöhnt hat, gibt es qualitativ große Unterschiede in den Gebetsrufen. Es dauert nicht lange, und man kennt jeden einzelnen Muezzin.

Bald darauf ertönen die ersten Kirchenglocken. Bim bim bim – bim bim bim – bimbimbimbimbimbimbim – Bim bim bim – bim bim bim – bimbimbimbimbimbimbim und dann bim --- bim --- bim --- Dreieinigkeit zweimal, dann eine Siebenheit, das zweimal und schließlich sehr eindrücklich: Dreifach ist Gott. Das ist eines der verschiedenen Glockenspiele. Auch hier – verschiedene Handschriften …

Nur die Juden übrigens sind religiös meistens eher still. Sie segnen den Tag und tun dies auch bei Sonnenaufgang – ohne andere zu rufen. Sie hören einen inneren Ruf und sind nicht missionarisch. Nur wenige Male im Jahr blasen sie den »Schofar«. Das geht dann allerdings durch Mark und Bein.

Die meisten von uns finden es sehr gewöhnungsbedürftig, wenn andere laut beten. Wir erleben hier die ganz und gar sinnliche Erscheinung des religiösen Lebens, was wir aus Europa nicht gewohnt sind. Was können wir von diesem unerwarteten Erlebnis und voneinander lernen? Dazu ein paar Gedanken, die als Einführung in das Gebetsleben vor Ort dienen mögen.

Wo ist mein »innerer Muezzin«?

Gebetskultur im Heiligen Land und was wir davon lernen können

Im Heiligen Land, in Israel und Palästina, leben Juden, Christen und Muslime.

Je länger ich mich an das Leben im Land gewöhne, desto mehr erlebe ich, dass die Unterschiede, die das Zusammenleben schwer machen, ganz andere sind als die Zugehörigkeit zu verschiedenen Religionsgemeinschaften.

Es gibt Menschen, die beten. Und Menschen, die nicht beten.

Aber auch das ist noch viel zu einfach:

Es gibt in allen Religionsgemeinschaften Menschen, die von Kindesbeinen an fromm sind und das auch wirklich leben. Je unverbildeter sie sind, umso eher. Und weil die Menschen immer gebildeter werden, stirbt diese Spezies langsam aus.

Dann gibt es, ebenfalls in allen Gemeinschaften, solche, die gelernt haben, dass das Gebet zum Leben gehört, es aber innerlich oft nicht mehr erfüllen können. Die aber im Leben – oft sogar eher aus ideologischen als aus spirituellen Gründen – äußerlich daran festhalten, weil sich ihre Gruppe darüber definiert. Arabische Kirchenchristen, die darauf pochen, möglichst öffentlich Alkohol zu trinken, weil sie schließlich keine Muslime sind, politische motivierte Muslime, die mehr Bezug zum Widerstand gegen den »jüdischen Staat« haben als zu Allah, orthodoxe Juden, denen die Gesetze Mittel zum Machterhalt sind ...

Diese vermeintlich Religiösen haben es in Wirklichkeit oft schwer mit dem Gebet. Wer sich nach außen religiös gibt, hat es auf dem inneren Weg nicht unbedingt leichter als andere.

Dann gibt es die große Mehrheit in allen Bevölkerungsgruppen, die sich zunehmend vom ererbten religiösen Element des Lebens entfernt und nicht unzufrieden ist damit, weil sie sich zum täglichen Überlebenskampf wenig erhofft an Beistand und Lebenshilfe aus anderen Welten.

Menschen, die andere Prioritäten leben.

Menschen zwischen Atheismus, Agnostizismus und Gelegenheitsspiritualität.

Zurzeit ist dies die größte Gruppe, aber die Zahl der spirituell eher Gleichgültigen geht zurück. Zum Teil ist dies wohl damit zu erklären, dass in der verschärften Konfliktsituation eine Gruppen-Identität im Sinne der vor-individuellen, traditionellen Kollektiv-Religionen gesucht wird.

Oder aber die Leere führt die Menschen zum höchst individuellen Suchen – die Welt hinter der Fassade kommt so nah, dass wir uns aufmachen, uns mit ihr zu verbinden. Und so gibt es schließlich diejenigen, die eine neue, individuelle Art von Religion lernen wollen, die Suchenden. Sie glauben, oder vermuten doch wenigstens, dass das Leben auf Erden vollständiger, heiler, besser wird, wenn wir uns um eine Verbindung zu der anderen Welt bemühen, aus der alles Leben kommt, in die alles Leben zurückkehren wird, und die unsere Schicksale trägt.

Äußerlich kommen diese Suchenden als Juden, Christen, Muslime, aber auch als Buddhisten oder Anhänger irgendeiner Spielart neuer Spiritualität daher.

Ihnen ist gemeinsam, dass sie neu beten lernen wollen. Ihr Beten beleben möchten. Religiöses Leben erneuern.
Warum sollte ich das wollen?
Weil ich tief in mir spüre, dass mein Leben immer wieder an Substanz verliert, wenn ich nicht beten kann? Dass es vielleicht so inhaltsleer, bedrückend und sinnfrei wirkt, weil ich nicht beten kann? Dass ich zuversichtlicher sein könnte, wenn das Gebet gelingt? Kann Beten uns helfen, ein »gutes Leben« zu führen?
Die Bekanntschaft mit der Geisteswissenschaft Rudolf Steiners kann dabei eine Hilfe sein, das spüren viele Menschen im Heiligen Land.
Allerdings ergeben sich gerade für Juden und Muslime aus der Verbindung mit der christlich-mitteleuropäischen Kultur, wie sie im Wechsel vom 19. zum 20. Jahrhundert in den anthroposophischen Kreisen lebte, auch Stolpersteine. Das Voraussetzungslose der anthroposophischen Christologie verquickt sich in den Vorstellungen der Menschen mit dem historisch gewachsenen Christentum, das problematische Assoziationen weckt. Stichwort Kreuzzüge, Judenverfolgung, Papstkirche – und dazu jede Menge missverständlicher Äußerungen zu Judentum und Islam aus dem Umfeld der Anthroposophie.
Deshalb versuchen viele Menschen im Heiligen Land in erster Linie an die eigenen Wurzeln anzuknüpfen. Das erscheint nicht nur konfliktfreier im Umgang mit den eigenen Kreisen, es wird vielfach auch als die Aufgabe empfunden, die der Einzelne auf sich zu nehmen hat.
Die Bereitschaft, anzunehmen, dass ich durch die Tatsache meiner Abstammung in einem Schicksalsstrom stehe, und darum meine ererbte Religion als Fakt hinnehmen muss, ist in allen Bevölkerungsgruppen ziemlich groß.
Und jede der Religionen bietet ja besondere Wege, sich dem Göttlich-Geistigen wieder zu nähern. Wege, die wie Facetten im Streben der Menschheit sind, die auf immer neue Art gelebt werden können.
Im Zentrum steht in verschiedener Weise stets das Gebet. Und so gibt es neben Christen, die religiös neue Wege suchen, auch Juden und Muslime,

die das Beten im Rahmen einer eigenen religiösen Erneuerung bewusst erüben wollen.

Die Gebetstradition im Judentum ist reich. Für alle möglichen Gelegenheiten gibt es beispielsweise »Segenssprüche« (*brachot*), die der Gläubige sich vergegenwärtigt und ausspricht. Beim Aufwachen, vor und nach den Mahlzeiten, ja sogar beim Genuss einzelner Speisen, im Angesicht eines Blitzes oder eines Regenbogens, beim Anlegen eines neuen Kleides, beim Empfang guter oder schlechter Nachricht bis hin zum Abend, an dem der Herr »Seile des Schlafes« auf meine Augen fallen lässt: Der ganze Tag ist von Gedanken an den Höchsten durchzogen, denn jedes dieser Gebete beginnt mit den Worten: *Gesegnet seist Du, Ewiger, unser Gott, König der Welt, der …* Darauf folgen die großen Taten der göttlichen Welt, an die wir uns in Dankbarkeit erinnern.

In der Tat scheint das Hauptanliegen des jüdischen Gebetes in einer solchen dankbaren Zuwendung zu liegen.

Damit ist der Sinn der »*brachot*« aber längst nicht erschöpft. Das Wort »*barech*«, von dem der Segen, die »*brecha*«, stammt, ist vielmehr Ausdruck des Hinzufügens einer Heiligkeit. Der Segen ist eine »Hinzufügung von Gutem«, einer sehr wirklichen Kraft. Der Mensch lernt im Gebet selbst zu segnen!

Hugo Bergman, Religionsphilosoph und Mitbegründer der Hebräischen Universität in Jerusalem, sagt es in einem Radiovortrag 1968 so: »Der Sinn des Segensspruchs wäre also, dass er das Tun des Menschen, und wäre es noch so klein … zum Range eines Mitwirkens des Menschen an der Realisierung des Göttlichen in der Welt erhebt, eines Mitwirkens … an der ›Erlösung‹ durch Vollendung des Schöpfungswerkes.«

Der segnende Mensch stärkt nicht nur sich selbst, sondern wirkt priesterlich an der Heilung der Welt, dem »Tikkun«.

Wie auch immer man es nennen will – er wirkt erlösend mit dem Christus, auch wenn der gläubige Jude eher von einer Vorbereitung des Messiaswirkens ausgehen wird. Der Messias selbst wird ja von der Mehrheit der Juden längst nicht mehr notwendigerweise als inkarnierter Mensch erwartet. Er kann auch in einem Zustand der Welt lebendig werden, der durch das gottesfürchtige, betende Leben der Gläubigen vorbereitet wird.

Im Islam ist der allgegenwärtigste der Grundpfeiler des religiösen Lebens das Gebet, viel sichtbarer als Bekenntnis, Wohltätigkeit, Fasten und Pilgerfahrt. Es ist die Grundlage des Lebens mit Gott, die der einzelne Muslim täglich schafft.
Das Gebet ist an eine rituelle Form gebunden, die dem Christen vielleicht eher befremdlich erscheint. Nimmt man diese Form aber nicht als rein äußerliche Vorschrift, sondern erfüllt sie mit Bewusstsein (und so ist es explizit gemeint), dann enthüllen sich dem Betenden tiefe Dimensionen der Spiritualität.
Es beginnt mit der Absicht des Gebetes, die still, aber bewusst gefasst wird. Als nächster Schritt folgt die rituelle Reinigung. Wie auch beim Bad in der jüdischen »*Mikwe*« geht es hier um mehr als Körperhygiene. Reinige ich beispielsweise meine Hände, denke ich dabei an die Taten, bei den Ohren an die Qualität des Zuhörens, bei den Füßen an meine Lebensschritte.
Die Gebetshaltungen – Stehen, Vorbeugen, Knien und die Erde mit der Stirn berühren – lassen sich ebenfalls mit Sinn erfüllen, bis hin zu der so oft missverstandenen Niederwerfung, mit der ich Demut und Erdverbindung übe. Man denke an die Priesterweihe in der katholischen Kirche, die der Kandidat liegend empfängt. Gemeint ist eine Ergebenheit in den Willen Gottes, eine Einung des eigenen Willens mit dem Willen eines Höheren.
Die Worte betonen die Größe Allahs – eigentlich ist Gott weder nur groß noch der Größte – grammatikalisch ist er »größer« als alles andere. Als alles, was uns sonst so bewegt?
Dieses Gebet wird dem Ideal nach fünf Mal am Tag verrichtet – zu Zeiten, die in ein arbeitendes Leben entgegen aller Vorurteile leicht zu integrieren sind: Vor Sonnenaufgang, nach dem Sonnenhöchststand (in der Mittagspause), am Nachmittag (zu Feierabend), nach Sonnenuntergang und nach Einbruch der Nacht. In islamischen Ländern wird zu diesen Zeiten

vom Minarett der Moschee durch den Muezzin zum Gebet gerufen, in Echtzeit, auch wenn ein Lautsprecher verwendet wird. Heute besorgt das unterwegs auch die GebetsApp im Smartphone …

Wir mögen uns darüber erhaben fühlen – aber wie viele Christen beten wirklich in dieser Konsequenz fünf Mal am Tag? Eine solche Praxis, die natürlich viele menschliche Ausnahmen erlaubt und von bewusst suchenden modernen Muslimen oft in freier Weise abgewandelt wird, pflegt durch den Einsatz des Betenden die äußerste Gottesnähe. Diese Nähe, das tägliche Streben nach Wiederverbindung, bewirkt Veränderung nicht nur in der Seele des Einzelnen sondern auch für die Welt. Denn letztlich ist das islamische Gebet immer ein Gemeinschaftsgebet, weil es zu bestimmten Zeiten an vielen Orten geübt wird. Die Bewegung an Ergebenheit, die damit in Richtung Mekka um die Welt geht, ist eine interessante Choreografie menschlicher Frömmigkeit.

Was können wir vom jüdischen und vom islamischen Gebet lernen? Mir scheint, jeder religiöse Strom hat einen eigenen Beitrag zu leisten zur religiösen Erneuerung der Menschheit, die sich im Heiligen Land mit all ihren dringlichen Fragestellungen in den verschiedenen Strömungen vollziehen will.

Den ganzen Tag segnend zu erleben, kann eine wichtige Lernerfahrung werden. Beten ist nicht nur Danken und Preisen und Bitten, sondern auch Heiligung der Welt in all ihren Alltäglichkeiten. Positivität und Unvoreingenommenheit werden dabei geübt, Weltbejahung, Verantwortungsgefühl und Liebe zur Schöpfung.

Und fünfmal am Tag mein eigener Muezzin zu sein, mich selbst in einer solchen rhythmischen Konsequenz zum Gebet zu rufen, könnte ebenfalls ein Ideal werden. Ein solches Leben ist reine Willensschulung: Ich treffe einen Entschluss und bemühe mich um die konsequente Einhaltung, die Integration des Gebetes in mein alltägliches Leben.

Es führt nirgendwohin, die eigenen religiösen Formen als einzigen Weg zur Wahrheit anzusehen und alle anderen zu Irrwegen zu erklären. Oder, wie es in der 5. Sure des Koran heißt, »wenn Gott gewollt hätte, hätte

Er euch zu einem einzigen Volk gemacht. Er hat euch aber verschieden geschaffen, um euch zu prüfen und zu erkennen, was ihr aus den euch offenbarten verschiedenen Rechtswegen und Glaubensrichtungen macht. Wetteifert miteinander, gute Werke zu vollbringen! Ihr werdet alle am Jüngsten Tag zu Gott zurückkehren, und Er wird euch die Wahrheit über eure Widersprüchlichkeiten sagen.«

Zurück in die Altstadt, zu unserer Reise. Als nächste Morgengeräusche folgen die Tiere. Hähne, Tauben, Singvögel, Krähen, Hunde. Und schließlich hört man Menschenstimmen. Die Altstadt ist erwacht.

Der leuchtende Edelstein

Wir beginnen den Tag mit einer Lesung eines kleinen Ausschnittes aus einem Vortrag, den Rudolf Steiner 1918 in Berlin gehalten hat: »Wenn der Tote in unserem gegenwärtigen Zeitenzyklus gewisse Punkte betrachtet, dann bekommt er von der Stätte aus, die hier auf der Erde dadurch signiert ist, dass es Palästina, dass es Jerusalem ist, mitten aus dem Bläulich-Violettlichen heraus etwas von goldigem Gebilde, von goldigem Kristallgebilde zu schauen, das sich dann belebt: das ist Jerusalem, vom Geiste aus gesehen! Das ist das, was auch in der Apokalypse – indem ich von Imaginationen spreche – als »himmlisches Jerusalem« hineinspielt. Das sind keine ausgedachten Dinge, das sind Dinge, die geschaut werden können. Geistig betrachtet, war es mit dem Mysterium von Golgatha so, wie man es bei der physischen Betrachtung erleben kann, wenn heute der Astronom sein Fernrohr in den Weltenraum hinausrichtet und dann schaut, was ihn in Verwunderung versetzt, wie zum Beispiel das Aufleuchten von Sternen. Geistig, vom Weltenall aus betrachtet, war das Ereignis von Golgatha das Aufleuchten eines

Goldsternes in der blauen Erdenaura der Osthälfte der Erde. Da haben Sie die Imagination für das, was ich vorgestern am Schlusse entwickelt habe. Es handelt sich wirklich darum, dass man durch solche Imaginationen sich wiederum Vorstellungen vom Weltenall verschafft, welche die Menschenseele in den Geist dieses Weltenalls fühlend hineinstellen.«

Jerusalem ist mehr als eine Stadt. Die Stadt ist eine Wirklichkeit – und zugleich ein unerreichbares Ziel, ein Projekt, das so viel gelungener ist, als manche vermutet hatten, und zugleich ein Projekt, das nicht gelingen kann. Die Morgenlesung regt zum Gespräch darüber an, ob dieser Erdenort auch heute noch glänzt.

Die Zitadelle

Es folgt ein intensiver erster Tag in der Altstadt. Zur Orientierung beginnen wir in der Davids-Zitadelle, dem Museum zur Geschichte Jerusalems. Eine imposante Burg, außen unversehrt, innen Ausgrabungsstätte, Aussichtspunkt und Museum.

Zunächst lernen wir, die Schichten ein bisschen auseinanderzuhalten: Mit David hat die Burg nichts zu tun, aber seit ewigen Zeiten wird sie mit ihm in Verbindung gebracht. Schon die frühen muslimischen Eroberer sahen in ihr einen Ort, an den König David (*Daoud* auf Arabisch, und eine wichtige Gestalt auch im Koran) sich zum Gebet zurückzog. Die Kreuzfahrer übernahmen diese Verbindung, und so erhielt sie sich im Namen der Zitadelle über die Jahrhunderte. An sich wissen wir nichts von ihr, was darauf hindeutet, dass sie älter wäre als Herodes der Große. Er errichtete diese Festung, die Kreuzfahrer bauten daran weiter, dann vor allem Suliman der Große, der Osmanensultan.

Für den kontrollsüchtigen Herodes war der Ausblick über die Stadt wichtig – und auch wir klettern zuerst einmal auf den mächtigen Phasaelturm, um uns in der Altstadt zu orientieren:

Die Zitadelle

Die vier Viertel sind von oben schon an den Dächern zu erkennen, muslimisch, jüdisch, christlich und armenisch – Hauptlinien, Charakteristika, Geschichte, Stimmungen beschreiben wir. Denn sie sind nicht eins zu eins vergleichbar: Das große muslimische Viertel, das alltäglichste vielleicht. Das nach der Eroberung der Altstadt 1967 komplett neuaufgebaute, etwas mondäne jüdische Viertel. Das christliche Viertel, in dem nicht nur Christen wohnen und arbeiten. Das ruhige armenische Viertel mit seiner besonderen Geschichte. Das armenische wird immer jüdischer, das christliche immer muslimischer, und überall entstehen »Mini-Siedlungen« von jüdischen Familien, die Wohnungen in anderen Vierteln aufkaufen und zu kleinen Festungen ausbauen. Jede Geschichte ist kompliziert … muss vereinfacht werden.
Dann schauen wir uns den kleinen Film an, der im Museum zur Einleitung in die Ausstellung gezeigt wird. Ein italienischer Künstler stellt in einem künstlerisch nett gemachten Zeichentrick-Film die Geschichte aus der Sicht der Steine dar – die Kalksandsteine Jerusalems, hell und in allen Variationen in der ganzen Stadt ver-

Blick von der Zitadelle

baut, weil man mit nichts anderem bauen darf, seit die britischen Mandatsherren eine entsprechende Verordnung erließen. Die Geschichte ist humorvoll, aber nicht banal, für alle Seiten in ihrer Sichtweise akzeptabel. Im Museum treffen wir jüdische wie arabische Schulklassen. Jeder fühlt sich gewürdigt.

Ein Satz bleibt haften: Nun ist die Stadt drei Religionen heilig – ein Zustand, der zwar schmeichelhaft aber nicht ganz ungefährlich ist …

Die Ausstellung im Museum führt uns dann durch die Geschichte: von den ersten Erwähnungen der Stadt, dem König des Höchsten Gottes Melchisedek, der Abraham Brot und Wein bringt und selbst von ihm den Zehnten empfängt, durch all die bewegten und ruhigeren Zeiten der Stadtgeschichte bis hin zu den Einwanderungsbewegungen vor der Staatsgründung. Fast alles politisch Brisante ist ausgelassen oder so geschickt umschrieben, dass es für niemanden anstößig wirkt. Die Geschichte endet 1948, ohne den Krieg und die Teilung zum Thema zu machen, was viele Probleme umschifft. Wir sprechen zwischendurch über viele andere Fragen, denn hier hat alles mit allem zu tun. Und obwohl wir vieles auslassen, brauchen wir gut zwei Stunden für den Durchgang. Dann geht es noch in den Keller der Festung, zum Kaiser.

Der Kaiser kommt

Die derzeitige Sonderausstellung kommt uns thematisch sehr entgegen – sie behandelt den Besuch des deutschen Kaisers im Heiligen Lande im Jahre 1898, und das ist ja Teil einer Geschichtsepoche, auf die wir auf unserer Reise ein besonderes Augenmerk richten wollen. Äußerlich gesehen geht es um die Zeit der Kolonialmächte, unter denen Deutschland eher eine kleinere Rolle spielt. Andererseits ist es eben gerade die Zeit der Wiederentdeckung der besonderen Bedeutung des Landes in vielfacher Beziehung. Alles, was mitteleuropäisch Rang und Namen hat, möchte sich im Heiligen Land verewigen. Sicherlich ahnen weder der Kaiser noch seine Strategen, was die tiefere Bedeutung dieser neu erstarkten Verbindung sein könnte. Und doch graben sich Spuren ein, die das Land zwischen Mittelmeer und Jordan mehr und mehr zu einem Teil Mitteleuropas machen wollen.

»Was aber bringt das deutsche Kaiserpaar, was bringen die mit ihm pilgernden Boten des Friedens dem unglücklichen Lande, das einst voll Volkes war und jetzt so wüste liegt, dessen Fluren, einst von Fruchtbarkeit und Segen triefend, nur Disteln und Dornen tragen, das Jahrhunderte lang Schauplatz verheerender Kriege war, dessen stolze Bauwerke in Schutt und Trümmern liegen, dessen Boden getränkt ist mit dem Blute von Millionen? ... Sie reden mit euch freundlich, wenn sie euch zurufen: Nehmt die Gnadenbotschaft an, die das Abendland von hier empfing und euch wiederbringt, bekennt euch zu dem, der die Sünden der ganzen Welt ... auf sich genommen und am Kreuzesstamm gebüßt hat.« (*Das deutsche Kaiserpaar im Heiligen Lande,* Berlin 1899, S. 407f.)

Ganz so selbstlos war die Mission – ebenso wenig wie vergleichbare Aktivitäten anderer europäischer Herrscher – sicherlich nicht, aber der Zauber, der über dem Besuch für das ganze Land lag, ist auch dem Umstand geschuldet, dass hier eine Verbindung hergestellt wird von der kulturtragenden Strömung Mitteleuropas zu dem in Bedeutungslosigkeit versunkenen Landstrich, der einst Europa seine ideelle Grundlage schenkte. Wahrhaft universelles Menschheitsbewusstsein war das noch nicht, aber es klang etwas an von einer Sehnsucht nach Globalität, wie sie erst heute wirklich zu leben beginnt. Und darin versteckt traten Machtgelüste, Gewinnstreben und – trotz allen hehren religiösen Bekenntnissen – ein Pragmatismus ans Tageslicht, die in die Oberflächlichkeit des Materialismus führen mussten.
Eine besondere Schautafel ist der Begegnung zwischen dem Kaiser und dem Zionistenführer Theodor Herzl gewidmet. Sind sie einander überhaupt begegnet? Wer hatte schon damals Interesse daran, diese Begegnung so hoch zu hängen, dass Bilder manipuliert wurden, um den Eindruck zu erwecken, man sei sich einig gewesen über die Fragen, die Herzl wichtig waren? Tatsächlich wurde Herzl eine Audienz gewährt. Die jüdischen Ansiedlungen waren schon damals von Bedeutung für das Land. Der Kaiser war der Solidarität mit dem osmanischen Reich aber so verpflichtet, dass er nicht mehr zugestand als eine Unterstützung jedweder neuen Besiedlung des Landes, die für das türkische Gemeinwohl förderlich wäre.

Der Muristan

Das Thema setzt sich in der Mittagspause fort, in der einige von uns im Viertel um die damals vom Kaiserpaar eingeweihte Erlöserkirche in einem Straßenimbiss essen. Ein hübsch und symmetrisch angelegtes Handelsviertel mit vielen kleinen Restaurants ist hier einladend um einen zentralen Brunnen gebaut. Zu Kaisers Zeiten war es noch eine Baustelle, älter ist der jetzige griechische Markt nicht. Das Viertel unweit der Grabeskirche gehörte einst dem Johanniter-Orden, der hier ein Hospiz für Pilger betrieb. Auch in der Zeit nach der Rückeroberung durch die Muslime war es ein »Muristan«, ein Krankenhaus. Hier gab es neben der schon in byzantinischen Zeiten erbauten ersten Kirche des Heiligen Grabes eine kleinere Kirche, auf deren Ruinen die evangelische Kirche des Kaisers gebaut wurde, nachdem das Grundstück ein halbes Jahrhundert früher vom osmanischen Sultan AbdulAziz dem preußischen Kronprinzen und späteren Kaiser Friedrich Wilhelm III. geschenkt worden war.

Die Atmosphäre in diesem Teil des christlichen Viertels ist angenehm offen. Vielleicht wird hier am ehesten der weltzugewandte Aspekt der Heiligen Stadt spürbar. Die westlichen Kirchen haben daran ihren Anteil – die römisch-katholischen wie die protestantischen Einrichtungen sind viel weltoffener als die verschiedenen Ostkirchen, in denen stärker das nationale Element lebt.

Arabische Speisen

An unserer gemeinsamen Tafel streift uns der Gedanke, dass der Impuls des Kaisers sich auf merkwürdige Weise verwirklicht hat. Der Orient hat an diesem Ort am stärksten eine mitteleuropäische Prägung erhalten. Schon damals war die Mehrheit in der Stadt jüdisch, und damit zu einem guten Teil auch mit Europa verbunden. Heute sind selbst die arabischen Jerusalemiten europäischer als ihre Verwandten in anderen arabischen Ländern.
Hummus und Falafel schmecken uns eben auch mit Messer und Gabel und an Tischen sitzend vorzüglich …

Ein Gang auf der Stadtmauer

Nach einer ausgiebigen Mittagspause geht es dann weiter mit dem ORIENTIEREN – was bedeutet das eigentlich? Eine Richtung gewinnen, an der man sich ausrichten kann … nach Osten? Zum Sonnenaufgang hin? Was tut der Orient in der »Orientierung«?
Hinter der Zitadelle steigen wir auf die Stadtmauer, um den südlichen Teil der Altstadt zu umrunden. Das gibt Gelegenheit zu Beobachtungen und Erläuterungen im Kleinen und im Großen.
Zuerst schauen wir auf die *Kishle,* die alte und neue Polizeistation der Altstadt mit ihren Pferdeställen. Auch heute noch erweisen sich die Pferde als beste Gehilfen des Menschen, der die Ordnung erhalten will: Sie sind respekteinflößend und sperrig, groß und unbestechlich. Ihre Halter sind oft beduinische Polizisten aus dem Norden des Landes. Sie lernen so einiges über die Befindlichkeiten der verschiedenen Bewohner dieser Stadt, in der die Nerven oft bloßliegen. Vor einigen Jahren war ich auf einem Rundgang Zeuge einer Schulung für junge Soldaten und Soldatinnen, die in der Altstadt Dienst tun sollten. Sie absolvierten mit ihrer Ausbilderin alle möglichen religiösen Stationen und wurden über die wesentlichen Inhalte belehrt – eindrucksvoll, dass das Bemühen da ist, Sensibilität zu fördern für die Mentalität des anderen.

Im Blick auf die verschiedenen Teile der Stadt innerhalb und außerhalb der Mauer kommen viele Fragen auf: Arbeitsmentalitäten, Siedlungspolitik, Armenien, Bestattungsriten, die verschiedenen christlichen Kirchen, von denen wir aus Deutschland nur einen kleinen Ausschnitt kennen. Was sind Maroniten, griechisch-katholische oder koptische Christen? Wo war wann die Grenze in Jerusalem und warum?
Es wird klar, dass wir hier an der alten jordanischen Grenze entlanglaufen. Die Jordanier hatten nach dem Ende des Unabhängigkeits-Krieges von 1948 das Westjordanland zum eigenen Staatsgebiet erklärt. Die Altstadt gehörte dazu. Die Juden wurden vertrieben. Die Palästinenser blieben Staatsbürger zweiter Klasse, wenig Chance auf Integration …
Doch zurück nach Jerusalem. Wir schauen auf die Weststadt, die seit 1948 Hauptstadt des Staates Israel ist. Hier sehen wir jenseits des Tales Relikte der ersten jüdischen Siedlungen außerhalb der Mauern im 19. Jahrhunderts: die Wohnviertel Mishkenot Sha'ananim und Yemin Moshe, erbaut von Moses Montefiore, einem englischen Bankier, bevor die Juden der Stadt überhaupt den Mut hatten, den Schutz der Stadtmauern zu verlassen. Man erzählt sich, sie seien nachts in die Altstadt zurückgekehrt aus Furcht vor marodierenden Räubern. Daneben die ebenfalls von Montefiore stammende Windmühle – Ausdruck des frommen Wunsches, die Juden mögen von den Früchten des Landes leben und nicht nur die Tora studieren. Das sollte sich eher anderswo im Lande bewahrheiten als in Jerusalem …
Aus den 1930er Jahren stammen das prächtige Gebäude des YMCA-Hotels mit dem imposanten Turm und das Kind David Hotel, das durch einen Anschlag jüdischer Extremisten im Jahre 1946 unseligen Ruhm erlangte. Weiter südlich sehen wir das Programmkino Cinematheque, in dessen Restaurant es sich vornehm mit Blick auf die Altstadt speisen lässt. Das alles war bis 1967

Grenzland. Von den Schießscharten der Altstadt aus gut erreichbar. Das Tal Gehinnom, das Todestal, war ein wüstes Niemandsland, wie es sich bei dem Namen gehört. Die Sultansteiche lagen brach. Heute werden in dem neu angelegten Park Festivals aller Art veranstaltet. Der Graben wird von Norden her mit protzigen Eigentumswohnungen zugebaut. Der Mamilla Mall ist mondäne Shopping-Zone, die auch gern von arabischen Jerusalemern frequentiert wird … Ost und West … Wo ist die Mitte?

An der Mauer

Schließlich verlassen wir die Mauer in der Nähe der sogenannten »Klagemauer«, die die Juden die »westliche Mauer« nennen – das letzte Relikt der Mauern des ebenfalls eher sogenannten »Zweiten Tempels«. Wenn ich richtig zähle, ist es der dritte oder sogar der vierte Tempelbau. Und der Mauerrest stammt auch nicht vom Tempelbau selbst, sondern aus der Befestigung des Tempelberges,

Klagemauer, rechts mit gefalteten Zetteln in den Fugen

der ja den heiligen Bezirk bildet, heute des muslimischen *Haram ash-Sharif.*

Wir sind am Ziel jeder jüdischen Pilgerreise in die Heilige Stadt. Für wie viele Juden aus aller Welt mag das die größte Erfüllung eines langgehegten Traumes sein? Wir erleben die Ehrfurcht, mit der sie sich der Mauer, dem letzten Rest des jüdischen Tempelbezirkes nähern.

Als etwas weniger ehrfurchtsvoll erleben wir viele der jungen Juden aus aller Welt, die mit den sogenannten »Birthright«-Programmen eine billige Reise nach Israel unternehmen können, die andere ihnen bezahlen in der Hoffnung, dass sich so ihre Beziehung zum jüdischen Heimatland stärken möge, obwohl sie doch in New York, Sydney oder Paris bisher ganz gut ohne Zionismus ausgekommen sind. Sie sind offensichtlich genauso fremd hier wie wir, aber ihre Reiseleiter legen ihnen nahe, sich zu Hause zu fühlen. Mit allen Mitteln der Kunst werden hier die entsprechenden Emotionen geschürt. Dabei spielt natürlich auch die Betonung des Fremdseins in der Welt eine Rolle, die Ängste vor Diskriminierung, Ausgrenzung und Verfolgung, neuen Wellen des Antisemitismus, die demonstrieren, dass Juden nirgendwo wirklich sicher sein können. Leider lassen sich dafür ja auch immer wieder Beispiele in der Wirklichkeit finden. Nach allem was man so hört, geht diese doch oft als aufdringlich empfundene Beeinflussung häufig eher nach hinten los. Trotzdem, die günstige Reise am Ende der Schulzeit kann ein Test sein für das eigene Jüdisch-Sein, eine Frage an die Identität. Hier an der Klagemauer entscheidet sich so manches für die Biografien junger Menschen, die durch ihre Herkunft das Schicksal des jüdischen Volkes teilen. Wie sagt Hilde Domin? »Jude ist, wen Hitler dazu erklärt hat.« In irgendeiner Weise gilt das bis heute …

Vor allem aber sehen wir hier die vielen Frommen, die in der charakteristischen Kleidung wirklich ergriffen beten. Täusche ich mich, oder ist der Anteil der Orthodoxen selbst an der Klagemauer immer höher geworden in den letzten zwanzig Jahren? Damals waren sie eher noch die Minderheit gegenüber den vielen ausländischen Touristen – Juden und Nicht-Juden. Heute scheinen weniger Säkulare an die Mauer zu pilgern; man fühlt sich den schwarzgekleideten Frommen gegenüber immer fremder. Und tatsächlich, der Druck in der Bevölkerung wächst.

Das Judentum ist gegenüber Nicht-Juden, *Gojim*, den »Völkern«, in keiner Weise missionarisch, denn in das auserwählte Volk wird man hineingeboren. Jude ist, wer eine jüdische Mutter hat. Nicht-Juden müssen die Gesetze nicht einhalten, sich nicht mit den Tiefen der jüdischen Religion beschäftigen. Natürlich kann man auch übertreten, aber das ist schwer. Dreimal wenigstens muss der Rabbiner den Kandidaten ablehnen. Und wer übertritt, muss schon auch alle Gesetze einhalten, anders als ein gebürtiger Jude, der vielleicht ziemlich weltlich lebt und kaum jemals an die vielen Bestimmungen denkt, die er tagtäglich beachten müsste, mal abgesehen von dem, was im Lande gesellschaftskonform ist: der arbeitsfreie Sabbat, »*basic kosher*«, also kein Schweinefleisch, Milch und Fleisch immer hübsch getrennt …

Wenn man bedenkt, dass der Messias erst kommen kann, wenn alle Juden die Gesetze beachten (wenigstens einen Tag lang), dann versteht man, warum die ultra-orthodoxen Juden den Säkularen gegenüber sehr missionarisch sein können. Diese weltlichen, vom wahren Glauben abgefallenen Juden sind ja – anders als die Gojim! – daran schuld, dass das messianische Zeitalter auf sich warten lässt! Und so meiden die Ultraorthodoxen das sündige Leben der Weltlichen, deren Inbegriff der Hippie aus Tel Aviv ist, und die Säkularen wissen nichts von der Welt der Orthodoxen, die in ihrer Mitte wie im Schtetl Osteuropas leben und durch ihr Wahlverhalten und ihre Parteien Einfluss ausüben auf den jüdischen Staat. Außerdem werden sie in bedrohlichem Maße immer zahlreicher:

Oft sieht man sehr junge Frauen, kaum der Schule entwachsen, die schon eine ganze Horde kleiner Kinder mit sich führen, alle in der typischen züchtigen und altmodischen Kleidung, die Sechsjährigen schon mit dicker Brille vom vielen Lesen ...

Die Grenzen zwischen diesen Gruppen sind fast so scharf wie die zwischen Juden und Arabern, auch wenn sie in jüngster Zeit mindestens in einer Richtung durchlässiger geworden sind: Im Zuge der Sinnsuche in einem seelisch-geistig leer gewordenen Leben mehren sich die Fälle, in denen sich Kinder weltlicher Familien für die *Tschuva* entscheiden. Sie kehren zurück zum gottgefälligen Leben. Und wenden sich damit von der scheinbar sinnentleerten Welt da draußen ab.

Die Betenden sind säuberlich getrennt nach Männern und Frauen. Ein gemeinsames Gebet, wie es in den reformierten jüdischen Gemeinden vor allem in Amerika und Europa selbstverständlich ist, oder gar weibliche Rabbiner, sind hier undenkbar. Selbst dass Frauen so beten, wie sie es selbst für richtig befinden, also auch laut, auch singend, auch mit Gebetsschal – das ist in den Augen der strengen Moralwächter unmöglich, und solche Vorstöße führen regelmäßig zum Eklat. Hier dringt die westlich-europäisch-liberale individualistische Religion nicht wirklich vor bis in die orientalischen Wurzeln des Judentums. Oder ist es moderner Fundamentalismus? Im rückständigen Frauen- und Familienbild, in der Stammesstrenge, stehen die Ultraorthodoxen den muslimischen Salafisten in nichts nach.

Trotzdem kommen alle Arten von Juden hier äußerlich noch zusammen, auch wenn manche sich zurückhalten müssen in der Äußerung ihres Anliegens. Was jeder Einzelne an der Mauer individuell für sich findet, weicht stark voneinander ab: höchste Spiritualität oder symbolträchtige Gedenkstätte, nationaler Mythos bei Vereidigungen von Soldaten oder bloße Toruristenattraktion ... Es ist kein Tempel mehr da, dessen Ritus einen könnte.

Einige von uns gehen selbst bis zur Mauer vor. Vielleicht beten sie für die Freiheit des Individuums gegenüber seiner Gruppe?
Dann wenden wir uns einem ganz anderen Ort zu, der uns in eine weitere exotische Welt entführen wird.

In der Markuskirche

Mitten im armenischen Viertel, durch das wir nun den Heimweg antreten, liegt das kleine Kloster der syrisch-orthodoxen Christen mit der – nach eigener Auffassung – ältesten Kirche der Welt.
Wo war die erste Kirche? Am Ort des Pfingstgeschehens, dort, wo die Jünger »im Inneren« in einem Obergemach versammelt waren.

Türplatte Markuskirche

Eingang

Und genau diesen Ort meinen die aramäischen Syrer seit den Tagen Jesu zu bewohnen.
Diese Gemeinschaft ist ohne Zweifel eine der ältesten Kirchen der Geschichte der Christenheit, denn ihre Umgangssprache ist das Aramäische, die Umgangssprache im jüdischen Volk zu Zeiten Jesu. Während das Hebräische, die Sakralsprache, in der die meisten heiligen Texte verfasst sind, über fast zweitausend Jahre nicht gesprochen wurde, hat diese Gemeinschaft das Aramäische weiter gepflegt. Als lebendige Sprache, die auch von einigen anderen Gruppen gesprochen wird (etwa von den muslimischen Mandäern in Syrien und den kurdischen Juden), mag es sich verändert haben, und es ist wohl eine Illusion zu meinen, im heutigen Aramäisch noch die Sprache Jesu hören zu können. Wahrscheinlich war das frühe Aramäisch, das mit hebräischen Buchstaben geschrieben wurde, viel näher am Hebräischen. Heute schreiben die Aramäer ihre Sprache in der jüngeren arabischen Schrift.
Bald schon wurde dieses ursprüngliche Christentum (dessen erste Vertreter natürlich Juden waren!) von dem griechisch-sprachigen Christentum überlagert. Die jakobitische Kirche, die auf den Apostel Markus und Jakobus, den Herrenbruder, zurückgeht, breitete sich vor allem in den späteren Kurdengebieten, im heutigen Syrien, der Türkei und dem Irak aus. Immer blieb um die erste Kirche eine Gemeinschaft in Jerusalem bestehen, das Dayro dMor Marqos, das Markus-Kloster. Eine Inschrift aus dem vierten Jahrhundert (nach Auffassung der Hausherren ist sie sogar noch älter) bezeugt:
»Dies ist das Haus der Maria, der Mutter des Johannes, genannt Markus. Zur Kirche ernannt durch die heiligen Apostel unter dem Namen der Jungfrau Maria, Mutter Gottes, nach der Himmelfahrt unseres Herrn Jesus Christus in den Himmel. Erneuert nach der Zerstörung Jerusalems durch Titus im Jahr 73 n. Chr.«
Folgt man dieser Tradition, dann ist hier der Ort, an dem Jesus mit seinen Jüngern das Abendmahl feierte. Zwar liegt das »Oberge-

mach« unter der heutigen Kirche, das erklärt sich aber aus der Tatsache, dass das Straßenniveau zur Zeit Jesu viel tiefer lag als heute; immer wieder hat sich ja Neues über Altes geschichtet, wenn Verfallenes oder Zerstörtes mit neuem Material wieder aufgebaut wurde. So ist heute fast überall in der Altstadt das wirklich Alte weit unter dem Straßenniveau zu finden und muss erst ausgegraben werden.
Hier erzählt uns Schwester Justina, eine frühere Mathematiklehrerin, die nach einem Erweckungserlebnis ihr Leben dem Kloster widmet, alles über den Ort und die Wunder, die ihr und anderen schon passiert sind – im Anblick der Lukas zugeschriebenen Ikone von Mutter und Kind (die Lukas ja persönlich kannte, auch wenn bezweifelt werden darf, ob das heute zu sehende Bild so aussieht, wie Lukas es gemalt haben könnte ...) oder im Gebet in der Krypta des Pfingstwunders.
Tatsächlich spricht Justina zum Beispiel von einem Sprachenwunder: Sie erzählt, wie sie sich einmal lange mit einem israelischen Touristen unterhielt, der nur Russisch und Hebräisch sprach, obwohl sie selbst keine anderen Sprachen beherrscht als Aramäisch, Arabisch und Englisch. Keiner der beiden bemerkte in dem Herzensgespräch über theologische Fragen diese Diskrepanz. Beim nächsten Treffen war der Zauber verflogen, und man war gereizt bis wütend aufeinander, weil jeder den anderen beschuldigte, sich sprachlich zu verweigern – der Israeli ging davon aus, dass Justina Hebräisch gesprochen hatte, Justina meinte, er habe Englisch gesprochen. Erst als – wie durch ein weiteres Wunder – ein Touristenführer dazu kam, der Englisch und Hebräisch beherrschte, klärte sich die Geschichte auf. Und Justina erinnerte sich daran, vorher beim Putzen der Kirche gebetet zu haben, die Herzen der Menschen durch ihre Sprache besser erreichen zu können, während der Israeli gebetet hatte, endlich zu verstehen, was das Christentum sei ...

Justina singt uns noch das Vaterunser auf Aramäisch vor – alles Beten war damals Singen, meint sie, und wir nehmen das andächtig in uns auf. Es ist so selten, dass man in unseren Breiten wirklich tiefer Gläubigkeit begegnet. Dann gehen wir zurück ins Lutheraner Gästehaus. Wie anders, wie viel äußerlicher, aber auch wie viel freier, fühlt sich Christentum dort an! Und aus all diesen Begegnungen entsteht immer wieder die Frage an den Einzelnen: Wie halte ich es mit der Religion?

Waldorf in Israel

Am Abend bekommen wir Besuch von Jan Ranck, einer amerikanischen Eurythmistin, und Arie Ben-David, ihrem israelischen Mann. Die beiden leiten eine Fakultät am staatlichen David Yellin College in Jerusalem, in der sie seit Jahren eine Ausbildung für Waldorflehrer anbieten. Sie sind unsere erste Verbindung zur anthroposophischen Arbeit in Israel. Die Waldorfschul-Dichte im Lande dürfte eine der höchsten weltweit sein. 2013 gab es sechzehn bis achtzehn Waldorfschulen im Land, je nach Zählweise, viele noch im Aufbau. Eine Waldorfschule im Norden ist eine arabische Schule, eine andere zweisprachig.

Was sind die Bedingungen, unter denen Waldorfpädagogik hier antritt? Zum einen kommt die Bewegung aus dem Ausland, aus Deutschland noch dazu, was bis vor wenigen Jahren noch eine größere Schwierigkeit war, als es das heute ist. Findet sich in dem Gedankengut hinter der Reformpädagogik etwas von dem, aus dem auch die Nazi-Ideologie wuchs? Sind die Schulen anti-semitisch? Tatsächlich war es hilfreich für die Akzeptanz, dass Waldorfschulen unter den Nazis verboten waren. Außerdem soll der Hintergrund doch ein christlicher sein, oder?

Arie Ben-David erzählt, wie ihn der Rektor seiner Hochschule einmal gefragt hat, ob es denn wahr wäre, dass Waldorfpädagogik [illegible] man verstehen, dass die Assoziationen [illegible] Israel nicht unbedingt positiv sind. [illegible]e, dass wohl noch einige Jahrzehnte [illegible]das, was sie da machten, als christ- [illegible]nn es denn einmal so weit wäre, [illegible]aft mit Michelangelo, Bach oder

[illegible] die vieler anderer israelischer [illegible] auch ein bisschen davon, dass er [illegible] der europäischen Juden gehört, den [illegible]nglich aus Mitteleuropa kamen, schon [illegible]kademisch und kulturell sehr gebildet, und [illegible]erdem, was nicht unwesentlich ist, mit erfolgreicher Militärkarriere. Solche Menschen können sich vieles erlauben – noch jedenfalls, denn die Neider sind nicht weit, und so wird denn auch die (vermeintlich europäisch-christliche) Anthroposophie gerade in Jerusalem oft angefeindet – von den Orthodoxen wie von eher nationalistisch gesinnten russischen Neu-Einwanderern.

Außerdem stimmt es natürlich, dass die Anthroposophie in einem christlichen Umfeld entstand. Die erste Waldorfschule wurde in Stuttgart gegründet, im traditionell christlich geprägten Deutschland. Das wirkt sich darauf aus, dass man alle Lehrplanempfehlungen, in denen abgestimmt auf die Entwicklung des Kindes Themen vorgegeben werden, in nicht-christlichen Kulturen neu anschauen und auf das eigene Umfeld übertragen muss. Dadurch gewannen zumindest die ersten Schulen in Israel mit ihren jungen, engagierten und meist in Europa ausgebildeten Lehrern deutlich an Tiefe und Authentizität. Man konnte nicht nachmachen, was Generationen tradiert hatten, sondern musste alles neu erfinden.

Jan und Arie erzählen uns ein wenig von der Geschichte des anthroposophischen Impulses in Israel. Wie die ersten Anthroposophen in den 30er-Jahren mit ihren Goethe- und Steiner-Gesamtausgaben auf der Flucht vor den Nazis kamen und treue Lesekreise bildeten. Wie erst in der nächsten Generation erste zarte Pflänzchen in der Heilpädagogik als praktisch umgesetzte Anthroposophie entstanden, später dann Kfar Raphael, die erste Dorfgemeinschaft der Heilpädagogik. Und wie mit dem Kibbuz Harduf eine neue Generation aus der ökologischen Bewegung und der neuen Spiritualität der Nach-68er etwas ganz Neues bewegte, das letztlich die Schulbewegung in großem Stile lostrat.

Und wie immer wieder die Grundfragen neu bearbeitet werden müssen: Was ist Anthroposophie in einem jüdischen Umfeld? Wie entstehen neue Gemeinschaften, die über die Blutsbande hinausweisen? Wie kann von diesem doch irgendwie europäischen Impuls auch zu den arabischen Nachbarn eine Brücke gebaut werden, die für sie begehbar ist? Wie kann die Waldorfpädagogik dazu beitragen, dass das wirklich Menschliche im anderen gesehen wird?

Heilige Stätten

Mittwoch, den 13. März

Am Anfang des zweiten Tages möchte ich ein paar Worte über den Ort sagen, von dem aus wir unseren Ausgangspunkt nehmen: das Gästehaus des Propstes der Evangelischen Kirche Deutschlands. Eine Unterkunft in einem der christlichen Gästehäuser in der Altstadt ist für unsere Reisen fast unverzichtbar. Ein ganz besonderes Lebensgefühl stellt sich hier ein: Im Auge des Sturms gewissermaßen, obwohl in diesem Jahr alles sehr entspannt wirkt trotz aller politischer Hoffnungslosigkeit.

Das Lutheraner Hospiz, wie es im Volksmund heißt, ist ein historisches Gebäude am Rande des armenischen Viertels, unweit der Basarstraßen, ganz nah am Schnittpunkt der vier Viertel. Das Haus steht auf den Ruinen eines Baues aus der Kreuzfahrerzeit (und sicherlich auch auf noch älteren Ruinen, wie könnte das in einer so alten, so dicht gedrängten Stadt anders sein). Das derzeitige Gebäude stammt von 1860 und wurde von Konrad Schick als Wohnhaus errichtet, später erwarb es der Johanniterorden und betrieb dort eine Augenklinik. Unter dem Namen Watson House ist es als Blindenanstalt bekannt. Erst 1964 wurde es an die Evangelische Jerusalem Stiftung verkauft, die es seitdem als Gästehaus des Propstes betreibt. Früher gab es eine wunderbare Jugendherberge, eine echte Begegnungsstätte für junge und junggebliebene Menschen aus aller Welt. Dort wohnte ich bei meinem ersten Besuch in der Stadt 1993. Besonders der Frauenschlafsaal mit 18 Doppelstock-Betten in einem Gewölbekeller war wild romantisch … Man merkte gar nicht, dass hier 36 junge Frauen in einem Raum schliefen, denn es gab überall Nischen und Einzelgewölbe. Die ebenfalls verwinkelte Küche mit Selbstversorger-Möglichkeiten war ein Ort, an dem immer viele Weltenbummler und Verrückte aller Art zu treffen waren. Seit diesen Zeiten hat der Betrieb viele Veränderungen erfahren – das Hostel hat sich letztlich nicht rentiert, stattdessen ist das Hotel immer bequemer und teurer geworden. Vielleicht ist es mit mir erwachsen geworden? Oder bürgerlich?

Jedenfalls genießen wir die relative Ruhe trotz der Lage »mittendrin«, die kleinen aber feinen Zimmer, das inzwischen wirklich gute Essen und die netten Menschen.

Der Gerechtigkeit halber erwähne ich aber auch die beiden anderen Häuser in der Altstadt, in denen wir immer gern wohnen: das legendäre österreichische Hospiz mitten im Muslimischen Viertel an der Via Dolorosa und, ein paar Häuser weiter, das Ecce Homo Convent.

Die österreichische ist die teuerste der drei Pilgerherbergen, hat aber dafür immer noch eine sehr schöne Herberge mit Schlafsälen ohne Altersbegrenzung. Dort ist man zwar ziemlich ohne Privatsphäre, aber die Bäder sind exzellent und das Frühstück das gleiche wie im Hotel, das fürstliche, große Zimmer an edlen altertümlichen Fluren mit spannenden Ausstellungen hat. Die kleine Dachterrasse gewährt einen tollen Blick, die Gartenanlagen laden zum Verweilen ein. Und in der Cafeteria gibt es Apfelstrudel und Sachertorte mit österreichischen Kaffeespezialitäten zu äußerst europäischen Preisen nebst Mozartgedudel im Hintergrund. Der Ort wird von der österreichischen Botschaft auch für repräsentative Zwecke genutzt, sodass man ab und an auf den einen oder anderen »Landeshauptmann« trifft, der gerade einen Empfang dort gibt. Kulturleben wird groß geschrieben, Konzerte und Ausstellungen sind an der Tagesordnung, ein vornehmes Haus mit durchaus sozialem Touch, regiert von der strengen, aber liebevollen Hand der Vizerektorin Schwester Bernadette.

Das Ecce Homo ist dagegen einfach und sehr spirituell, ein Haus französischer Nonnen und der Frauen des Laienordens *Chemin Neuf,* die für einige Zeit hier Freiwilligendienst tun. Sie kommen aus aller Welt, man spricht viele Fremdsprachen, führt religiöse Kurse durch, Bibelstudien im Heiligen Land. Die Zimmer sind günstiger, die Schlafsäle mit kleinen Abteilen ausgestattet, die eine gewisse Privatsphäre erlauben. Die Dachterrassen sind grandios – ganz in der Nähe des Tempelbergs erlauben sie Einblicke in fremde Welten: Hinterhöfe, Schulgelände, Familienleben auf den umliegenden Dächern. Zum Service gehört eine gut ausgestattete Reisebibliothek (für Teilnehmer an den Kursen auch eine theologische Sammlung) sowie jederzeit heißes und kaltes Wasser für Kaffee, Tee und Wasserflaschenfüllungen.
Wie schön, dass es sie gibt, diese und andere Gästehäuser, die uns erlauben, Teil der Altstadt zu werden, einen Hauch von Zugehörigkeit zu erfahren, Ruhe zu finden im Getümmel und tatsächlich ein bisschen Pilger zu werden, statt nur Tourist zu sein. »Herrgottsuche« nennen sie das im Österreichischen, und es berührt, dass man uns das zutraut!

Der Tempelberg

Auf geht es zum Tempelberg, dem Haram ash-Sharif, dem vornehmen Bereich, dem Har haBait, Berg des Hauses (Tempels). Hier wollen wir am Touristeneingang alle deutlich keine Pilger sein, denn solche haben keinen Zutritt, wenn sie nicht Muslime sind, auch wenn mancher mit religiösem Interesse an den Ort zieht, wo einst der Salomonische Tempel stand, der zerstört und wiederaufgebaut, von Herodes ausgebaut und vergrößert zu Jesu Zeiten Schauplatz so mancher Szene seines Lebens war. Den Ort, den fromme Juden nie betreten würden aus Angst davor, einen herausgebrochenen und anderswo verbauten Stein des Allerheiligsten zu

Betende am Felsendom

betreten, den Militante aber zu gern zum Brodeln bringen durch provokative Besuche. Und im Übrigen an den Ort, an dem Hunderte und Tausende Muslime täglich beten, lernen und Religion diskutieren und an dem Kinder spielen, picknicken und Ausflüge machen.

Apropos Tempelberg

Der Tempelberg, Haram ash-Sharif, der Berg Moria (nicht etwa der Zionsberg, wie oft fälschlich behauptet) – heute unter der Verwaltung der Waqf, der islamischen »frommen Stiftung«, die gleich nach der Eroberung im Sechstagekrieg von der israelischen Regierung die Oberhoheit über die heiligen Stätten dort anvertraut bekam. Der Ort, der auch »Nabel der Welt« heißt, Opferstätte Abrahams, Ort des Salomonischen Tempels und seines Nachfolgebaus, des zweiten Tempels – Ort der Sehnsucht?
Wie stehen die Juden zur Zukunft dieses Ortes? Der englische Oberrabbiner Sir Jonathan Sacks schreibt dazu in seinem Buch *To Heal a Fractured World,* dass das eigentlich Revolutionäre am israelitischen Glauben

die Aussicht auf eine Heilung der Welt durch Frieden gewesen sei. Alle anderen Völker sahen ihre Götter als Volksgötter, die im Himmel zum Kampf gezwungen wurden, wenn auf der Erde Krieg ausbrach. Nach Sacks waren die Propheten die Ersten, die von einem Gott sprachen, der sich nach Frieden auf Erden sehnte, einem Frieden, den die Menschen zuerst auf Erden schaffen müssen. Sie sahen eine Zeit kommen, in der Menschen nicht mehr Krieg führen, sondern eine Religion teilen würden, den Glauben an den einen Gott.

Die Christen teilten diese Vision, doch dieselbe Idee war es auch, die zu Kreuzzügen und Religionskriegen führte, so wie der Islam im Heiligen Krieg die Ausbreitung der Gottesgemeinschaft, der heiligen Umma, zu fördern suchte.

Die Zeit des ewigen Friedens ist nach jüdischer Vorstellung das messianische Zeitalter. Dieses Kommen kann der Mensch nicht erzwingen. Jeder Versuch, der prä-messianischen Welt den post-messianischen Frieden aufzuzwingen, muss zur Katastrophe führen. Darum entwickelten die Rabbinen die Idee von den *Darkei Shalom*, den »Wegen zum Frieden«: Das Gebot, Schritte in die richtige Richtung zu machen. Den Tempel vorzeitig wieder aufzubauen, vielleicht sogar, indem man damit Kriege provoziert, gehört ganz gewiss nicht zu diesen Schritten.

Was heißt denn »den dritten Tempel aufbauen«? Natürlich nicht die Wiedereinführung von Tieropfern. Generationen von Gelehrten von Maimonides bis Rabbi Kook haben ausgeführt, dass dieser Tempel eine eher vegetarische Angelegenheit sein wird. Es geht auch nicht darum, dass in dieser Zeit alle Menschen Juden sein werden. Es geht um ein »Haus des Gebetes für alle Völker« (Jes. 56,7). Darum geht Rabbi Nebenzahl, der frühere Oberrabbiner der Jerusalemer Altstadt, davon aus, dass neben dem Dritten Tempel durchaus auch eine Moschee auf dem Tempelberg stehen könnte. Vielleicht wird der Dritte Tempel ein Ort sein, an dem Gott auf verschiedene Weise angebetet wird?

Erzwingen kann seinen Bau keiner, auch wenn radikale Juden (und vor allem auch evangelikale Christen aus den USA) eifrig Pläne schmieden,

die den Spieß umdrehen: Wenn wir den Tempel wieder aufbauen, wird der Messias kommen, die Wiederkunft Christi erzwungen ...
Auch deshalb ist es heute nicht erlaubt, dass Juden (oder Christen) auf dem Tempelberg beten. Ein Paradox an einem öffentlichen Ort, aber wer mit den Ängsten und Sorgen der Religionsgemeinschaften nicht sensibel und taktvoll umgeht, der riskiert vielleicht gerade dadurch den Krieg, der das Kommen des Messias verzögert ...

Wir werden heute schon am Eingang darauf hingewiesen, dass es Probleme gibt. Als wir dann endlich alle durch die Kontrollen sind, wird der Sicherheitscheck nach uns geschlossen, was nichts Gutes bedeuten kann. Aber immerhin, wir sind noch hineingekommen. Über die hölzerne Brücke geht es durch das Maghrebiner-Tor auf das große Hochplateau. Von Herodes vergrößert, ist der weitläufige Platz nicht nur Touristenattraktion, nicht nur heiliger Bezirk, sondern vor allem auch Lebensort. An der Westseite begrenzt von den Gebäuden der Waqf, Schulen aller Art und Gebetshäusern, Verwaltung vielleicht auch; südlich die Al-Aqsa-Moschee mit der grauen Kuppel. Unten, in den sogenannten Pferdeställen Salomos, entsteht die größte Moschee des Heiligen Landes – der Berg wird so ausgehöhlt, dass manche die Gefahr des Einsturzes sehen, zumal israelische Statiker keinen Zugang haben ... An der Südmauer geht es steil abwärts ins »Höllental«, an der Ecke die »Zinne des Tempels«, die der Versucher dem Christus Jesus zum Abflug empfohlen haben soll, dann im Osten das zugemauerte Goldene Tor, Nachfolger des Herodianischen Tors, durch das der Herr und seine Jünger von Bethanien kommend in der Karwoche täglich den Tempelbezirk betraten. Und in der Mitte die goldene Kuppel des Felsendoms, der keine Moschee ist, sondern der Nabel der Welt – an sich dazu prädestiniert, allen drei Religionen zu dienen. Früher durften wir ihn betreten, wenn auch für einen fürstlichen

Felsendom

Felsendom – Modell

Eintrittspreis. Seit der Zweiten Intifada ist er für Nicht-Muslime gesperrt – wie auch die Al-Aqsa-Moschee. Wir dürfen nur in den Anlagen spazieren, die Gebäude von außen besichtigen und dem Leben zuschauen.

Kurz nachdem wir uns das erste Mal zusammengesetzt haben, werden wir dann auch schon aufgefordert, den Tempelberg wieder zu verlassen – es gibt Ärger. Einige Tage zuvor hatten Polizisten einige Jugendliche verhaftet, die Touristen provoziert haben sollen. Nun gibt es die Demonstration, die auf die Verhaftung folgt. Wir folgen den Anweisungen, wenn auch nicht direkt, sondern wandern am Felsendom vorbei möglichst selbstsicher und zügig ganz zum Nordende des Platzes, sicherlich nicht auf dem kürzesten Wege, aber unbehelligt. Durch eine etwas finstere Gasse, in der wir den mamelukkischen Baustil erklären können, gelangen wir so auf die Straße namens Via Dolorosa.

Die Teiche von Bethesda

Hier und jetzt wollen wir an der Via Dolorosa nur einen Ort besichtigen: das Kloster der Heiligen Anna, Geburtsort der Maria, direkt an den Ausgrabungsstätten der Teiche von Bethesda. Ein uraltes Asklepios-Heiligtum, heilkräftige Quellen, tiefe Zisternen. Heute ist das alles trocken, aber in dieser Jahreszeit immerhin grün. Man kann in den tiefen Gräben und Gruben herumlaufen. Wir versuchen uns die Szene vorzustellen: Überall liegen chronisch kranke Menschen, teilweise im Freien, teilweise in einer überdachten, aber offenen Halle. Und dann bewegt sich das Wasser, die reine Lebendigkeit ist anwesend, und nur der erste, der in diese jungfräuliche Lebenskraft eintaucht, wird geheilt. Welch furchtbare Überlebensängste, welcher Heilungsegoismus müssen sich da breit machen. Thornton Wilder beschreibt die Situation in seinem Drei-Minuten-Stück »Der Engel, der das Wasser bewegte«, in dem ein Arzt die Heilung für sich wünscht, weil er doch heilen muss – als hätte er das Wunder mehr verdient als andere. Unvergesslich die Antworten des Engels auf sein Ansuchen: »Ohne deine Wunde, wo bliebe deine Kraft«, und »Im Dienste der Liebe

sind nur die verwundeten Krieger tauglich.« Was für ein Ort ist das? Und was geschah, als der Christus Jesus ihn in das Innere des Kranken verlagert, in seinen Willen?
In der schlichten und schönen Anna-Kirche mit ihrer wunderbaren Akustik kommen wir mit unseren recht spärlichen Gesängen nicht zum Zuge. Zwei große Pilger-Gruppen singen ununterbrochen fromme Lieder, die wohl aus der Spiritual-Tradition stammen. Die Pilger selbst kommen aus Nigeria und Taiwan: Wo, wenn nicht hier, würden sie sich sonst je begegnen? Am Schluss singen sie zusammen und wir mit ihnen. Die Weißen Väter, die Französisch sprechende Afrikaner sind, schmunzeln. Die Welt ist klein in Jerusalem, und lebendiges Christentum hat viele Facetten.

Zum Ölberg

Es ist immer noch Vormittag, und wir beschließen, den Ölberg zu besteigen, bevor es Mittagessen gibt. Über den jüdischen Friedhof steigen wir auf, vorbei an Tausenden von Gräbern, um von oben den Ausblick auf die Heilige Stadt zu haben – von dort, wo der Christus Jesus sich, mit den Jüngern von Bethanien kommend, der Stadt näherte. Hier will jeder Jude begraben sein, der Wert darauf legt, vom Messias bei seiner Ankunft gleich auferweckt zu werden. Mancher Amerikaner oder Südafrikaner lässt es sich einiges kosten, hier einen Grabplatz zu ergattern. Ein alter Teil des Friedhofes ist so zerstört, wie die Israelis ihn bei der Eroberung 1967 vorfanden. 1948 wurden hier alle Gräber geschändet außer dem einen, das der jordanische König bewachen ließ - der russisch-jüdische Ingenieur Pinchas Ruthenberg hatte den Strom immerhin auch nach Jordanien gebracht Auf halber Strecke kommen wir beim Abstieg zur Kirche Dominus Flevit, »der Herr weinte«. Unten dann der Garten, der uns hinführt zum großen Geheimnis der Vereinigung des Christus Jesus mit der Erde, mit den Menschen.

Ölbäume

Gethsemane

Glaube ist Gottes Vereinigung mit der Seele
in einer dunklen Nacht.
Des Glaubens Nacht – so dunkel,
dass wir nicht einmal den Glauben suchen dürfen.
Es geschieht in der Gethsemane-Nacht,
wenn die letzten Freunde schlafen,
alle anderen deinen Untergang suchen
und Gott schweigt,
dass die Vereinigung mit ihm sich vollendet.

Dag Hammarskjöld

DU – allein in der Natur, die aber nicht natürlich ist, sondern von der pflegenden Hand des Menschen geprägt. DU, dort wo der Mensch begonnen hat, die Erde zu verwandeln. Im Garten *Gath Schmanim,* dem Garten der Ölpresse.

Merkwürdig, dass es diese Presse nicht mehr gibt, wo man doch sonst hier im Lande alles findet, was das Pilgerherz begehrt. Angefangen hat das mit dem Kreuz, das die erste Pilgerin Helena in einer Zisterne fand, die Mutter des römischen Kaisers Konstantin, die ein Gespür hatte für die Orte des damaligen Geschehens. So lokalisierte sie die wichtigen Schauplätze, an denen byzantinische Kirchen gebaut wurden, die das Mysterium verewigen sollten. Bis heute geht dieses Bemühen weiter. Überall versuchen die verschiedenen Religionsgemeinschaften mit Hilfe der Archäologie nachzuweisen, dass sie am richtigen Ort sind, dass Orte ihnen gehören, dass ihre Anliegen eine irdische Grundlage haben. Vor allem Gräber finden sich, die etwas beweisen sollen. Tote Geschichten. Wenn die Steine reden könnten, vielleicht würden sie uns eines Besseren belehren?
Die Ölpresse also ist nirgends aufgetaucht. Wahrscheinlich wurde sie hier im Tal betrieben, in dem zumindest im Frühling damals der Kidron ein bisschen Wasserkraft liefern konnte. Der Garten dagegen ist noch da. Das heißt: Es gibt im Kidrontal, zwischen Tempelberg und Ölberg, einige Ölbaumgärten.
Der bekannteste ist der von einer hohen Mauer umgebene, der auf dem Grundstück der so genannten »Kirche der Nationen« liegt. Über einer kleinen Basilika aus dem 4. Jahrhundert wurde hier 1919-24 ein Gotteshaus gebaut, das die »Internationalität« der katholischen Kirche aufzeigen soll. Nicht das Allgemein-Menschliche, sondern die Inter-Nationalität, denn die »Stämme« scheinen noch wichtig zu sein. Die Kirche strotzt nur so von Symbolen: zwölf Kuppeln für die Apostel, rotbraune Säulen, um die Ölbäume des Gartens zu symbolisieren, ein stacheliger Metallzaun als Dornenkrone um den Felsen, der Jesu Verzweiflung getragen haben soll. Ob hier das Blut des Herrn erstmals die Erde erreichte, als die Tränen zu Blutstropfen wurden? Gepresst von der Last der Verantwortung – oder verzweifelt ob der Schwäche des menschlichen Leibes?
In diesem Garten finden sich einige sehr alte Ölbäume – die Altersangaben schwanken zwischen 1000 und 2000 Jahren. Es ist schwer, das Alter eines Ölbaums zu beurteilen, weil er auseinander wächst zu einem Ring, der

sich in Einzelbäume spaltet, die, wenn sie alt werden, Platz geben für das im Inneren hervorwachsende Neue. Eine neuere Untersuchung ergab, dass die meisten dieser Bäume von einer Mutterpflanze abstammen, genetisch identisch sind. Man hat sie also irgendwann planmäßig hier angepflanzt – mit Blick darauf, dass dies der Garten sein könnte, in welchem Jesus mit seinen Jüngern auf die Festnahme wartete? Jedenfalls wird dieser Garten seit Jahrhunderten verehrt, eine atmosphärisch spürbare Tatsache.
Das Kidrontal ist ein Tiefpunkt, das ist deutlich. Der Tempelberg mit der Mauer, die den heiligen Bezirk umgrenzt, ist von hier aus eine sehr steile Anhöhe im Westen. Davor ist ein muslimischer Friedhof angelegt, der den jüdischen Messias davon abhalten soll, durch das Goldene Tor den Tempelbezirk zu betreten ... Auf der Ostseite geht es etwas sanfter den Ölberg hinauf: heute ein riesiger jüdischer Friedhof, eine Steinwüste mit viel Geschichte, uralt und ganz neu, denn jüdische Gräber sind auf Ewigkeit angelegt, werden nicht aufgelassen. Immer besuche ich dort Else Lasker-Schüler, die Wuppertaler Dichterin, die im Zweiten Weltkrieg aus ihrem Schweizer Exil verbannt hier strandete und 1945 starb – nicht am Krieg, aber mit gebrochenem Herzen und umnachteter (oder umlichteter?) Seele. Zwischen beiden Bergen wirkt der tiefe Einschnitt eines meist trockenen Bachbettes wie eine Miniaturnachbildung des großen Grabenbruches, der das Heilige Land im Osten begrenzt und als Inkarnationsort des Christuswesens den tiefsten Punkt seiner Erdenwirklichkeit markiert. Bis hierher an den Kidron, der viel weiter östlich und 1000 Meter tiefer ins Tote Meer mündet, führte der Weg. Deshalb müsste der eigentliche Garten Gethsemane wohl am Bach gelegen haben, was der touristische Garten eher nicht tut. Versuchen wir es also woanders.
Hinter einer Mauer auf der anderen Straßenseite liegt ein anderer Garten – viel größer und weiter, mit lebendigen, nicht so alten Ölbäumen, die es dem Besucher erleichtern, sich das Geschehen zur Zeitenwende vorzustellen. Die Tatsache, dass hier nicht jeder hinein darf, sondern nur geladene Gäste der federführenden Kirche, ist auch hilfreich, denn im trägen Voranschieben zwischen Touristenmassen will ein Gartengefühl

nicht so recht entstehen, so beeindruckend die Bäume auch sein mögen. Aber auch dieser Garten liegt zumindest in seinem zugänglichen Teil oberhalb des Bachbettes.
Am schönsten aber ist es, einfach durch das Tal zu wandern, unterhalb des touristisch erschlossenen Gartens, der auf der anderen Straßenseite dem Wanderweg folgend an den alten Prophetengräbern entlang führt, unterhalb des arabischen Ortes Silwan, der bedroht ist von den Ausgrabungen der Davidstadt, und bis zum Hinnomtal, das südlich des Zionsberges die Altstadt begrenzt. Hier ist der Gartencharakter in den letzten Jahren sehr lebendig wiederhergestellt worden, und außerdem befinden wir uns ein wenig abseits der Touristenströme, wo es die Möglichkeit gibt, auch ein wenig mit sich selbst und dem Garten allein zu sein – so gut das inmitten einer Großstadt und zwischen viel befahrenen Straßen eben geht. Das lebendige Wasser werden wir auch hier nur ausnahmsweise im Winter oder Frühling finden, aber wir dürfen tief unten im Tal zwischen lebendigen Ölbäumen wandern. Um uns herum ist alles höher und größer und steinerner. Wir selbst werden klein genug, um den Ereignissen jener Nacht nachzuspüren.
Einen Steinwurf entfernt. DU, am letzten Zipfel der Lebendigkeit. Am Ort der Presse, die nie gefunden wurde – die die lebendigen Früchte des Ölbaums zu Öl zerquetscht. Dem Öl, das Leben spendet, Sonne trägt, Wärme vermittelt. DU, ganz unten, wo alle schlafen, kein Bewusstsein mitkommt. DU großes Du, am Ende, das den Anfang bedeutet.

Wo der Weg des Leidens wirklich entlanggeführt hat, ist nicht sicher. Es gibt Berichte, nach denen schon in byzantinischer Zeit erste Pilger den Spuren Jesu an Hand der Leidensgeschichte in den Evangelien folgten. Sie gingen vom Ölberg durch den Garten Gethsemane durch das Löwentor zur Grabeskirche. Welchen Weg sie in der Altstadt gingen, ist natürlich nicht belegt, auch nicht, ob es bestimmte »Stationen« gab. Schon im 8. Jahrhundert wird

eine andere Route beschrieben: Da geht es durch das Kidrontal zum Haus des Kajaphas und von Süden her in die Stadt. Das ganze Mittelalter hindurch teilten sich die Pilger in zwei Fraktionen: Anhänger der südlichen Route über den Zionsberg und die dort entstandenen Kirchen und solche der nördlichen, an der Antonia-Festung entlang durch die Stadt. Im 14. Jahrhundert bekamen die Franziskaner von Papst Clemens VI. die *Custodia Terrae Sanctae* anvertraut, und so werden seit etwa 1350 Prozessionen unter ihrer Schirmherrschaft durchgeführt, die den Leidensweg des Herrn vergegenwärtigen sollen. In diesem Rahmen verfestigte sich die nördliche Tradition, die wir heute kennen, einschließlich der vielen kleinen Kapellen am Weg, die an bestimmte Stationen des Weges erinnern sollen. Hier treffen sich fast alle christlichen Pilger, und täglich kommen unzählige Gruppen aus aller Welt an den in den letzten Jahren oft mondän ausgebauten Läden der Basarstraßen vorbei, durch die die autorisierte Via Dolorosa führt.
Wir machen uns klar, dass dies nicht der Weg sein muss, auf dem sich die damaligen Ereignisse abspielten. Vom Ölberg zu kommen, macht nur Sinn, wenn man die Karwoche als Ganzes sieht. Wo der Abendmahlssaal war, hat uns schon beschäftigt, und ob es das Haus des Markus im heutigen armenischen Viertel oder der offizielle Abendmahlssaal über dem Davidsgrab auf dem Zionsberg südlich der Mauer war – jedenfalls liegt dieser Ort nicht am heutigen Pilgerweg. Von dort mag man den Gefangenen zu den Hohenpriestern geschleppt haben – und auch hier ist ungewiss, ob das »Haus des Kajaphas« an richtiger Stelle steht, ob es auf dem Zionsberg selbst stand – oder ob man gar irgendwo nah am oder im Tempelbezirk suchen müsste. Pilatus könnte in der Burg Antonia residiert haben, oder aber in der Festung Herodes des Großen, die nach seinem Tod vielleicht dem römischen Statthalter zufiel – und wo der für Galiläa zuständige Herodes Antipas residierte, ist ganz ungewiss.

Via Dolrosa

Nehmen wir all diese Orte ernst als Stationen des Leidens, dann kommen wir aber eventuell zu einem ganz anderen Verlauf der Via Dolorosa: etwa durch das Kidrontal und zum Berg Zion, zur Zitadelle und dann auf einem Weg, der etwa durch den Muristan führt zur Grabeskirche, die unser Ziel am Nachmittag sein soll. Wir lassen uns die Freiheit, jeder in seinem Tempo, auf seinem Wege und mit dem Verkehrsmittel der Wahl (Esel, Taxi, wandernd) vom Fuße des Ölbergs weiterzugehen, mit Pause im Hotel oder im Straßencafé ... Am Nachmittag wollen wir uns an der Grabeskirche wieder treffen.

Bei Basti und im Österreichischen

Mit einigen Teilnehmern machen wir uns auf den Weg entlang der klassischen Via Dolorosa zu Anwar, der mit *Basti's Pizza* einen besonderen Imbiss betreibt. Sein legendäres Restaurant direkt gegenüber dem Österreichischen Hospiz. Es verblüfft mich immer wieder, dass er mich nach Monaten noch wieder erkennt (wie sicherlich viele andere auch), nach meinem Sohn fragt, der zugegebenermaßen sicherlich öfters da war, weil er lange in der Stadt gewohnt hat, und mich mit Reiseleiter-Privilegien bedient. So essen wir mit der Gruppe sehr günstig, wenn ich allein komme, habe ich oft gar nichts bezahlt: »You're my guest!«

Und so hält er auch immer wieder für Sozialfälle frei, gestrandete Pilger etwa. Er ist ein junger Mann, der mit seiner Familie irgendwo außerhalb wohnt, weil die Altstadt kein Ort für Kinder ist, wie er sagt, der aber das einfache Traditionshaus, das mit vielen alten Photografien geschmückt ist, erfolgreich weiterführt. Die Interpretation von Pizza ist nicht italienisch, aber schmackhaft und sättigend, die Limonaden-Eisgetränke unübertroffen. Vor allem aber genießen wir ein kleines Stück Heimat, das sich hier immer dann einstellt, wenn die Menschen merken, dass man nicht nur einmal kommt, sondern ein Verhältnis zu diesem verrückten Ort eingeht.

Nachher gehen wir noch auf einen Kaffee ins Österreichische, mehr um den Mitreisenden einen Eindruck davon zu vermitteln, wie dieses Element hier lebt: k. u. k. wie in der alten Heimat kaum noch, ist das Haus inzwischen auch bei israelischen Altstadt-Besuchern sehr beliebt. Im Gewimmel der Altstadt ist dieser Stil eine willkommene Atempause.

Vorhof Grabeskirche

Das Grab ist leer

Am Nachmittag treffen wir uns im Vorhof der Grabeskirche wieder, die Orthodoxen nennen sie »Anastasis«, Auferstehungskirche, an dem Ort, der das Zentralereignis des Christentums architektonisch bewahren will, Kreuzigung und Todesüberwindung. Immer wieder können wir uns die Frage stellen, ob es denn hier überhaupt etwas zu sehen gibt. Die Antwort lautet: Es kommt ganz auf unsere Erwartungen an. Als ich vor zwanzig Jahren zum ersten Mal hier war, gingen meine Erwartungen völlig an dem vorbei, was ich heute hier sehe. Der Ausgangspunkt war damals dieselbe Frage, die sich viele Pilger wohl immer wieder stellen:

Aus dem Reisetagebuch von 1993:
Erlebt man in diesem Land etwas wie Spuren, wie Reste dieses Menschheitswendepunktes, wenn ja, wie? Die wesentlichen Auswirkungen des

Christusereignisses sind wohl universell, nicht lokalisierbar, und doch mag es ein Stück Atmosphäre an diesem Knotenpunkt, am Kreuz der Erde geben, das auch heute noch besonders wirkt. Warum konnte der Christus dort geboren werden? Hätte es ebenso gut an einem anderen Ort geschehen können?

...Die Grabeskirche ist ein Schandmal der Christenheit, aber doch kann man in ihr zumindest eine scheußliche Kuriosität sehen. Jede Konfession hat hier ihre Kapelle, Krypta, Kirche, ein Seitenschiffchen hier, eine Empore dort, und irgendwo wird immer ein Gottesdienst gefeiert oder missioniert oder gesungen oder gefilmt, geblitzt und erklärt. Gegenüber den bewegten Pilgern sind die müden Touristen bei Weitem in der Überzahl. Irgendwie wirkt das Ganze peinlich, worüber mich auch die rührenden äthiopischen Nonnen nicht hinwegtrösten können, die mir ihre Klosterzelle auf dem Dach zeigen, um Andenken kitschigster Art zu verkaufen. Ich habe nicht den Ehrgeiz, diesen Ort in seiner ganzen Pracht ausführlicher auf mich wirken zu lassen. Nichts wie weg von hier.

Fast beschämen mich diese starken, jugendfrisch-antipathischen Regungen heute. Damals hätte ich viel lieber gehabt, dass das sogenannte Gartengrab in der Oststadt (das Anglikaner und Skandinavier verehren) der authentische Ort gewesen wäre, oder sogar die Gräber bei der Dominus Flevit Kirche am Ölberg – alles, was heute noch außerhalb der Mauern ist und an einen Garten erinnert. Erst viel später verstehe ich die Logik dieser Kirche: wo und wie sie entstanden ist, und was man auch heute hier finden kann. Und ich verstehe auch, dass ich damals keinen historisch-authentischen Ort suchte, sondern ein Erlebnis, eine Stimmung, wie sie in der Grabeskirche durch all die gut gemeinten Werke der Konservierung durch die Zeiten überlagert wurde.

Zuerst einmal müssen wir uns von dem Gedanken verabschieden, dass das Golgatha, das damals als Hinrichtungsort außerhalb der

Mauern lag, heute noch etwas Ländliches haben müsste. Als Helena den Ort wiederentdeckte, wurde er sofort wichtig und zentral, und so trat er immer mehr ins Zentrum der Heiligen Stadt, die schon in römischen Zeiten in diese Richtung wuchs. Schon bald nach den Ereignissen von Kreuzigung und Auferstehung war die Stadtmauer erweitert worden, und in der heutigen, auf Suliman den Großen zurückgehenden Stadtumgrenzung ist Golgatha selbstverständlich inbegriffen.
Wenn wir uns nun einen Steinbruch oder einen zerklüfteten Steinhügel direkt vor der Mauer vorstellen, wie man ihn unter der Grabeskirche findet, einen Ort, der entweder sehr nah an den Golgatha-Hügel, was ja Schädelstätte heißt, grenzte, oder sogar in dem schon abgetragenen Teil vielleicht Golgatha umschloss, dann bekommen wir ein Bild, in dem Kreuzigung und Grabstätte – das Grab, das der reiche Ratsherr Joseph von Arimathia für sich erworben hatte – ganz nah beieinander gelegen haben können:
Auch eine Zisterne wie die der Kreuzesauffindung findet da noch Platz, und die beiden Kuppeln machen Sinn: die eine für den Kreu-

Querschnitt Grabeskirche

zigungsort, die andere über dem Grab. An der kleinen syrisch-orthodoxen Kapelle hinter der Grabrotunde kann man einen Eindruck davon bekommen, wie so ein Grab ausgesehen haben mag. All das ist natürlich unter viel Kirchenkitsch aus den unterschiedlichsten Epochen und Kulturen ziemlich gut versteckt. Die Kirche ist ein Musterbeispiel für die Zersplitterung und Veräußerlichung des Kirchenchristentums, das in dieser Form an ein Ende gekommen scheint, und doch in den sorgsam vereinbarten, um nicht zu sagen fest zementierten Formen noch lange weiterleben könnte. Unser Hauptthema ist das nicht. Aber es ist lehrreich zu erleben, wie die sechs Konfessionen, die hier miteinander leben und streiten, sich noch heute akribisch nach dem Status-Quo-Abkommen der osmanischen Regierung von 1852 richten und wieder Schlüssel zur Kirche von zwei muslimischen Familien verwaltet werden müssen, die morgens auf- und abends abschließen, damit es keinen Streit unter den Christen gibt. Man munkelt, die griechisch-orthodoxen Mönche, die hier Dienst tun, würden nicht zuletzt unter Berücksichtigung ihrer körperlichen Kräfte ausgewählt, um in den oft recht konkreten Auseinandersetzungen bestehen zu können.
Beteiligt sind an diesem Drama neben der griechisch-orthodoxen Kirche die römisch-katholische, die die Franziskaner beauftragt hat, ihre Rechte zu wahren, die Armenier und (gewissermaßen als Juniorpartner mit weniger Rechten) die Syrisch-Orthodoxen, die Kopten und die Äthiopier. Letztere residieren in kleinen Lehmhütten auf dem Dach in einem eigenen Kloster, das aber auch die Kopten für sich beanspruchen, sodass es den israelischen Behörden unmöglich ist, einen eindeutigen Ansprechpartner für die notwendige Sanierung der Statik zu finden.
Eine Welt für sich. Jede nötige Renovierung wirft große Probleme auf. Noch ein Beispiel? An einem der Fenster zum Vorhof steht eine Leiter, die seit einhundertfünfzig Jahren niemand bewegt hat. Der Grund: Es ist nicht klar, wer diese Leiter bewegen *darf*. Ob

sich hier je etwas ändern wird? Was für ein Bild für die Entwicklung eines lebendigen Christentums ist das?
Schon allein um all diesen Kuriositäten zu begegnen, lohnt sich ein Besuch in der Grabeskirche. Sie ist nicht zuletzt auch ein Sinnbild für all das Äußere, durch das wir uns durcharbeiten müssen, um zum Wesentlichen durchzudringen, auch wenn wir in eine christliche Konfession hineingeboren werden. Christentum kann keine Frage von Traditionen mehr sein, wenn es leben will! Das Wirrwarr und die Stagnation zeigen uns außerdem deutlich, welches Bild das Christentum hier im Lande nach außen vermittelt, was es für die Andersgläubigen in dieser Weltgegend so schwer macht, zu verstehen, was am Christentum eigentlich der Kern sein soll.
Und doch ist die Anbetung vieler Menschen so unglaublich ernst, für uns nüchterne Mitteleuropäer ungewohnt, tief und echt. Auch das erleben wir. Die eigene Religiosität ist herausgefordert an einem solchen Ort. Es ist leicht, sich über all das Äußerliche zu erheben. Aber eine eigene Verbindung aufzubauen, die der Tiefe entspricht, die man hier ahnt, ist nicht leicht. Man kann es sich zur Aufgabe machen, indem man den Ort immer besser zu verstehen lernt.

Hala Bukhari – Begegnung mit dem Sufismus

An den Abenden begegnen wir verschiedenen Menschen aus Jerusalem, die uns auf lebendige Weise etwas von den Welten vermitteln können, die hier leben. So wie am Dienstag Jan Ranck und Arie Ben-David als Vertreter des modernen, weltlichen, humanistischen Judentums bei uns waren, so kommt heute Hala Bukhari mit ihrer kleinen Tochter Dania. Hala ist die Witwe unseres guten Freundes Sheikh AbdulAziz Bukhari, der als einer der »Peacemakers of Jerusalem« das Sufi-Zentrum des Naqshbandi-Ordens der usbekischen Muslime leitete, bis er vor drei

Jahren plötzlich an einem Herzinfarkt starb. Ich lernte ihn durch die Vermittlung von Petra Heldt kennen, der evangelischen Theologin und Generalsekretärin der ökumenischen Bruderschaft in Jerusalem – einer Vereinigung, bei der weit mehr christliche Gruppierungen mitmachen dürfen, als im bürokratischen Mitteleuropa unter dem Dach der Ökumene Platz haben. Auf den ersten Reisen haben wir oft das sehr besondere Haus der Bukharis an der Via Dolorosa besucht, in dem viele alte Handschriften aus den Forschungen seiner Vorfahren aufbewahrt sind. Der Empfangsraum ist ein Erlebnis orientalischer Pracht, gepaart mit unerwarteter Weltoffenheit. Bis zuletzt habe ich immer wieder mit Sheikh Bukhari theologisch-philosophische Lehrgespräche führen dürfen. An Dhikr-Meditationsabenden durften wir auch andere Sufis kennenlernen und mit ihnen beten. Das waren sehr besondere und tiefe Gottesdienste.

Notizen: Nachruf auf Sheikh AbdulAziz Bukhari

Der Naqschbandi Sufi Sheikh AbdulAziz Bukhari starb am 3. Juni 2010 im Garten seines Hauses an der Via Dolorosa in der Altstadt von Jerusalem.

Sheikh Bukhari war der Leiter und Inspirator vieler interreligiöser Begegnungen und Veranstaltungen, wie etwa des Abraham-Weges (1998). Seit 2003 nahm er an der Middle East Peace Initiative Konferenz und an Veranstaltungen des Sulha-Weges teil. Er war in der World Conference for Religions for Peace, und später im Israel Interfaith Coordination Council tätig. Außerdem gehörte er zu den Initiatoren der Jerusalem Peacemakers, einer Partnerschaft von religiösen Führern, die 1999 gegründet wurde. Während der Gazaoffensive »Cast Lead« organisierten sie wechselseitige Solidaritätsbekundungen durch Jugendliche und Geistliche verschiedener religiöser Gemeinschaften, die sowohl der israelischen Stadt Sderot wie auch der Bevölkerung in Gaza ihr Mitgefühl bezeugten.

AbdulAziz Bukhari

Sheikh Bukharis Beitrag zum fortgesetzten interreligiösen Dialog war nicht allein wegen seines persönlichen Engagements wichtig, sondern vor allem auch wegen des Respekts, den er aufgrund seiner seit Jahrhunderten in Jerusalem ansässigen Familie genoss. Er ist ein direkter Nachfahre des Sunni-Gelehrten Imam Muhammad Ismail al-Bukhari, der aus Usbekistan stammte und im 9. Jahrhundert einen Großteil der Hadithe sammelte, mündlicher Überlieferungen zum Leben des Propheten Mohammed.
Aus seiner Lehre erinnere ich mich an einige Details:
»Ein Held ist derjenige, der Hass in Liebe und Verständnis verwandelt. Das ist nicht leicht – aber es ist der wahre Djihad.«
»Die Seele des Menschen hat Anteil an der ganzen Weltentwicklung, weil der Engel, der den einzelnen Menschen begleitet, durch alle Zeiten derselbe bleibt, auch wenn er nacheinander verschiedene Seelen beschützt.«
Das war seine Sicht auf die Reinkarnation ...
Sheikh Bukhari war ein viel gereister Mann. Er hat in den USA gelebt,

war in erster Ehe mit einer deutschen Frau verheiratet, war in Usbekistan als Wahlbeobachter geachtet und in der Türkei als Dozent tätig. Die Gemeinde der Christengemeinschaft in Hannover besuchte er gemeinsam mit seinem Friedenspartner Eliyahu McClean, als Botschafter des Friedens.

Er starb mit nur 61 Jahren und ist im Familiengrab hinter seinem Haus begraben. In diesem Haus lebt seine Familie seit dem 17. Jahrhundert. Die Bukhari-Familie spielt seit der Übersiedlung aus Bukhara im Jahre 1616 eine tragende Rolle in der politischen Geschichte Jerusalems. In dieser Zeit war ihnen viel von der Verantwortung für die dem Islam heiligen Stätten im Heiligen Land und im Libanon übertragen. Das Haus liegt an der Via Dolorosa, wo die Familie bis heute gelebt und gelehrt hat, und ist nebenbei eine Bibliothek für antike islamische Handschriften sowie ein Zentrum für usbekische Kultur für die geschätzten drei- bis viertausend Palästinenser mit usbekischen Wurzeln.

Sheikh Bukharis Lehre von Frieden, Toleranz, Harmonie und Mäßigung haben ihn, seine Frau und seine Kinder auch unter emotionalen Stress gesetzt, da, wie man sich vorstellen kann, seine Haltung nicht nur Freunde und Anhänger fand. Zahlreiche Anfeindungen führten dazu, dass seine Gesundheit in Mitleidenschaft gezogen wurde. Auf beiden Seiten, bei Muslimen wie bei Juden, gibt es Gemäßigte aber auch Extremisten, und so ist diese Art von Arbeit sehr gefährlich, was vielleicht die Herzprobleme zum Teil erklären kann, die zu seinem frühen Tod führten. Die *Jerusalem Post* schreibt, dass er seine Inspiration im Islam fand, aber auch in den Schriften Gandhis, Martin Luther Kings und Nelson Mandelas. Der Propst der deutschen evangelischen Kirche hielt in seiner Gemeinde eine interreligiöse Trauerfeier für ihn, zu der alle eingeladen waren, die in der Heiligen Stadt mit dem interreligiösen Dialog befasst sind.

Unsere gemeinsame Arbeit hatte gerade erst begonnen. Wir hatten viele gemeinsame Themen, viele Pläne. Nun wird er anders helfen müssen, sie in Wirklichkeit umzusetzen.

Hala beeindruckt mich. Als ihr Mann noch lebte, war sie für uns vor allem seine Frau – eine sympathische arabische Lady mit Kopftuch, die kein Englisch sprach.
Als Geistliche war ich, wie oft in muslimischen Zusammenhängen, sozial gesehen ein Mann. Eine Frau in Ausübung eines Amtes sitzt bei den Männern. Trotzdem versuchte ich manchmal, mit Hala zu sprechen, meist vermittelt durch ihre älteren Töchter, die Englisch sprechen. Nach dem Tode ihres Mannes wurde sie zunächst das Urbild der Witwe in einer orientalischen Gesellschaft: Sie durfte nichts mehr allein entscheiden. Wer könnte ihr verbieten, Gäste aufzunehmen, seien es Gruppen, seien es männliche Freunde ihres Mannes aus dem Ausland? Die Antwort fiel zunächst traditionell aus: Sitte, Anstand, »our custom«, wie sie schnell zu sagen lernte. Schon einmal hatten wir sie mit einer Gruppe besucht, als ihr Mann nicht zu Hause war. Ihre Tocher Haya übersetzte, und sie erklärte uns das muslimische Gebet und einige der Grundwahrheiten des Sufismus. Damals durfte sie uns in ihrem Heim beherbergen, ihr Mann stand dafür ein. Niemand konnte Schlechtes über sie sagen, wenn er sie deckte. Als er gestorben war, ging nichts mehr.
Die weiblichen Freunde aus dem Ausland haben nun eine besondere Aufgabe. Die Männer können ihr nur sehr begrenzt dabei helfen, das zu tun, was sie tun will – innerhalb der engen Grenzen von »our custom«, was in ihrem Fall von der Waqf durch die neugierige Nachbarin überwacht wird, die Arbeit ihres Mannes für den Frieden fortzuführen. In den letzten drei Jahren hat sie ziemlich gut Englisch gelernt, viele Beziehungen gepflegt. Ihr verdanke ich die detaillierteren Kenntnisse der islamischen Gebetskultur.
»Erst wenn alles übereinstimmt: Denken, Fühlen und Tun, ist es gut.« Das ist die Quintessenz ihrer Religion. »Ein gewöhnlicher Muslim betet fünfmal am Tag – der Sufi betet immer, was er auch tut.« Und dabei soll Sufismus die Religion nicht schwer machen,

sondern leicht. Man könnte auch sagen: Die Religion ist für den Menschen da, nicht der Mensch für die Religion …

Hala ist ein lebendiges Beispiel für einen Menschen, der an seine eigene Entwicklung glaubt. Für jemanden, der einen wirklichen Schulungsweg geht. Sie erzählt eindrucksvoll davon, wie sie mit Hilfe von Meditationen Trauerarbeit geleistet hat, wie sie Schicksal neu zu verstehen gelernt hat als einen Weg Gottes. Als einen Weg, ihr neue Dinge zu vermitteln, sie aufzufordern, sich zu verändern, liebevoller zu werden.

Für mich ist erlebbar, dass sie von Jahr zu Jahr milder und weiser wird, jetzt wo sie ihren Weg ernst nimmt. Dass sie dabei nicht aus ihrer Kultur ausbrechen kann - wer kann ihr das zum Vorwurf machen? Und so bemüht sie sich, aus allem zu lernen.

Ihre Haltung zu Christus?

»*Isa*, Jesus, ist der Messias, das steht im Qur'an, so lehrt der Prophet, sein Name sei geheiligt, Isa wird am Ende wiederkommen, und dann wird er alle Menschen lehren. Ob er dann Arabisch sprechen wird, wie viele Muslime glauben, sodass daran bewiesen wird, dass er Muslim geworden ist? *Nein, er wird die Sprache des Herzens sprechen, die in allen Sprachen verborgen ist.* Und er wird mit allen Menschen zusammen am Fortgang der Welt arbeiten, die eines guten Willens sind.«

Geburt des Neuen …

Donnerstag, den 14. März

Heute steht eine neue Bewegung bevor: Der Aufbruch zum Geburtsort des Christentums – nach Bethlehem, an den Ur-Ort des Weihnachtsfestes, einen Ort, von dem im christlichen Abendland jeder ein Bild hat. Das heißt für uns aber auch: nach Palästina, in die Autonomiegebiete! Außerdem geht es damit *vorübergehend* aus der Enge und dem Getümmel der Stadt in die Weite, vom Zentrum in die Peripherie. Wir werden wieder einen neuen Blickwinkel einnehmen.

Was erwartet uns am Geburtsort noch an Herausforderungen? Wieder müssen wir uns darauf vorbereiten, neu hinzuschauen, umzudenken. Was geht hier politisch-historisch überhaupt vor? Ich bemerke, wie wenig selbstverständlich manche Begriffe und viele Entwicklungsschritte des »Konfliktes« für die Reiseteilnehmer weiterhin sind. Was ist das, A-, B-, C-Zone? Wann sind wir in Israel, wann in Palästina, wie war das mit der Grenze, der Mauer? Warum ist das überhaupt so schwierig, wer will wen wo heraushalten? Und warum?

Nach den historischen Exkursen vor einigen Tagen, die ja mit den Bevölkerungsbewegungen im 19. Jahrhundert endeten, ist jetzt ein zweiter Schritt von Nöten:

Schmelztiegel oder Salatschüssel?

Um 1882 gab es also im Heiligen Land etwa 200.000 (je nach Quelle auch bis zu 450.000) Einwohner, und damit war das Gebiet im Verhältnis zu den heutigen fast 12 Millionen Menschen im ganzen Land wirklich dünn besiedelt. Von diesen Menschen waren die meisten Araber (Christen und Muslime) – und etwa je 25.000 bis 50.000 waren Juden und »Sonstige«, meist Türken oder Europäer. Es war die Zeit, in der die neue jüdische Einwanderung begann: In den Jahren 1880 bis 1904 kamen rund 40.000 Juden aus Russland und Polen, die vor den dortigen Verfolgungen und Pogromen flohen und in der »alten Heimat« ihres ausgegrenzten Volkes Ideale suchten. In den Folgejahren setzte sich der Strom fort: weitere 70.000 kamen aus Russland, in den 20er-Jahren dann über 60.000 vor allem aus Polen.

Gleichzeitig war die Zahl der Araber im Land bis zur ersten britischen Zählung 1919 um etwa 300.000 gestiegen, was sicherlich nicht nur mit natürlichem Bevölkerungswachstum zu tun hatte. Viele kamen aus den umliegenden Ländern ins Heilige Land geströmt, das nun vor Aktivität brodelte. Auch diese Bewegung setzte sich fort: Bis zum Jahr 1948 hatte sich die Zahl um weitere 300.000 erhöht.

Aber zunächst begann in den 30er-Jahren in Mitteleuropa das Gespenst der Judenverfolgung seine Schatten vorauszuwerfen: So gelang etwa 250.000 Juden aus Mitteleuropa noch vor dem Kriegsausbruch die Einwanderung auf der Flucht vor Verfolgung und Vernichtung, obwohl die Engländer auf Druck der arabischen Länder den Zuzug von Juden immer mehr begrenzten. Die Flüchtlinge, die legal oder illegal in diesen Jahren ins Land gelangten, kamen oft noch in relativ geordneten Verhältnissen: mit ihren Goethe- (und Steiner-) Ausgaben, dem Klavier, der Singer-Nähmaschine und dem Tafelsilber. Viele der im Lande lebenden Juden, des »Jischuv«, kämpften in der »Jewish Brigade« Seiner britischen Majestät gegen die Nazis.

Ganz anders sah die Situation nach dem Krieg aus: Die rund 250.000 Überlebenden des Völkermordes der Shoa, wie der Holocaust auf Hebräisch heißt, die nun Zuflucht im Land suchten, so die englische Mandatsverwaltung sie denn hineinließ, waren krank an Körper und Seele. Sie hatten alles verloren, was ihnen im Leben wichtig war, oft auch den Glauben an das Menschliche im Menschen. Ihre meist unheilbare Heimatlosigkeit wurde zu einem wesentlichen Grund für den sich verschärfenden Druck auf die Briten und die Weltgemeinschaft, den Juden zu geben, was man ihnen schon 1917 versprochen hatte: einen eigenen Staat. Nur zu dumm, dass man auch den im Lande wohnenden Arabern nationale Unabhängigkeit zugesagt hatte! Den Briten wuchsen die Probleme über den Kopf. Die Araber bekamen Panik vor der sich in ihrer Heimat anbahnenden Überfremdung. Die Juden ihrerseits fürchteten die Hassausbrüche der palästinensischen Landsleute, mit denen sie anfangs ziemlich problemlos Seite an Seite gelebt hatten. Je mehr Juden aber ins Land kamen, desto weniger passten sie sich an das Leben im Orient an, und desto europäischer wurde der jüdische Lebensstil selbst auf dem Lande. In einem zeitgenössischen israelischen Theaterstück resümieren zwei ältere Überlebende der Shoa bedauernd, dass sie sich nie die Zeit genommen hätten, Arabisch zu lernen; das Hebräische sei schon fremd und schwer genug gewesen, so sei man einfach nicht dazu gekommen …

Am 29.11.1947 stimmte die UN-Vollversammlung für die Schaffung zweier Staaten im Lande: Die Juden jubelten, die Araber knirschten mit den Zähnen – nur zu verständlich, denn was für die einen ein Riesenfortschritt war (endlich ein eigener Staat als nationale Heimat), erschien den anderen als nicht hinnehmbare Teilung ihres angestammten Landes. Zudem fürchteten sie sich vor den Juden als neue Machthaber, weil diese die arabischen Bevölkerungsgruppen und ihre Interessen überhaupt nicht zu bemerken schienen. So wuchs die arabische Angst vor Vertreibung oder Deportation – ob sie begründet war, sei dahingestellt. Jeder wusste, dass ein halbes Jahr später, im Mai 1948, zu dem Zeitpunkt, an dem die Engländer sich zurückziehen würden, ein Krieg ausbrechen musste.

Was für die Israelis der erste und großartige Unabhängigkeitstag werden sollte, wurde für die Palästinenser zur Katastrophe, an-Naqba. Am Ende des Krieges hatte sich das Land dramatisch verändert: Die Grenze des von der UNO »genehmigten« jüdischen Staates war neu gezogen worden, was der Großteil der Völkergemeinschaft bald anerkannte. Aber diese Grenze verlief nicht zwischen einem israelischen und einem palästinensischen Staat, sondern zwischen dem jüdischen Staat, den die arabischen Nachbarn nicht anerkennen konnten, und den Nachbarn Libanon, Syrien, Jordanien und Ägypten – wobei die Jordanier sich das Westjordanland einverleibt hatten und die Ägypter auf dem Gazastreifen sitzen geblieben waren.

In diesen beiden Landesteilen hatten Unmengen von Flüchtlingen Zuflucht gefunden, die ihre Häuser und Ländereien im nunmehr israelischen Teil des Landes fluchtartig verlassen hatten – in der Hoffnung auf baldige Rückkehr, verführt, verfolgt, vertrieben oder schlicht auf der Flucht vor den Kriegshandlungen. Tatsächlich gab es – heute auch von israelischen Historikern anerkannt – einige arabische Orte, an denen Menschen von den Israelis ermordet, vertrieben, misshandelt wurden. Berüchtigt ist das Massaker von Deir Yassin in der Nähe von Jerusalem, das inzwischen gut dokumentiert ist. Einzelfälle? Vielleicht, aber es wurde zumindest billigend in Kauf genommen, dass sie den Menschen auch an anderen Orten Angst machen könnten, sodass sie in Panik das Land verlassen würden.

Die große Mehrheit der Flüchtlinge blieb in den arabisch verwalteten Landesteilen hängen, dem Westjordanland, das nun zu Jordanien gehörte, und dem ägyptisch besetzten Gazastreifen. Andere flohen in den Libanon oder nach Syrien, in andere arabische Länder oder auch weiter nach Europa und Amerika. Etwa 750.000 Menschen betraf das, und sie wurden bald zu einem der dauerhaftesten Probleme des Konfliktes. Nirgends wurden sie integriert, eine eigene UN-Hilfsorganisation sorgte auf Kosten der Weltgemeinschaft für ihr Wohlergehen, und ihre nachdrücklichsten Forderungen wurden so am Leben erhalten: Rückkehr in die alte Heimat, Rückgabe des von Israel beschlagnahmten Eigentums, mit oder ohne gleichzeitiger Ausweisung oder Vertreibung der Juden ... Das ganze Palästina den Palästinensern ... Heute, 65 Jahre später, soll die Zahl der Nachkommen der palästinensischen Flüchtlinge etwa 5,5 Millionen betragen, von denen 3,7 Millionen bei der UNRWA, der *United Nations Relief and Works Agency*, registriert sind und von der Weltgemeinschaft nach wie vor mehr schlecht als recht unterstützt werden. Diese Menschen leben in einer anderen Welt als die etwa 1,5 Millionen Araber, die im israelischen Staat als (wenn auch in vieler Weise benachteiligte) Staatsbürger registriert sind – und auch als diejenigen Palästinenser, die keinen Flüchtlingshintergrund haben, weil ihre Familien aus dem Westjordanland oder dem Gazastreifen stammen.

Derweil war Israel nach dem Unabhängigkeitskrieg ein Land mit Grenzen, die niemand überschreiten konnte, weil die Nachbarländer schon den israelischen Pass mit seinen hebräischen Buchstaben nicht anerkannten. Im Sprachgebrauch der arabischen Welt heißt es auch heute oft nicht »Israel«, sondern »die zionistische Entität«. Die Altstadt von Jerusalem mit der sogenannten Klagemauer, dem heiligsten Ort der Juden, lag wie viele andere heilige Stätten des Judentums in Jordanien, unerreichbar für die Gläubigen. An der schmalsten Stelle, auf dem Weg nach Galiläa zwischen Qalqilya und dem Mittelmeer, ist das Staatsgebiet gerade 15 km breit. Im Norden waren die Grenzorte oft unterhalb der zu Syrien und zum Libanon gehörigen Berge gelegen. Diese Grenzen waren zwar völkerrechtlich anerkannt, erwiesen sich aber im Laufe der nächsten Jahrzehnte immer wieder als sehr verletzbar.

Nach der Staatsgründung kam es zu massiven Anfeindungen des jüdischen Staates durch die arabische Welt. In deren Folge verloren

etwa 700.000 Juden, deren Familien oft seit Jahrhunderten in arabischen Ländern gelebt hatten, ihre Heimat, wurden vertrieben, enteignet – oder sie suchten einen alternativen Lebensentwurf wegen der zunehmenden Entfremdung in der arabischen Welt. Sie in dem jungen, europäisch geprägten Gemeinwesen zu integrieren, war eine riesige Herausforderung, die erst nach ein bis zwei Generationen als weitgehend gelöst angesehen werden konnte. Zu diesen orientalischen Juden, den Mizrachim, die eben ohne Goethe und Schiller (und Steiner) kamen, und dazu oft mit Lebensgewohnheiten, die europäische Juden für hinterwäldlerisch hielten, obwohl sie meist eine von den Europäern wenig verstandene hohe orientalische Kultur repräsentierten, kamen dann noch etwa 300.000 Juden aus anderen Ländern, die sich von dem Modell des jüdischen Staates angezogen fühlten – weil sie dort weniger fremd waren als in der Diaspora, oder weil sie im Aufbruch Chancen auf ein neues Leben erwarteten. Die wenigsten kamen aus religiösen Gründen ... Später kamen dann dazu noch etwa 300.000 »schwarze« Juden aus Äthiopien, Hungerflüchtlinge zumeist, sowie nach dem Zusammenbruch des sowjetischen Großreiches über eine Million ehemaliger Sowjetbürger jüdischer Volkszugehörigkeit.
1967 kam es zu einem Krieg, der wiederum alles veränderte. Israel eroberte in dessen Folge unter anderem das Westjordanland und den Gazastreifen – und wurde damit Verwalter des Flüchtlingselends, das dort seit damals zwanzig Jahren schwelte: Die Lage der unüberwindlichen Grenzen verschob sich; nun konnten die Palästinenser ihre Brüder im israelischen Staat wieder besuchen, jedenfalls bis zum Ausbruch der Intifada, der Aufstände gegen die Besatzung. Aber in die arabische Welt führte kein Weg mehr zurück. Die nächsten zwanzig Jahre verliefen trotzdem verhältnismäßig ruhig. Viele Palästinenser arbeiteten als schlecht bezahlte Gastarbeiter in Israel, bezeichnen aber dieses Arrangement oft noch heute als die besten Jahre ihres Lebens: Verhältnismäßig

problemlos konnte man in Israel arbeiten, Israelis kamen als Kunden nach Palästina, man konnte insgesamt leichter reisen, und doch war das Leben insbesondere der Flüchtlinge kein Zuckerschlecken, denn sie waren de facto rechts- und staatenlos und hatten nirgendwo Bürgerrechte. Um gegen die andauernde Besatzung mit ihren zahllosen Diskriminierungen zu protestieren, kam es zur Intifada, dem bewaffneten Widerstand, und in dessen Folge wurde die Grenze wieder deutlicher gezogen, das Misstrauen verstärkte sich, die Lebensbedingungen wurden schlechter.

Derweil verführte die »Grenzenlosigkeit« des Landes dazu, dass im Westjordanland und im Gazastreifen auch wieder jüdische Siedlungen entstanden. Die ersten waren fast noch »unschuldig« zu nennen, man machte sich wenig Gedanken darüber, wie es sich völkerrechtlich mit dem Land verhielt. Es gab Menschen, die an Orte zurückkehrten, an denen schon vor 1948 Juden gelebt hatten, auch religiöse Siedler, Wüstenpioniere, die die unberührte Natur suchten. Aber je mehr darüber gesprochen wurde, dass die besetzten Gebiete irgendwie den Palästinensern zur Heimat gegeben werden sollten, desto militanter und politischer wurden die Projekte. Seit Beginn der Bemühungen, einen palästinensischen Staat ins Leben zu rufen, ist die Lage in den Siedlungen für die meisten Friedensfreunde nicht mehr haltbar. Und natürlich sagen sie heute, dass man das von Anfang an hätte wissen können …

Die Besatzung hält bis heute an. Der Widerstand der Palästinenser dagegen auch, und wo man verzweifelt genug ist, protestiert man auch mit menschenverachtenden Terrorakten. Dazwischen liegt ein hoffnungsvoller Friedensprozess Anfang der 90er-Jahre, der in Frustration endete, aber auch ein quasi-staatliches Gebilde wenigstens in den Autonomiezonen Palästinas hinterließ, das massiv vom Ausland gefördert wird, was sich als schwierig erweist, wo komplette Abhängigkeit von der Besatzungsmacht auf vielen Lebensgebieten Realität bleibt. Die Flüchtlinge werden noch immer größtenteils von der Weltgemeinschaft ernährt, und auch die einheimischen Bewohner der Palästinensergebiete sind wegen der wirtschaftlichen Beschränkungen auf Unterstützung aus Europa und Amerika angewiesen, sei es durch Fördermaßnahmen der Geberländer innerhalb der palästinensischen Gebiete oder auf persönlicher Ebene durch Verwandte, die im Ausland arbeiten. Nur die Grenzen sind nach der vorübergehenden Hoffnung durch den Friedensprozess in den 90er-Jahren und der darauf folgenden zweiten Intifada mit ihren vielen Anschlägen auf zivile Ziele in Israel immer dichter geworden. Es entstand der berüchtigte Sicherheitszaun, der an vielen Stellen eine hohe Mauer ist.

Der Friedensprozess hatte aber auch zu den »Autonomie-Gebieten« geführt, der A-Zone, in der es palästinensische Polizisten gibt, grüne Nummernschilder, eine eigene Flagge sowie gute Beziehungen zu vielen UN-Staaten, die das werdende Land nach Kräften unterstützen. Intern gibt es keine Einmischung durch die Besatzer – solange alles gut geht. In der B-Zone dürfen die Israelis aus Sicherheitsgründen eingreifen, in der C-Zone bestimmen sie die Infrastruktur ganz und gar. Hier finden sich die meisten Siedlungen, die in einer auch in Israel sehr umstrittenen Art Salami-Taktik stetig weiter wachsen. Seitdem es die Mauer gibt, gibt es tatsächlich weniger tödliche Anschläge. Aber es gibt auch mehr Elend in Palästina, größere Einschränkungen für die Menschen in den besetzten Gebieten. Und weniger Hoffnung auf eine Zweistaaten-Lösung, die den Menschen ein Leben in Würde bescheren könnte.

Die Hirtenfelder in Beit Sahour

Von all dem erleben wir nur wenig. Unser arabischer Busfahrer fährt zuerst zu den Hirtenfeldern: nur ein »ganz gewöhnlicher« Checkpoint, nicht die hohe Mauer, die man in Bethlehem selbst sieht, aber von da an haben viele Autos grüne palästinensische

Shepherds' Field

Nummernschilder – und am Straßenrand stehen große rote Tafeln mit unübersehbaren Warnhinweisen, die Israelis davon abhalten sollen, die Autonomiegebiete zu besuchen. Es könnte gefährlich werden, weil der Staat im Falle von Entführungen erpressbar wird. Also ist es offiziell verboten … Wir sind als Ausländer privilegiert, können einfach überall hin – noch jedenfalls. Man munkelt, dass es bald auch für Ausländer nur mit einer Genehmigung der Militärbehörden möglich sein wird, die Autonomiegebiete zu besuchen. Was das für Bethlehem mit seinen vielen christlichen Pilgern bedeuten würde, ist völlig unklar.
Beit Sahour, der Ort in dem die von der katholischen Kirche »autorisierten« Hirtenfelder liegen, ist nicht dazu geeignet, palästinensisches Elend deutlich zu machen. Tatsächlich wird überall gebaut, schicke und wie in der arabischen Welt üblich riesige Villen in phantasievoller Architektur. Die früher vorwiegend christliche Gegend ist ein Vorzeige-Vorort Bethlehems. Der Park, der sich »Shepherds' Field« nennt, ist durch und durch zivilisiert. Seine schönste Seite sind die Höhlen, die es tatsächlich noch am

Hang des Berges gibt, unterhalb der unzähligen Freiluftkirchen, die dazu einladen, hier eine Messe zu feiern.
Nach einer kurzen Einkehr und Erinnerung an die Weltenweihnacht, der wir hier atmosphärisch näherkommen möchten, wandert jeder für sich herum. Die Landschaft ist lieblich, viele Blumen blühen. Bethlehem, das kleine Galiläa in Judäa, fruchtbar, Haus des Brotes. Und doch liegt eine merkwürdige Stimmung über dem Land.

Geburtskirche

Unser netter Busfahrer bringt uns dann nach Bethlehem, ins Parkhaus, das gleichzeitig eine Art Busbahnhof ist. Von dort aus wandern wir zu Fuß zur Geburtskirche, entlang einer verkehrsreichen Straße mit vielen Geschäften, aber auch viel palästinensischem Lokalkolorit – wieder eine neue Welt. Jeder versucht aufmerksam wahrzunehmen, was ihn umgibt, denn wir haben damit gedroht, dass der Weg zurück allein bewältigt werden muss. Das verstärkt die Aufmerksamkeit!
Die Geburtskirche ist vor allem eines: sehr voll. Wir stehen hinter der winzigen Tür zur Apsis und durch den ganzen Kirchenraum der orthodoxen Kirchen lange in der Schlange, um kurz durch die Grotte geschoben zu werden, in der auf die Schnelle nicht viel mehr zu sehen ist als die Nachbildung des silbernen Sternes, der den Geburtsort markieren soll – und dessen Verschwinden im Jahre 1847 nach jahrelangen Wirren 1853 den Krimkrieg auslöste. Und schnell soll es gehen, denn gerade soll die Kirche wegen einer Prozession geschlossen werden. Mit etwas Glück verhindern wir eben noch, dass die Gruppe dadurch getrennt wird.
Die Kirche selbst ist ein seltenes Beispiel gut erhaltener byzantinischer Baukunst. Konstantin und Helena ließen die ursprüngliche Kirche errichten: eine 27 Meter lange Basilika, in deren Apsis

Stern in der Geburtskirche

man damals noch auf die Grotte, die als Geburtsort des Jesuskindes identifiziert worden war, durch ein Loch hinunterschauen konnte. Erst später wurden die damals entstandenen Mosaikböden mit Steinplatten für den alltäglichen Gebrauch abgedeckt. Als die Stadt im Jahre 614 von den Persern erobert wurde, wurde diese Kirche im Gegensatz zu fast allen anderen christlichen Bauten nicht beschädigt, weil die Eroberer auf den Ausschmückungen ihre Landsleute, die Weisen aus dem Morgenland, erkannten. Die Geburtskirche ist deshalb die älteste durchgehend genutzte Kirche im Land! (Nun ja, das hatte Schwester Justina bei den syrischen Aramäern uns ja auch schon von ihrer Kirche erzählt ...)

Diese Kirche war vor einigen Jahren Schauplatz eines Dramas, das die Welt bewegte: Während der zweiten Intifada hatten sich um die vierzig palästinensische Freiheitskämpfer oder Terroristen (je nach Sichtweise) in der Kirche verschanzt und wurden wochenlang mit einem Haufen anderer Menschen, die gerade mehr oder weniger zufällig in der Kirche gewesen waren, von der israelischen Polizei belagert. Die Gemengelage, die sich darin ausdrückte, ist Grundlage des gut geschriebenen und auf beiden Seiten des Sicherheitszaunes bei Insidern beliebten Palästina-Krimis von Matt Beynon Rees *Der Verräter von Bethlehem,* dessen Protagonist, ein ältlicher palästinensischer Schullehrer, in Bethlehem lebt und im Flüchtlingslager Deheishe an einer UN-Schule unterrichtet. Wie viele Schichten verschiedener Interessen sich da aufeinander lagern, wie wenig man diese Auseinandersetzungen als Außenstehender versteht, und wie leicht man trotzdem instrumentalisiert werden kann von den Konfliktparteien, das wird hier in unterhaltsamer Weise dem Leser näher gebracht. Außerdem erfährt man so das, was man eigentlich natürlich sowieso schon weiß, aber leicht vergisst: Inmitten all dieser Konflikte stehen ganz normale Menschen, die in einer Welt leben, in der das, was für uns Geschichte und Politik ist, Lebensalltag bildet, die Umstände, mit denen man zurechtkommen muss in diesem Leben – und sehr liebenswerte Charaktere sind es außerdem, die da von dem walisischen Journalisten, der im Lande lebt, gezeichnet werden.

Bethlehem – Manger Square

Nach der Besichtigung bekommt die Gruppe ein wenig Freizeit, um Verschiedenes im jeweils eigenen Tempo zu erledigen: Den Besuch einer Olivenholz-Schnitzerei (wir tun das ungern als große Gruppe), einen kleinen Stadtbummel mit Besuch des Besucherzentrums mit Modell der Stadt und Buchladen (und vielleicht sogar den seit Jahren im Bau befindlichen Toiletten?), Mittagessen (wir empfehlen das Restaurant *Afteem,* hoffen aber gleichzeitig, dass nicht zu viele es gleichzeitig finden ...).
Weil wir bereits genügend kleine Holzkreuzchen für Konfirmanden besorgt haben, begeben wir uns ins Besucherzentrum, um Manal zu besuchen, die nette junge Frau, mit der ich dort immer ein Schwätzchen halte. Sie ist in Deutschland aufgewachsen und

das Musterbeispiel einer emanzipierten jungen muslimischen Frau ohne Kopftuch (obwohl es solche Exemplare auch mit Kopftuch gibt ...), mit ihrer ganzen offenen Art, selbstbewusst und bildungsbeflissen. Im Informationsbüro sitzt sie zusammen mit einer etwas älteren christlichen Kollegin, die Englisch, aber natürlich kein fließendes Deutsch spricht. Wir sprechen über alles Mögliche, gewissermaßen dort anknüpfend, wo wir vor einem halben Jahr aufhörten, die Lage der Dinge, einen abenteuerlichen Ausflug in eine jüdische Siedlung, den sie mit ihrem Mann zum Einkaufen machte, aber auch die Frage nach dem Messias im Islam und andere religiöse Themen.

Es ist schon bemerkenswert, dass junge aufgeklärte und liberale Muslime trotz aller individuellen Freiheiten nicht nur fast immer ein wenig spirituell sind, im Gegensatz zu ihren aus christlichen Kulturen stammenden Altersgenossen, sondern oft sogar richtiggehend religiös auf eine ganz andere Weise, als die Traditionalisten es gern hätten. »Gott schaut auf die Herzen«, ist das Zauberwort. Und bemerkenswert ist, dass es gerade junge Frauen sind, und oft in Europa aufgewachsene, die sich Gedanken darüber machen, wie der Islam heute aussehen müsste. In aller Welt gibt es dazu viele Beispiele. In Deutschland ist es vor allem die Religionspädagogin Lamya Kaddor, deren Eltern aus Syrien stammen, die für einen liberalen Islam eintritt. Zu ihrem *Koran für Kinder und Erwachsene*, den ich hier auch Man'al empfehle, habe ich vor einiger Zeit folgende Rezension geschrieben:

»Wenn Gott gewollt hätte, hätte er euch zu einer einzigen Gemeinde gemacht ...«

Den Koran, das Heilige Buch der Muslime, kennenzulernen, ist gar nicht leicht. Es beginnt schon damit, dass die 6.236 Verse nicht inhaltlich, sondern nach der Länge der einzelnen Suren (Abschnitte) geordnet wurden.

Das entspricht weder der Reihenfolge, in der sie dem Propheten Mohammed geoffenbart wurden, noch irgendeinem thematischen Katalog, sodass es recht mühsam ist, sich hindurchzuarbeiten, um einen Überblick zu bekommen – zumal die längsten Suren als erste wie riesige Berge im Wege zu stehen scheinen …

Den Koran kennenzulernen, ist nicht nur für Nicht-Muslime schwer – auch viele in den islamischen Kulturstrom hineingeborene, in Deutschland lebende Kinder und Jugendliche haben nur eine sehr diffuse Vorstellung von dem, was in ihrem Heiligen Buch wohl stehen mag. Der Religionspädagogin Lamya Kaddor fiel das auf. Die 1978 in Ahlen geborene Tochter syrischer Einwanderer hatte 2003 ihr Studium der Arabistik und Islamwissenschaft, Erziehungswissenschaft und Komparatistik abgeschlossen und bildete danach an der Universität Münster islamische Religionslehrer aus. Zusammen mit Rabeya Müller, die in Köln das Institut für interreligiöse Pädagogik und Didaktik leitet, machte sie sich daran, den Koran vor allem für in Deutschland lebende Kinder zu bearbeiten.

Wie kann man Kindern den Koran auf zeitgemäße Weise näherbringen? Wie können auch erwachsene Menschen den Islam und sein Heiliges Buch kennenlernen? Und wie kann man den Koran überhaupt bearbeiten, wo er doch im Islam als Inkarnation des göttlichen Wesens eine unverbrüchliche Heiligkeit genießt, unabänderbar ist, eigentlich sogar unübersetzbar? Ein gewagtes Unterfangen, dessen Ergebnis nicht nur Begeisterung hervorrufen konnte. Allein die Tatsache, dass es Abbildungen gibt in diesem wunderschön gestalteten, zweisprachigen Buch (der arabische Originaltext steht seitenweise der deutschen Übersetzung gegenüber) – Abbildungen des Propheten gar, wenn auch aus alter persischer Tradition – rief auch Kritik hervor bei den traditionelleren islamischen Rechtslehrern. Und wer darf überhaupt den Koran übersetzen? Junge deutsche Frauen? Wer darf die Auswahl treffen darüber, welche Passagen in welcher Reihenfolge unter welchen Themen-Überschriften abgedruckt werden? Der Aufruhr war vorprogrammiert, hielt sich aber in Grenzen.

Eine andere Kritikströmung kam vielleicht überraschender: Islamkritiker werfen dem Buch vor, eine angepasste, »weichgespülte« Version des Koran anzubieten, die gerade schwierige und streitbare Verse auslässt ... Niemand würde auf die Idee kommen, das in einer christlichen Kinderbibel anders zu handhaben, aber einen so menschenfreundlichen Islam erträgt man mit entsprechenden Feindbild nur schwer ...
Insgesamt wurde das Buch aber überwiegend positiv aufgenommen, in islamischen Kreisen, weil es endlich eine Brücke baut zwischen stumpfem Auswendiglernen langer (meist unverstandener) arabischer Passagen und dem Unwissen der eher säkularen islamischen Mehrheit in Deutschland, und im christlichen Umfeld, weil es auch für Nicht-Muslime einen neuen Zugang ermöglicht zu den Quellen des Islam.

Ist diese Auswahl und Zusammenstellung von Koranstellen nicht ein erster Schritt zu dem, was man eine Erneuerung im religiösen Leben des Islam nennen kann? Spannend, dass dieser Schritt gerade in Mitteleuropa getan werden konnte. Und spannend, dass es junge Frauen sind, die diesen Schritt wagen. Und andererseits ist es interessant, dass etliche deutsch-kundige Muslime aus dem anthroposophischen Umfeld im Nahen Osten dieses Buch lieben, eben weil so etwas in ihren Breiten undenkbar wäre ...
Das Gespräch mit Man'al macht aber auch deutlich, dass es vielleicht weniger um den Islam geht, wenn von einer gesellschaftlichen Erneuerung die Rede ist, als von der »arabischen Kultur«, so wie sie hier in Palästina lebt.
Das Besucherzentrum selbst ist einer dieser teuren modernen Komplexe, die von ausländischem Geld großzügig hingeklotzt nie ganz fertig wurden, bevor die Subventionen ausgingen. Offen, viel Glas, helle Steine – und neben dem Informationsbüro und dem gut sortierten Buch- und Andenkenladen gibt es vor allem ein Gipsmodell der Stadt, das Besuchern eine erste Orientierung bieten kann.

Danach essen wir im Afteem, einem von außen eher unscheinbaren Restaurant in einer Seitenstraße des Manger Square, das vor allem für seine wunderbaren Kichererbsen- und Bohnen-Variationen bekannt ist: Falafel, Hummus, Foul, Mosabaha ... Das Afteem wird von einer Familie betrieben, die 1948 in der Nakba aus Jaffa in das damals jordanische Bethlehem kam. Mit einem Aufenthalt von zehn Tagen hatten sie gerechnet, bis Jaffa – und Tel Aviv dazu – von den arabischen Truppen erobert sein würden. Mehr als sechzig Jahre sind nun daraus geworden. Den Schlüssel zu ihrem Haus haben sie immer noch, ihr Restaurant trägt die Herkunft aus Jaffa nach wie vor im arabischen Namen. Sie hatten in Jaffa eine Bäckerei gehabt, im Verband der Großfamilie gelebt, Seite an Seite mit den Juden, soweit ganz harmonisch. Dann wurde die Familie in ihrer Angst vor den Geschehnissen in alle Winde zerstreut. In Bethlehem lebte man zuerst in einem Zelt, dann begann der Großvater Salibah Salameh bald mit der Herstellung und dem Verkauf der einfachen palästinensischen Delikatessen: Das erste Fast Food Restaurant der Stadt war geboren ... Irgendwann mietete man das Haus am Manger Square, um es später zu kaufen und zu renovieren.
Heute ist die Familie längst selbst eine neue Großfamilie. Die Nachfahren der fünf Söhne Afteem, Bishara, Na'im, Farouk und Butros sind zu einem kleinen Stamm von 65 Nachfahren des Gründers geworden. Das Essen ist berühmt, und das zu recht. Die Familie wird gebeten, für die palästinensische Autonomiebehörde das Catering zu übernehmen, wenn in Bethlehem getagt werden soll. Sarkozy war da, und die Prinzessin von Qatar ... Der Gewölbekeller ist voll von lokalen Kunden, was immer ein gutes Zeichen ist. An den Wänden hängen traditionsbewusste Fotos und landwirtschaftliche Geräte. Die Preise sind für unsere Verhältnisse äußerst günstig, das Essen wie immer großartig.

Herodion

Nach dem Mittagessen geht es mit dem Bus weiter zum Herodion, dem künstlichen Berg, den Herodes der Große südlich von Bethlehem aufschütten ließ. Wozu die Anlage dienen sollte, ist lange unklar geblieben, die Ausgrabungen geben Anlass zu der Vermutung, dass der besessene Herrscher sich hier in Sichtweite von Jerusalem in Sicherheit fühlen konnte. Seine Luxusbedürfnisse, einschließlich des aus Jerusalem herbeigeschafften Wassers, erscheinen uns heute unglaublich. Der israelische Archäologe Ehud Netzer hat hier 2007 ein Grab entdeckt, das man nun für das Grab des Herodes halten muss. Seit 1972 war Netzer besessen gewesen von der Erforschung dieses Ortes – und verstarb dann auf eindrucksvolle Weise sehr plötzlich und unerwartet quasi auf dem von ihm entdeckten Grab.
Hier ist Gelegenheit zu einer kleinen Wanderung: den Bergpfad hoch und in den ausgedehnten Tunnelsystemen durch das Innere des Berges zurück. Von oben hat man einen wunderbar weiten Blick. Vor allem erschließt sich den Betrachtenden von hier aus die Tatsache, dass Bethlehem zu Jerusalem in gemütlicher Gehdistanz liegt. Heute wachsen die Städte – auch dank des international geächteten Siedlungsbaus in Großjerusalem – immer mehr zusammen, und das Gebiet wirkt von oben wie ein einziges städtisches Ballungsgebiet, zwar mit allerlei Grenzen und Hindernissen, aber eine Wanderung ist mit den geeigneten ausländischen Ausweispapieren durchaus immer noch möglich.
Wir haben wieder einmal Gelegenheit, auf dem Wege verschiedene Themen zu bewegen: Von der Persönlichkeit des Herodes und seiner ambivalenten Stellung in der Geschichte des jüdischen Volkes bis zur heutigen Politik. Einfach hier im Land zu sein und sich umzuschauen, erschließt viele neue Interessen, ein ganz anderes »Mittendrinsein« in der Menschheitsgeschichte …

Ein Abend mit Pater Gregor

Für den Abend im Lutheraner Gästehaus haben wir uns heute einen Europäer eingeladen: Pater Gregor Geiger OSF (Ordo Sancti Francisci) kommt zu uns, Jeans und Sandalen unter der braunen Kutte. Wir beglückwünschen ihn erst einmal zur Namenswahl des neuen Papstes, der gestern in Rom gewählt wurde. Durch dieses Ereignis erscheint es uns äußerst aktuell, uns mit dem zu beschäftigen, was hinter diesem Orden steht.

Pater Gregor ist gebürtiger Nord-Badener, Anfang Vierzig, der gleich nach dem Abitur in den Franziskanerorden eintrat, ein Jahr später anfing, Theologie zu studieren und 1997 zum Priester geweiht wurde. Während des Studiums verbrachte er bereits ein Jahr im Heiligen Land, seit 1999 lebt er nun dauerhaft in Jerusalem. Er hat an der Hebräischen Universität promoviert und unterrichtet am Studium Biblicum Franciscanum Hebräisch und Aramäisch. In seiner Freizeit wandert er gern durch das Land und leitet dabei auch Pilgergruppen und Gruppen junger »Expats«, der Studenten, Volontäre und Praktikanten aus Europa, die hier für längere Zeit ansässig sind. So hat ihn mein Sohn während seines Studiums in Jerusalem kennengelernt und mit ihm einige besondere Orte zu Fuß besucht.

Die Franziskaner sind im Heiligen Land die Repräsentanten der katholischen Kirche, was direkt auf den Ordensgründer Franziskus von Assisi zurückgeht. Für uns ist interessant, welche ursprünglichen Impulse dieser Verbindung zugrunde liegen, und was sie für uns bedeuten können.

Der Heilige Franziskus hatte eine tiefe Sehnsucht danach, dem Christus nachzufolgen, und zwar in einem viel wörtlicheren, konkreteren Sinne, als die meisten Christen seiner Zeit das taten. Längst war die Kirche im Prozess der Veräußerlichung, Franziskus aber fragte sich, was der Christus Jesus von den einzelnen

Menschen erwartete, was er in ihren Herzen angelegt hatte. Er wollte gewissermaßen zu den Ursprungsimpulsen zurückkehren, auf ganz demütige und erdverbundene Art.
Dabei war das Heilige Land von ganz besonderer Bedeutung für ihn. Es kostete ihn drei Anläufe, überhaupt den Traum wahr zu machen, in das Land zu reisen, in dem Jesus gelebt, gelehrt und gelitten hatte – in dem er gestorben und auferstanden war. Das erste Mal kam er nicht weiter als bis zum Ausgangshafen, dort wurde er krank. Er nahm das nicht als Zeichen Gottes, doch lieber daheim zu bleiben, sondern machte einen zweiten Versuch: Auf der Überfahrt gab es einen Sturm, der das Schiff nach Spanien verschlug. Noch immer gab er nicht auf. Schon bevor er ins Land kam, wurde im Orden beschlossen, Brüder auszusenden, um im Heiligen Land eine Niederlassung zu gründen. Als Franziskus sich dann dem Kreuzfahrerheer von 1219 anschloss, kam er über Ägypten ins Land seiner Sehnsucht. Ob er es wirklich nach Jerusalem geschafft hat, ist nicht sicher belegt. Viel wichtiger wurde aber eine Episode aus seinem Aufenthalt in Ägypten: Hier traf er den Sultan Malik al-Kamil, den Anführer des Sarazenen-Heers. So wurde er Vorbild für den Dialog der Religionen. 1229 wurde eine Niederlassung des Ordens in Jerusalem begründet.
Was wollten die Franziskaner im Lande? Heute liest man darüber in ihrer Selbstdarstellung: »Gott ist Mensch geworden und hat die Welt an diesem Ort der Erde erfahren. Er hat an diesem See gestanden, hat den Sonnenaufgang in dieser Wüste gesehen. Er hat das Panorama dieser Berge erlebt und ist über diese Straßen gelaufen. Hier ist er geboren. Hier hat er gelebt. Hier ist er gestorben und auferstanden. An keinem anderen Ort der Erde können wir Christus so nachspüren wie hier.« So sprechen die Franziskaner vom Heiligen Lande als dem »Fünften Evangelium«, in dem man die Gegenwart Christi ähnlich erfährt wie in den biblischen Berichten über sein Erdenwirken.

Die Kustodie des Heiligen Landes umfasst heute neben Israel/Palästina auch Jordanien, Syrien, den Libanon, Zypern und Rhodos. Die Brüder in Ägypten bilden eine selbständige Provinz. Etwa 340 Brüder gehören zur Kustodie, davon leben etwa 150 in Jerusalem und 70 im übrigen Heiligen Land. Sie leben in 68 Konventen, davon 30 in Israel/Palästina. Ihre Hauptaufgabe ist die Betreuung der heiligen Stätten und der Pilger, die hierherkommen: 58 große und kleine Heiligtümer werden von den Franziskanern betreut, an sechs teilen sie sich die Betreuung mit anderen Konfessionen/Religionen. Neben den heiligen Stätten wurde schon bald die Sorge für die christliche Bevölkerung des Landes zur wichtigen Aufgabe, sowohl die Seelsorge als auch soziale Aktivitäten, vor allem durch Schulen, Kinderheime, Altenheime, Armenapotheken, Sozialwohnungen, Werkstätten oder durch Studienstipendien. Dies wird zunehmend wichtiger, um zu vermeiden, dass immer mehr Christen das Land verlassen. Zu den sozialen Aktivitäten kommen kulturelle, wie das Studium Biblicum, an dem Pater Gregor unterrichtet, das Pilgrims Office und das Christian Information Centre am Jaffator, die Zeitschrift »Im Land des Herrn«, die in Italienisch, Englisch, Spanisch, Französisch und Arabisch und Deutsch erscheint, die Musikschule Magnificat für benachteiligte Kinder oder die Druckerei »Franciscan Printing Press«, die viele Schriften zur Landeskunde und zu theologischen Fragen des Landes herausgibt.

Die Christen – und erst recht die Franziskaner – sind im Heiligen Land nicht durch ihre Zahl mächtig, sie machen eher eine kleine Minderheit aus. Aber der Kustos der Franziskaner im Lande meint, dass gerade das die Aufgabe erleichtert, die die Franziskaner sich gesetzt haben: »Unsere Rolle besteht eher darin, Zeugnis zu geben. Seit Franziskus im Jahre 1219 mit dem Sultan Malik al-Kamil gesprochen hat, leben wir Franziskaner hier eine friedliche Präsenz. Wir sind keine Bedrohung, weder für die Juden noch für

die Muslime. Wir können den Konflikt nicht lösen. Wir können aber zu einer Lösung beitragen, indem wir Werte wie Vergebung und Versöhnung vermitteln.
Ein Konflikt erzeugt bei allen Beteiligten Wunden. Und Wunden erzeugen wiederum Wunden. Wenn man einen Dialog und Frieden haben will, muss man zunächst die Wunden heilen. (...) Wenn Israelis und Palästinenser, Muslime und Juden, zu uns kommen, wollen wir sie in erster Linie als Menschen und Gäste auf- und annehmen. Das gilt besonders auch für die Schulen. Das sind keine Angebote für Christen oder Muslime, das sind Angebote für Kinder.« (Pierbattista Pizzaballe in der Zeitschrift »Im Lande des Herrn«, Frühling 2011)
Die Aufgabe heißt also: einerseits auf den Spuren des Herrn zu wandeln, ihm im Lande nachzuspüren, über ihn zu lernen. Und andererseits, unter Andersgläubigen zu leben, ohne äußerlich zu missionieren, zu rechten, zu diskutieren. Schweigend Zeugnis zu geben von der Gegenwart Gottes. Helfen und Liebe üben.
Eine andere Frage, auf die Pater Gregor von den Reiseteilnehmern angesprochen wird: Was ist Pilgern? Sind die Orte, die uns gezeigt werden, authentisch? Müssen sie es sein? Es gibt gut bezeugte heilige Stätten – die Grabeskirche gehört dazu – und andere, die ganz auf den Traditionen viel späterer Zeit beruhen. Aber man spürt, dass an all diesen Orten viel gebetet wurde, oft auch ganz bestimmte Gebete im Gedenken an ein spezifisches Ereignis. Es ist vielleicht eher diese Tatsache, die wir heute erleben können als die besondere Gegenwart Christi, die ja überall sein kann …
Und dann noch die Frage eines Teilnehmers: Warum kann die Christenheit sich nicht einfach einen und gemeinsam auf eine Art beten? Die Zersplitterung kann doch nicht im Sinne Gottes sein? Ein frommer Wunsch. Aber schon der, der so fragte, musste zugeben, dass ihm nicht jeder Gottesdienst gleich nah ist. Die Menschen sind verschieden, gehen verschiedene Wege zu Gott. Man

kann mit gutem Willen in jeder Messe, jedem Gottesdienst das Essentielle finden. Aber es sollte jedem freistehen, dabei seinen eigenen Weg zu gehen.
Ein sehr ökumenischer Abend, und wir danken dem Pater von Herzen, nicht nur mit einem Glas Honig aus der Heimat und einer Kollekte für seine Musikschule!

Am tiefsten Punkt

Freitag, 15. März

Wir haben uns mobil gemacht und unsere liebgewonnene Bleibe im Lutheraner Gästehaus verlassen. Drei Kleinbusse, die wir selbst fahren, sollen uns nun einige Tage lang durch das Land bringen. Und wie viel sind wir nicht gefahren, gerade an diesem ersten Tag! Von 800 Meter über dem Meeresspiegel auf 400 darunter, von den Hügeln Jerusalems bis ans Tote Meer, den tiefsten Punkt der Erde. Und das zum Teil gleich mehrfach, denn aufgrund eines medizinischen Notfalls ging es für einige mehrere Male hin und her …

Mosaike, Museen und Naturschutzgebiete

Es begann wie ein ganz normaler Studienreisetag mit einem eher pragmatisch motivierten ersten Ziel an der Herberge des guten Samariters. Dieses hübsche kleine Museum entdeckten wir vor einigen Jahren, als wir nach dem Verlassen Jerusalems einen gut gelegenen ersten Halt suchten, auf dem die drei Autofahrer sich gegenseitig davon überzeugen konnten, dass alle die richtige Ausfahrt aus der Stadt gefunden hatten, was Nerven kostet, wenn man die meisten Schilder nicht lesen kann. »Herberge des guten Samariters« klang gut – vielleicht gäbe es dort etwas zu sehen, das uns die gleichnamige Geschichte aus dem Lukasevangelium erhellen könnte?

Nun, es war von der tatsächlichen Herberge, die der Samariter mit der Pflege des Verwundeten beauftragt hatte, nichts weiter vorhanden als die Tatsache, dass man an diesem vielbereisten Weg zwischen Jordantal und Jerusalem Überreste eines frühen Khans,

Mosaik

eben eines Gasthauses, gefunden hatte, was ja nicht weiter verwunderlich ist. Dazu gab es einerseits Unmengen entzückender Mosaikfragmente aus Synagogen und Kirchen aus allen Landesteilen (beider Länder), andererseits einiges zur Geschichte der Samariter.

Das kleine, aber feine Museum ist wieder so ein Fall, an dem wir studieren können, wie kompliziert die Wahrheit ist, wie schwer wir zu moralisch eindeutigen Urteilen kommen können. In Israel wohnen die besten Museumsgestalter, die didaktisch und ästhetisch sehr ansprechende Museen gestalten, auch die fähigsten Naturschutz-Aktivisten, die wunderschöne Naturpfade anlegen und pflegen, und die geschmackvollsten Landschaftspfleger, die ich kenne. Leider üben sie ihre Künste oft nicht dort aus, wo sie rechtmäßigerweise zu Hause sind, sondern in fremden Wohnzimmern, nämlich in Palästina, beziehungsweise dem Land, das dazu werden will. Das gesunde Gefühl dafür, dass es eigentlich *ein Land* ist, von dem wir sprechen, mag sie dabei leiten, wem immer dieses Land auch »gehören« könnte. Aber müsste man nicht den

Palästinensern die Chance geben, hier selbst etwas anzulegen? Leider haben diese oft viel weniger Geld, und oft auch weniger *Know How.* Und wäre es nicht schade, wenn darum dann in diesem besonderen Land gar nichts dergleichen geschähe? Aber: Könnte man all diese Stätten (Museen, Gedenkstätten, Naturparks) heute oder demnächst übergeben an Palästinenser, die sie genauso gut weiterpflegen und entwickeln würden? Die weiterhin jedem Interessierten Zugang gewähren würden? Solange wir uns in der C-Zone befinden, kann ja an sich jeder das Museum besuchen …
Aber es sind oft merkwürdige geografische und politische Zufälle, die hier darüber entscheiden, wer wann wohin kommen kann. Und wir als Ausländer haben zurzeit die besten Karten …

Kalya, Kibbuz, Siedlung: Idee und Wirklichkeit

Wir fahren zu unserer nächsten Unterkunft, dem Kibbuz Kalya am Nordende des Toten Meeres. Was ist das für ein Ort? Bei meinem ersten Besuch hier 1998 wurde mir nicht einmal so richtig klar, dass wir im besetzten Gebiet waren. Obwohl ich es eigentlich wusste. Was ist das hier? Eine Oase oder ein Lehrstück? Oder beides?
Als 1910 am See Genezareth der erste Kibbuz von Zionisten aus Weißrussland gegründet wurde, hatte der Begriff des Zionismus noch einen ganz anderen Klang als heute. Oder als er das heute jedenfalls für Europäer hat. Oder erst recht für Araber. Aber selbst die werden damals noch anders auf das Phänomen geschaut haben. Gerade der Begriff des Zionismus ist nicht eindeutig, jeder versteht etwas anderes darunter, nicht nur in der politischen Wertung …
Zu den wichtigsten Prinzipien des Kibbuz gehört die prinzipielle Besitzlosigkeit des Einzelnen: Jeder stellt seine Arbeitskraft zur Verfügung und wird dafür von der Gemeinschaft versorgt. Jeder tut, was er kann, und bekommt, was er braucht. Urchristentum.

Kommunismus. Camphill-Bewegung. Im Prinzip ist die Idee immer dieselbe. In ihrer Ausgestaltung ist sie allerdings vor allem wegen der verschiedenen Menschenbilder ihrer Pioniere sehr unterschiedlich.
Die ersten Kibbuzim wurden von heimatlosen europäischen Juden gegründet, die weniger an die traditionelle Religion als an Freiheit, Gleichheit, Brüderlichkeit sowie oft auch an Kultur und Bildung glaubten. Der Anteil an hochgebildeten, musisch begabten Menschen, die den Spaten in die Hand nahmen, war hoch. Die Kombination von einfachem Leben nah an der Natur, bedingungsloser Gemeinschaft sowie Kammermusik oder guter Bibliothek war für die heimatlosen Einwanderer in der Zeit des Aufbaus nicht nur attraktiv, sondern lebenswichtig. 1948 lebten fast zehn Prozent der Juden im Lande in Kibbuzim, und oft war es die Elite. Heute sind es höchstens noch zwei Prozent, und die Kibbuzim selbst sind stark verbürgerlicht.
Früher war alles aus der Gemeinschaft heraus geregelt: die Verteilung der Arbeitsplätze, die sich meist in der Landwirtschaft fanden, die Kindererziehung (die trotz starker Abkoppelung von den Eltern in Kinderhäusern meist äußerst erfolgreiche und seelisch stabile Menschen hervorbrachte), die Leitung des Gemeinwesens. Es gab keine privaten Autos, sondern jedes Mitglied konnte im Bedarfsfall ein Auto nutzen – das dann allerdings meist kaputt war … Im Laden und im Speisesaal nahm man sich, was man brauchte. Geld war kaum nötig. Es war zumindest innerhalb der Gemeinschaft der Zustand erreicht, den mir ein weiser Achtjähriger einmal mit den Worten beschrieb: »Eigentlich brauchen die Menschen gar kein Geld, wenn jeder nur fleißig genug ist, und bescheiden genug …« Und genau an dieser Stelle entstand meist das Problem – spätestens in der zweiten Generation, die nicht mit dem Pioniergeist aufgewachsen war. Die Schwerpunkte verlagerten sich mit steigendem Wohlstand, auch mit dem immer größer werden-

den Drang zum Privaten. Oder wie man sagt: »Der Niedergang des Sozialen begann mit dem Wasserkocher.« (Den hatte jeder dann in seinem Zimmer, statt in den Speisesaal zum Samowar zu gehen, um Tee zu trinken, wo man immer die anderen traf und alles besprechen konnte, wenn man den Idealisten der frühen Tage glauben soll ...)

Heute gibt es Kibbuzim in allen Spielarten: solche, die noch einigermaßen sozialistisch sind, verbürgerlichte, religiöse, spirituell experimentierende, nationalistische Siedler und kosmopolitische Friedensbewegte. Oder auch friedensbewegte Siedler. Dabei sind die meisten Kibbuzim heute sehr wohlhabend. Wer Mitglied ist, genießt viele Privilegien von guten Wohnungen über Auslandsreisen zu Ausbildungshilfen für die Kinder. Viele Kibbuzim unterhalten inzwischen Industriebetriebe, in denen längst nicht mehr nur Mitglieder arbeiten, sondern vor allem ostasiatische Gastarbeiter. Die Mitglieder können heute manchmal schon von der Dividende leben. In Kalya baut man Datteln und Gemüse an, mit Hilfe der Abwässer des höher gelegenen Jerusalems. Auch das Regenwasser fließt in den Grundwasserschichten durch die judäische Wüste und kommt irgendwann ins Tal des Toten Meeres, oft in Form von plötzlich einsetzenden Sturzfluten, die ungeheure Wassermassen transportieren. Dort wird es dann gesammelt, bevor es sich mit dem toten Salzwasser vermischt.

Verlässlicher als das saisonale Regenwasser sind aber die Abwässer, und das ist das Neue an der Idee von Kalya. Der Name des Ortes hat zwei mögliche Bedeutungen: Einerseits könnte er auf Kalium zurückgehen, ein Mineral, das hier seit dem Altertum als Pottasche abgebaut wird. Anderseits ist er ein Akronym aus dem hebräischen Satz »Kan Litchaya Yam Hamelach« – Hier wird das Tote Meer wieder lebendig.

Das Areal, in dem man seit 1972 einen Kibbuz betreibt, war in der jordanischen Zeit unbewohnt, abgesehen von einem Militärlager,

in dessen Nähe nun der Strand von Kalya liegt – heute ein beliebter Ausflugsort für Touristen wie für Palästinenser, vor allem aus Jericho. In den 30er-Jahren gab es ein Hotel (davon später mehr), und kurze Zeit später wurden zwei Siedlungen für die Arbeiter des Kalium-Abbaus gegründet, die sich zu Gemeinschaftssiedlungen zusammenschlossen. Als die Jordanier 1948 das Land eroberten, versuchten einige der Mitglieder dieser Kooperativen sogar, für die beiden »Kibbuzim« mit der jordanischen Regierung eine Duldungslösung zu finden, was aber für diese nicht infrage kam. So floh man in Booten über das Tote Meer in Richtung Süden, wo bei Ein Gedi die Grenze zum israelischen Gebiet verlief. Die Spur der ursprünglichen Bewohner verläuft im Sande. Die im Prinzip flexiblen Juden fassten anderswo im Lande Fuß und haben mit dem heutigen Kalya nichts mehr zu tun. Auch sie waren in gewissem Sinne Flüchtlinge von 1948 ...
Nachdem das Gebiet 1967 von Israel erobert worden war, errichtete die Armee einen Außenposten mit einigen jungen Soldaten auf diesem Gebiet – und einige von ihnen waren es, die dann die Idee entwickelten, mit den Abwässern Jerusalems die Wüste zu bewässern. So wurde ein neuer Kibbuz mit dem alten Namen gegründet, auf jordanischem Staatsland zwar, aber das war ja wiederum 1948 von Juden enteignet worden, und außerdem gerade zu nichts nutze ... eine komplizierte Gemengelage!
Heute geht es dem Kibbuz gut. Er expandiert, denn die nächste Generation wächst heran und möchte hier wohnen bleiben – es ist nicht weit nach Jerusalem. Zuzug gibt es so gut wie keinen, und doch ist das Bauen neuer Wohnungen für die junge Generation auch eine Spielart des politisch nicht korrekten »Siedlungsbaus« in den besetzten Gebieten. Außer den Kibbuzmitgliedern gibt es hier einige thailändischer Gastarbeiter, und angestellte Arbeiter aus der palästinensischen Autonomiestadt Jericho, 16 km von Kalya entfernt.

Wir wohnen also inmitten der judäischen Wüste mit ihrem beeindruckenden Bergland in einer echten Oase, mit vielen exotischen Pflanzen und einem »Holiday Village«, sehr nah an der anderen Einnahmequelle des Kibbuz: den Ausgrabungsstätten von Qumran, deren Wirtschaftsbetriebe ebenfalls Kalya betreibt: Cafeteria, Andenken-Shops und Kiosk.

Hin und her von oben und unten

Am Nachmittag wollen wir am Toten Meer entlang nach Süden fahren, bei Ein Gedi ein Wadi erwandern und dann im Salzwasser schwimmen gehen. Aber nicht für alle kommt es dazu. Schon bevor wir wirklich eingecheckt haben, beschließt einer unserer Ärzte, dass ein Mitreisender, dem es schon seit einigen Tagen nicht gut ging, dringend zum EKG muss. Wo können wir jetzt die notwendige medizinische Grundversorgung finden? An der Rezeption rät man uns, zur Erste-Hilfe-Station nach Ma'ale Adumim zurückzufahren, das ist die größte Siedlung im Großraum Jerusalem. Unzählige Male bin ich dort schon vorbeigefahren, aber besucht habe ich den Ort noch nie, wohl auch aus politischen Gründen. Eine Gelegenheit, den Horizont in Sachen Siedlungen zu erweitern! Mein Mann wird derweil die anderen Teilnehmer auf dem geplanten Ausflug begleiten.
Während die Gruppe nach Süden aufbricht, fahren der Patient, seine Frau, der Arzt und ich also nach Ma'ale Adumim, der »Roten Anhöhe«, wo seit 1975 eine israelische Stadt entstanden ist. Hier leben über 35.000 Menschen in modernen Häusern und Wohnungen, westlich des Sperrzauns, nur wenige Kilometer von Jerusalem entfernt, in dem Gebiet, das als »Großjerusalem« dafür sorgen soll, dass die Stadt nie wieder – etwa durch Rückgabe der 1967 eroberten Gebiete – geteilt wird. Siedlungen sollen Realitäten schaffen. Von denen lernen wir auf unserer Reise ganz verschiedene kennen.

Ma'ale Adumim ist der Entstehung nach strategisch-politisch, seine Bewohner sind es oft eher nicht. So wie in den südlichen und nördlichen Siedlungen um Jerusalem ziehen viele hierher, weil es billig ist. Billig ist es, weil Wohnungen vom Staat subventioniert werden. Außerdem darf man sich noch ein bisschen als Patriot fühlen, selbst wenn man an sich nicht radikal ist, denn wer würde schon wollen, dass Jerusalem wieder geteilt wird? Viele, die hier wohnen, sind Neueinwanderer der letzten dreißig Jahre, und manchen ist die Brisanz ihres neuen Wohnortes erst spät klar geworden. Als man in den 70er- und frühen 80er-Jahren hierher zog, gab es noch keinen Sperrzaun, keine Intifada. Heute ist es dagegen gar nicht so einfach, die Wohnungen und Häuser hier zu verkaufen. Im Übrigen leben die jüngeren Leute schon ihr ganzes Leben lang hier, kennen keine andere Heimat. Aber die Frage der Legitimität des Ortes ist in den letzten Jahren doch dringlicher geworden, und so wird manch unpolitischer Bürger nationalistischer – oder versucht wegzuziehen, was aber nicht einfach ist.

Zur Realität des Ortes gehört auch die kleine Ambulanz: typisch israelisch, etwas provisorisch, nicht so klinisch steril, wie wir das gewohnt sind. Aber äußerst effektiv. Nachdem wir erst einmal alle möglichen Pauschalen bezahlt haben, geht alles schnell – und genauso schnell steht der Rettungswagen vor der Tür, der den Patienten mit seiner Frau nach Jerusalem bringen soll, ins Hadassah-Krankenhaus nach Ein Kerem. Der Arzt, der zuständig war, war übrigens ein arabischer Israeli …

»Durch Medizin eine bessere Welt bauen …« Dieses Motto des Hadassah-Krankenhauses in Ein Kerem, am Heimatort Johannes des Täufers, wurde in den nächsten Tagen das Thema der Reise unseres Patienten, der nun auf eine Herzkatheter-Untersuchung warten sollte und später einen Stent bekam, und seiner geduldigen Ehefrau, für die ich wieder ein Zimmer im Lutheraner Hospiz besorgte. Sie bleibt bei ihrem Mann, ich hole noch die Koffer – also noch einmal 30 km zurück und 50 km vom Toten Meer nach Ein Kerem, zurück durch die Wüste zum tiefsten Punkt der Erde und wieder hinauf auf die Höhen der Hoffnung ans andere Ende von Jerusalem …

Die Freundlichkeit der jüdischen und arabischen Ärzte und des Pflegepersonals, die allgemeine Menschlichkeit gegenüber Patienten aus sämtlichen Bevölkerungsgruppen – all das macht Hoffnung darauf, dass ein Leben zusammen möglich ist, wenn es um das im wahrsten Sinne des Wortes Lebens-Not-Wendige geht. Die Menschen, die einem in diesem Krankenhaus begegnen, sind so unglaublich verschieden – und haben doch alle ein Anliegen: die Gesundheit des Menschen.

Das Hadassah hat eine besondere Geschichte. Der Name der Königin Esther bedeutet zugleich Myrte. 1912 gründete die aus Ungarn stammenden Jüdin Henrietta Szold in den USA die gleichnamige zionistische Frauenorganisation, die es sich zum Ziel machte, vor allem für das Gesundheitswesen im Lande Israel und für die Stellung der Frau zu wirken. Diese Organisation baute schon vor dem Zweiten Weltkrieg auf dem Skopusberg im Osten der Stadt das Krankenhaus auf, das territorial nach 1947 in einer Enklave mitten in der arabischen Oststadt gelegen war. Das Territorium blieb nach dem Krieg von 1948 zwar israelisches Staatsgebiet, aber der Sitz des eigentlichen Krankenhauses wurde nach Westen verlegt, nach Ein Kerem, an die »Quelle des Weinbergs«. Dort bekam Marc Chagall dann den Auftrag zur Ausgestaltung der Synagogenfenster, die die zwölf Stämme Israels darstellen. Sie wurden zum 50. Jubiläum der Hadassah-Organisation 1962 eingebaut.

Einige Damen aus der Reisegruppe hatten sich sehr gewünscht, diese Fenster besichtigen zu können, und waren etwas enttäuscht, dass unser Weg nicht dorthin führte. Man kann nicht alles sehen in so wenigen Tagen. Dieses besondere Kunstwerk nun ganz in der

Nähe zu haben, war für die aus der Gruppe Herausgerissenen ein schwacher, aber warmer Trost.
Auf medizinischem Gebiet funktioniert die Zusammenarbeit viel besser als anderswo: Da wird ausgebildet, überwiesen, behandelt, ganz wie es kommt, und auch wenn es Geschichten gibt, denen zufolge Rettungswagen an Checkpoints aufgehalten wurden, darf man nicht vergessen, dass es ebenso Berichte von Terroristen gibt, die sich in Rettungswagen versteckten, um Bomben über die Grenze zu bringen. Die jeweils anderen Berichte bezeichnet jede Seite als üble Propaganda. Ich traue inzwischen jedem alles zu, sehe aber auch, dass es in den Krankenhäusern immer wieder Zimmer gibt, in denen palästinensische und jüdisch-orthodoxe Patienten, Hippies und Religiöse, Touristen und Geistliche bunt gemischt werden. Und dass gerade auf der Geburtsstation nur an den Eltern zu sehen ist, was für eine Sozialisation da auf den neuen Erdenbürger zukommt. Die Säuglinge sind nicht von einander zu unterscheiden.

Kabbalat Shabbat

Als ich von all diesen Fahrten zurückkomme, sind die anderen auch schon von ihrem Ausflug zurück. Sie haben sich derweil mit der Natur beschäftigt, mit dem Grabenbruch, den Wadis und den Sturzfluten, haben im Salzmeer gebadet und getestet, wie dieses tote Wasser trägt und doch nicht freundlich ist. Es ist merkwürdig, wie das Bad immer ganz verschieden und dabei extrem aufgenommen wird: Einige testen die Sache einmal aus und finden es eher unangenehm. Man kann die Empfindung des Lebensfeindlichen an der Bitterkeit und der Dickflüssigkeit durchaus erleben. Andere würden am liebsten gleich in diesem Wasser bleiben. Was macht das Salz mit uns? Was wird da gehalten, gefestigt, konserviert? Wer braucht das?

Wir kommen am Freitag an, am Vorabend des Sabbat, und das Gemeinschaftsessen im Speisesaal des Kibbuz ist daher etwas Besonderes. Mir ist nie ganz klar geworden, inwieweit die Heiligung von Brot und Wein den Kibbuzniks wirklich ein Anliegen ist. Vielleicht ist diese »leicht religiöse« Form eher eine Konzession an die Gäste der Ferienwohnungen und der Hotelanlage? Die hier wohnenden Familien essen meist sowieso in ihren Häusern. Immerhin wird an einem gesonderten Tischchen von einem Herrn mit Kippa der Sabbatsegen gesprochen, das Brot gebrochen ... aber das alles ist sehr notdürftig. Viele Gäste sind heute in der Anlage: eine große Familienfeier von eher traditionellen bis orthodoxen Juden aus allen Teilen des Landes, einzelne Familien und eine eher sportliche Gruppe, die in den judäischen Bergen wandern will. Dazu die Mitarbeiter der Hotelanlage und die Soldatinnen der Wache. Mit ihnen begehen wir also den Beginn des Sabbat. Die Teilnehmer der Gruppe haben viele Fragen zum Sabbat. Hier ein kleiner Text, mit dem ich den Charakter der verschiedenen Feier- und Ruhetage in den Religionen des Landes schon früher zu erklären versucht habe, der vielleicht an dieser Stelle aufschlussreich ist, auch wenn er in Galiläa geschrieben wurde.

Shabbat Shalom

Ich sitze in der Abendbrise in der lichten Küche meiner Freundin, die mir freundlicherweise für die Dauer einer Reise ihr Häuschen im Kibbuz Harduf in Galiläa überlassen hat, und schaue über Wälder, Täler, kleine arabische und jüdische Orte hinunter in die Ebene nördlich von Haifa, über das Industriegebiet und die Öltanker auf das Mittelmeer, das heute einen klaren Horizont zeigt statt des üblichen Dunstes, und denke an die Schöpfung und ihre Größe. Die Schatten sind lang und deutlich. Die Farben gesättigt. Es dämmert schon ein wenig. Wie lange hat es gedauert, bis alles dies sich zu dem entwickelt hat, was heute geworden ist – mit all seiner Schönheit und Vielfalt, mit all seinen Fehlern und Problemen. An sechs Tagen hat Gott die Welt geschaffen …

Am Freitagnachmittag herrscht eine besondere Stimmung im Kibbuz. Schon am Mittag beginnt das für mich, weil ich eine der wenigen hier bin, die den Ruf des Muezzins und die – zugegebenermaßen ziemlich unverstandene – arabische Mittagspredigt, die auch per Lautsprecher übertragen wird, wirklich gern hören. Die gesungenen Gebete signalisieren, dass nun der besondere Teil der Woche beginnt: Freitag – Samstag – Sonntag, die drei Feiertage der hier lebenden Muslime, Juden, Christen. Der sechste, der siebte und der achte Tag der Schöpfung, der eine Oktave des ersten ist. Wir hören hier aus mehreren Richtungen mit unterschiedlicher Lautstärke das Gebetsleben der Muslime, fünf Mal an jedem Tag. Heute, am Freitag, feiern sie den Tag des gemeinsamen Gebetes zur Mittagszeit, den eigentlichen wöchentlichen Gottesdienst. Es folgt gegen drei Uhr das Nachmittagsgebet, und gleich wird das Abendgebet ausgerufen werden. Der eigentliche Feiertag ist also in den arabischen Dörfern der Umgebung schon vorbei. Er ist nur eine kurze Besinnungspause der Gemeinschaft im unablässigen Gebet des Einzelnen, in der Weiterarbeit an der Schöpfung. Währenddessen senkt sich die Sabbatstimmung über das Land. Der Tag beginnt mit dem Abend: Es wurde Abend, es wurde Morgen nach dem sechsten Tag, und so waren Himmel und Erde und ihr ganzes Gefüge vollendet. Am siebten Tag vollendete Gott das Werk, das Er geschaffen hatte, indem Er ruhte am siebten Tag, nachdem Er das Werk vollbracht hatte. Und Gott segnete den siebten Tag und erklärte ihn für heilig; denn an ihm ruhte Gott, nachdem Er das ganze Werk der Schöpfung vollendet hatte.

Der Sabbat beginnt mit dem Sonnenuntergang, und schon jetzt ruht alle Aktivität auf den Wegen und Plätzen der kleinen anthroposophischen Siedlung. Vereinzelt trifft man einen jungen Vater, der noch mit den Kleinkindern unterwegs ist – wahrscheinlich während die Mutter das festliche Abendessen bereitet. Besonders die Kinder sind hübsch gekleidet, meist mit weißen Hemden oder Kleidchen. Es gibt hier kaum Menschen, die wirklich nach allen Regeln der Kunst den Sabbat einhalten wie

die orthodoxen Juden, aber am Freitagabend gibt es das Festessen der Woche, meist mit Gästen. Der Sabbat ist ein ruhiger freier Tag, der Frieden verströmt. Shabbat shalom wünschen wir uns. Die Seele des Menschen wird die Braut Gottes, zur höheren Einheit berufen.
Ich sinne darüber nach, was alles zu einem echten Einhalten des Sabbat dazugehören würde. Jeder Brauch hat einen tiefen Sinn, natürlich auch die Gemeinschaft. Die Muslime hatten sie heute Mittag, wir Christen werden sie morgen Früh in der Messe haben – das Abend-Mahl ist die Gemeinschaft im jüdischen Haus.
Der Sabbat ist für den Menschen da, zum geistigen Erfrischen: Man lässt das alte, gewöhnliche, zweckdienliche Leben hinter sich und lässt Gott in die Seele einziehen. Dabei enthält man sich aller »schöpferischen« Arbeit, denn die Schöpfung dieser Woche ist vollbracht. Zuhören statt Sprechen als Grundgeste. Eindrücke aufnehmen anstatt die Welt verwandeln. Die Ewigkeit dringt ein, heiligt das Werk der Woche.
Ich spüre diese Stimmung gerade dort, wo es nicht um das stumpfe Einhalten religiöser Vorschriften um ihrer selbst willen geht.
Das Sechsttagewerk führt im siebten Schritt zu dieser Geste. Rückblick und Besinnung auf das Ewige. Das hat sich mit dem Auftreten des achten Tages, der Erneuerung des ersten Tages, nicht geändert. Der Sonntag ist nicht der verschobene Sabbat. Und auch der Freitag der Muslime ist nicht einfach der vorverlegte siebte Tag. Jeder dieser Schritte hat seine Bedeutung im Ablauf der Verwandlungsschritte der Woche, der sieben Stufen eines schöpferischen Seelenzyklus.
Die Tage – natürlich sind es in der Schöpfung keine Tage in unserem Sinne. Wo noch keine Ordnung der Himmelskörper geschaffen ist, wo noch keine Sonne, keine Erde, kein Mond ist, kann es diese schöpfer-weltliche Zeitordnung nicht geben. Die Bibel, die Juden und Christen teilen, setzt vielleicht voraus, dass wir das verstehen, der Koran spricht es deutlich aus: »Und gewiss, ein Tag bei deinem Herrn ist wie tausend Jahre nach Eurer Berechnung« (Sure 22/47). Tausend sind viele, ist die höchste Zahl, das ist auch nicht wörtlich zu nehmen. Deshalb ist es kein Widerspruch,

wenn es an anderer Stelle heißt: »Es steigen die Engel und der Geist zu ihm auf an einem Tag, dessen Maß fünfzigtausend Jahre ist ...« (Sure 70/4). Oder: »Er regelt die Angelegenheiten vom Himmel bis zur Erde. Hierauf steigt sie zu ihm auf an einem Tag, dessen Maß tausend Jahre nach Eurer Berechnung sind« (Sure 32/5).

Auch im Islam findet die Schöpfung an sechs Tagen statt (Sure 50/38) – der siebte wird nicht einmal erwähnt. Dafür wird das Schöpfungswerk in seiner Verteilung auf die einzelnen Abschnitte (»Tage«) anders gruppiert. Abgesehen davon, dass sich hier wie in den beiden Schöpfungsberichten der Genesis Widersprüche ausmachen lassen, ist das ein deutlicher Hinweis darauf, dass »Tage« etwas anderes bedeuten: einen neuen Schritt im Schöpfungsprozess. In sechs Schritten wird die Schöpfung der Welt vollendet, am siebten Tag reift alles in der Ruhe.

Ich stelle mir vor: Die Jünger Mohammeds fragen ihren Propheten, der im Koran selbstverständlich den siebten Tag, den Sabbat, als Gottestag erwähnt, wie der Freitag, der Rüsttag also, an dem es geschäftig zugeht, zu gestalten ist. Muss man da wirklich auch fünfmal beten, obwohl doch so viel zu tun ist? Und er antwortet ihnen mit dem Gebot der Gemeinschaft zum Mittagsgebet, in der Vorbereitung des Sabbats ... Der sechste Tag ist der Tag der Schöpfung des Menschen, der so in der Gemeinschaft seiner Bestimmung gedenkt, bevor der Tag der Ruhe die Schöpfung empfangend vollendet.

In der Karwoche findet an diesem siebten Tag der geheimnisvolle Gang ins Totenreich statt; der gestorbene Gottesmensch gibt sich den Menschen hin, die ihr göttliches Sein verloren haben, wie es im Credo der Christengemeinschaft heißt. An jedem künftigen Sabbat bleibt das von nun an Thema. Wir halten die Auferstehungshandlung im Gedenken an die Verstorbenen an diesem Tage. Und doch geht es nicht um das Tote, sondern um das in ihm schon anwesende Leben, die ersterbende Schöpfung, die in uns auferstehen kann durch die Kraft der göttlichen Liebe im Herzen der Menschen, die die heilbringende Kraft des Christus empfinden – wie immer sie sie auch nennen mögen.

Ich betrachte meine beiden Kerzen. In ihnen opfert sich das Geschaffene für das Ewige. Licht und Wärme entsteht. Das führt uns in den Tag der Ruhe, in den Tag des Hineinsterbens in die Schöpfung hinein. Die Mahlzeit von Brot und Wein, der Segen im Gedenken an das Höhere, das in ihnen lebt und stirbt, bereitet den achten Tag vor, die Auferstehung durch eine Kraft, die seit zweitausend Jahren in den Herzen der Menschen leben kann.

Der achte Tag, der neue erste Tag, der Sonntag – hier in Harduf werden wir da wieder arbeiten, ganz äußerlich und alltäglich. Die Woche beginnt. Die neue Schöpfung durch den Menschen nimmt ihren Fortgang. Ebenso wie die Muslime am Freitag gearbeitet haben, mit der kurzen Unterbrechung durch das Mittagsgebet. Die Schöpfung der Welt ist nicht zu Ende. Wir haben ihrer gedacht am Freitag, am Sabbat, in all ihrer Schönheit und Vielfalt, in allem noch nicht Vollendeten auch, allem, was noch zu tun bleibt. Und nach der Rückschau in die Ewigkeit und der Besinnung auf die ewige Zukunft sind wir dazu aufgerufen, am großen Werk mitzutun.

Reisen in der Vergangenheit

Am Abend sitzen wir auf der Wiese zwischen unseren Häuschen zusammen und schauen zurück auf den Tag. Dann lesen wir noch gemeinsam etwas aus der Vergangenheit dieses Ortes:

Emil Bock war auch am Toten Meer. Er hat seine Reiseabenteuer von 1932 und 1934 sehr freimütig und äußerst persönlich beschrieben. Wir lesen von seiner Unterbringung in dem ersten Vorläufer von Kalya: einem Hotel, das in den 30er-Jahren gegründet worden war, um das Tote Meer touristisch zu erschließen. Damals gab es sogar noch die Möglichkeit, auf dem Salzmeer Schiffchen zu fahren, was die Reisegruppe für eine Rundfahrt um den See nutzte. 1948 wurde das Hotel Kalya aufgegeben, weil das Land unter jordanische Verwaltung kam.

Es ist ein feuchtwarmer Abend, obwohl es später durchaus auch kühl wird. Fühlen wir, können wir uns überhaupt wirklich vorstellen, was das heißt: 400 Meter unter dem Meeresspiegel zu sein? Wie viel mehr Luft auf uns lastet … Hier ist der tiefste Punkt der Erde, und kein Leben ist hier selbstverständlich, alles ist der Wüste, dem Salz, dem Klima abgerungen. Wie bemerkenswert, dass es Menschen gibt, die hier nicht nur leben, sondern sich diesen unwirtlichen Ort freiwillig ausgesucht haben, um das Tote zu beleben – ganz unabhängig von ihren sonstigen Motiven.

Wüstenleben

Samstag, den 16. März

Kalya

Oase

Was ist eine Oase? Eine Lebensmöglichkeit in der Wüste. Das Wasser, das aus Jerusalem herunterfließt, ermöglicht das Leben am ansonsten ziemlich Toten Meer. Hier wäre nichts Lebendiges, wenn das Wasser nicht von den Höhen käme. Und es ist nicht irgendein Wasser von irgendwelchen Bergen, das die Westküste dieses Salzmeeres zum Leben erweckt: Es ist das Wasser, das vom Nabel der Welt kommt. In der Oase Kalya ist die Vegetation tropisch: für uns ungewöhnliche Bäume, Büsche, Sträucher und Blumen. Niemand mag uns glauben, dass diese Siedlung gerade mal vierzig Jahre alt ist, so groß sind die Bäume hier.

Ausflug zu den Essäern

Viele Jahre lang wurde die Siedlung am Rande der Wüste für eine Hinterlassenschaft des römischen Militärs gehalten. Erst als im Sommer 1947 ein Beduinenjunge auf der Suche nach einem verlorenen Schäflein in einer Höhle ein Tongefäß fand, in dem er ein Lederbündel sah, begann die merkwürdige Geschichte von Qumran. Kurz gesagt gelangte der Fund, den er eigentlich zu einem Schuhmacher bringen wollte, um sich aus dem Leder Sandalen machen zu lassen, und in dem sich in Leder eingeschlagene Schriftrollen fanden, über den Bischof der syrisch-orthodoxen Kirche (Justinas Kirche in Jerusalem!) und Amerika zusammen mit weiteren Funden, die in der Gegend gemacht wurden, an den israelischen General und Hobbyarchäologen Yigal Yadin, und so schließlich

Felsen in Qumran

ins Israel-Museum, wo die sensationellen Funde aus den letzten vorchristlichen Jahren heute im Schrein des Buches aufbewahrt werden. Neben verschiedenen frühen Schriften der Hebräischen Bibel fand sich dort die Ordensregel der Essäer, einer Gemeinschaft aus den Jahren der Zeitenwende, in der durch ein abgeschiedenes Leben und bestimmte Reinigungsriten versucht wurde, dem Tiefersinken der Menschheit zu begegnen und eine Alternative zur allgemeinen Veräußerlichung zu suchen, die in dieser Zeit im ganzen jüdischen Land spürbar war. Die Stimme Gottes war seit Langem verstummt – Propheten waren seit Jahrhunderten nicht mehr aufgetreten.

Von diesen Essäern spricht Rudolf Steiner verschiedentlich in den Vorträgen, die er über das Leben des Jesus von Nazareth vor der Jordantaufe gehalten hat. Und es ist erstaunlich, wie präzise er in vielen Einzelheiten das Gemeinschaftsleben dieses Ordens beschreibt, das zu seiner Zeit noch gar nicht äußerlich belegt war, da die Funde von Qumran erst etwa dreißig Jahre später Aufschluss gaben über die Lebensweise dieser Menschen.

Wir wandern oder fahren, je nach Stimmung, zu den Ausgrabungsstätten und lesen hier einen Abschnitt aus einem Vortrag von Rudolf Steiner zum sogenannten »Fünften Evangelium«, in dem das klar wird. In dem auch klar wird, warum Jesus zwar den Weg der Essäer kannte, aber letztlich nicht mit diesem vermeintlichen Heilsweg übereinstimmen konnte. Wie er den Weg zu den Menschen wählen musste statt des Weges in die Askese. Wie auch heute noch gilt, dass das Herausziehen aus der Welt eine egoistische Seite hat, und es eine Gefahr sein kann, wenn wir meinen, einen reinen Weg gefunden zu haben. Wie ein Heraushalten dazu führen kann, dass für die anderen Menschen die Verhältnisse nur umso schlimmer werden.

Dann gehen wir jeder im eigenen Tempo durch die Ausgrabungsstätte und ein bisschen in die Wüste hinein, die Berghänge hinauf.

Dabei kann man anfänglich erleben, was Wüste bedeutet, wie Einsamkeit und Wüste miteinander verwandt sind, und wie ein Leben in der Wüsteneinsamkeit reinigen kann.
Eine etwas ausführlichere Schilderung zu diesem Thema habe ich aus den Aufzeichnungen anderer Wüstenwanderungen in der südlichen Negev, nahe der Kupferminen Salomos bei Timna, früher schon einmal zusammengestellt. Dort sind wir einige Male länger mit Kamelen in der Wüste unterwegs gewesen.

Maria Magdalena in der Wüste

Diese Landschaft betont das Urbildliche in allem. In dem Wenigen, das mir hier begegnet, tritt das Wesentliche ungeschminkt hervor. Der Sand ist sandiger, die Steine steiniger, die Nacht dunkler, die Sonne heißer und heller. Die Sterne – ja, die Sterne ... gibt es hier wirklich mehr Sterne als in der Menschennähe der Städte? Und überhaupt: Der Mensch ist ganz und nur Mensch. Ganz und gar Frau. Oder Mann. Oder Kind. Der Alte ist älter und der Junge jünger. Die Farben treten klarer hervor. Wo es denn welche gibt in all dem stein- und sandfarbenen Naturton-Ensemble.
Die Hitze ist sehr erträglich, aber doch heißer als anderswo. Gefühlte Temperatur heißt das wohl. Und die Wege? Die Zeit geht so schnell dahin in der Wüste, wenn man wandert. Ich wandere mit meinen Reisegefährten vier Tage lang durch den südlichen Negev, von der Kamelfarm des Zahnarztes Seffi Hanegbi in Shacharut zum Bir al-Milwan, und weiter in die Gegend von Timna, wo König Salomo sein Kupfer holen ließ. Die Kamele, auf denen wir auch reiten, wo es die Wege erlauben (auf steilen Gebirgspfaden ist es nicht ratsam), sind vor allem Lasttiere, die unser Wasser (für jeden 6 Liter pro Tag) und unseren Proviant tragen. Sie selbst haben vor Beginn der Wanderung getrunken und werden nun nichts brauchen, bis wir am Ziel sind. Wir Menschen könnten das nicht. Allein in der Wüste – ich lerne schnell, dass das eine Illusion ist. Mindestens brauchen wir ein Lasttier, oder aber wir bleiben in der Nähe des Wassers,

einer Oase. Normalerweise verdurstet der Mensch nach drei Tagen, in der Wüste könnte es auch schneller gehen.
Am ersten Tag offenbart sie sich, diese Wüste – die so anders ist, als ich es erwartet hatte – in dem Deutlichwerden der Welt, dem Wesentlichen, das hervortritt, wo die Fülle verschwindet. Steine, Berge, Felsen und ein kleines bisschen Sand. Keine weiten Flächen außer dem Himmel über uns – und doch ungeahnte Ausblicke. Wir kamen mit dem Überlandbus zum Flugplatz Uvda, vom Jeep abgeholt, und plötzlich ist da nichts mehr: Nur noch ein einfaches Lehmfundament mit Strohdach, die Bauwagen der jungen israelischen Volontäre, die den »Khan« Shacharut betreuen, und der Lagerplatz der Kamele. Und dadurch ist alles ganz deutlich. Es kommt eben auf so vieles gar nicht an. Auf anderes umso mehr. Es dauert eine Weile, bis wir so zur Ruhe kommen, dass wir beginnen, so etwas zu erleben, zu hören, anfänglich zu verstehen.
Am Abend wird es kalt. Eine durchdringende Kälte, in der deutlich wird, dass auch hier Winter ist. Ich hülle mich in zwei Armee-Schlafsäcke und kann mir nichts anderes vorstellen, als dass ich wohl erfrieren werde im Laufe der Nacht. Es kann doch nur noch kälter werden – wie soll ein knapp 37 Grad warmer Menschenkörper dagegen ankommen? Aber die Aussicht auf die tausend Sterne beim Einschlafen unter freiem Himmel ist so umwerfend, dass mir alles recht ist …

Am nächsten Tag beginnt die eigentliche Arbeit. Wir müssen etwas leisten, um die Wüste kennenzulernen, den ganzen Tag wandern, um auch die letzten Reste der Zivilisation hinter uns zu lassen. In ruhigem Tempo opfern wir unsere Kräfte dem Weg, der gleichmäßig unter unseren Füßen und denen der sanften Lasttiere dahingleitet, wo es eben ist, und merkwürdigerweise auch dort, wo wir uns in steilen Serpentinen Berge hinauf- und hinunter winden. Beängstigend ist es mitunter schon: Wie können die freundlichen, aber doch etwas ungelenk wirkenden, vierbeinigen Weggefährten auf solchen Wegen sicher Fuß vor Fuß setzen? Sie werden geführt, aber an sich sind es die Tiere selbst, die entscheiden, wo

man noch gehen kann, wie schnell, wie langsam es sicher ist. Es kostet Überwindung, sich ihnen auszusetzen, aber immer mehr wird es ein Anvertrauen. Was geben wir auf, um hier zu sein? Nicht nur Bequemlichkeit, Selbstbestimmung (*Jetzt habe ich Lust auf …*), Zivilisation. Langsam opfern wir auch unsere geschäftigen Gedanken. Was bleibt? Das Lied, das eine anstimmt, die Gespräche, so sie tief sind. Die Beschäftigung mit den einfachen Mahlzeiten (Trockenfrüchte und Nüsse gegen Mittag, abends backen wir Fladenbrote und schnippeln Gemüse zu Salat, kochen arabischen Kaffee und Tee). Die Geschichte, die jemand abends erzählt. Die Beduinenflöte, das menschliche Miteinander, dass die Einsamkeiten diskret verbindet, ohne sie zu stören. Wir campieren am versiegten Brunnen der Nomadenstämme früherer Zeiten. Gräber, denn hierher kehrte man zurück, auch Kindergräber. Und ein paar angepflanzte, ziemlich ausgetrocknete Teekräuter. Früher wurden hier sogar etwas Gemüse und ein paar Heilkräuter angebaut.
Diese Nacht ist ebenso sternenreich und kalt wie die letzte. Inzwischen weiß ich allerdings, dass wir alle überleben werden. Tatsächlich ist es morgens sehr warm im Schlafsack, so warm, dass man kaum aufstehen mag. Aber irgendwann – sehr früh, denn wir leben im Rhythmus der Sonne – muss ich meinen »Stein« aufsuchen und natürliche Bedürfnisse verrichten. Auch in dieser Beziehung wird man hier genügsam. Der Mensch kann doch noch ganz einfach leben, sogar ich …
Wir verändern uns – »wandern« und »wandeln« sind eben miteinander verwandt, »wandeln« ist zweierlei … Am dritten Tag sind wir deutlich nicht mehr die, die wir am Flugplatz von Uvda, im Camp von Shacharut, noch waren. Natürlich sind wir längst nicht mehr frisch geduscht und sauber bekleidet. Aber wir sind auch ruhiger geworden, gelassener, geduldiger: *Savlanut* – »Geduld« ist deutlich das Wort der Stunde. Wir kamen von überall her, das spielt nun kaum noch eine Rolle. Auch die persönlichen Probleme sind in den Hintergrund getreten für diese Zeit.
Meine Gedanken gehen zu früheren Wüstenbewohnern, Eremiten der Heiligen Schriften, und denen, von denen man nie gehört hat. Gab es

eigentlich weibliche Wüstenwanderer? Ich stelle mir Maria Magdalena vor, vielleicht nach den Dämonen, vor der Jüngerschaft. Meine eigenen Dämonen werden langsam auch deutlicher. Wie kann das Wesentliche an ihre Stelle treten und sie austreiben, verdrängen, verwandeln? In der Stille liegt die Kraft ...

Wir erreichen den höchsten Punkt der Wanderung, den Berg Berech, das »Knie«, 850 Meter hoch über dem Timna-Tal und dem Meeresspiegel, der in weiter Ferne bei Eilath mit dem Roten Meer sichtbar wird. Wir haben viel verwandelte Erde gefunden an diesem Tag, Fossilien gesucht, aus Zeiten, in denen hier noch Meer war. Auch die Erde wandelt sich.

In dieser Nacht rasten wir noch in den Bergen. Jeder ist bei sich, manche finden sich in der Einsamkeit, andere haben gerade in dieser Nacht noch Begegnungen mit den Reisegefährten, die anderswo nie möglich wären, jenseits aller trennenden Definitionen von Nationalität, Religion, Kultur oder Berufsgruppen, politischer Überzeugung, auch jenseits aller Konventionen, die sonst im Umgang miteinander tradiert sind. In dieser Nacht entsteht in der Begegnung zwischen Mensch und Wüste etwas Neues, das auch den Umgang miteinander allgemein-menschlicher macht.

Die Wüste Negev

Ich denke wieder an die Wüstenwanderer biblischer Zeiten. In solchen Nächten mag es gewesen sein, dass sie sich selbst näher waren, dass das Göttliche in ihnen sich ihnen nähern konnte. Maria Magdalena, als wohlhabende Bürgerin sicherlich nicht an dieses einfache Leben gewöhnt, hast Du hier die Liebe Deines Lebens gefunden? Ohne störendes Beiwerk, ohne beeindruckenden Prunk, ohne die Spielsucht der Langeweile, die in der Verwöhntheit wurzelt? In der Einsamkeit, ganz bei Dir selbst?
Über uns wieder die für Mitteleuropäer auf ungewohnte Weise angeordneten Sterne (*Wie hängt denn da der Große Wagen?*), die trotz ihrer fast gespenstischen Überfülle etwas ganz Heimatliches vermitteln. Derselbe Himmel wie in ... Und wieder wachen wir auf und sind erstaunt über die Kraft des inneren Feuers im Menschen, das uns vor dem Erfrieren schützte – und über die Macht der über den Bergen jenseits der Arava-Senke aufgehenden Sonne.

Der letzte, der vierte Tag führt uns ins Tal, auf den Boden der auch für einen König wie Salomo irdischen Tatsachen: Die Überreste der Kupferminen von Timna, schon unten in der Senke, die die Verlängerung des Jordantals und damit einen der großen Grabenbrüche der Erde ausmacht. Letzte Gespräche mit den Reisegefährten, die sich so nah gekommen sind in diesen Tagen und sich zum größten Teil nie wieder begegnen werden. Nach einem schnellen Ritt in der Ebene entlasten wir die Kamele, und schon werden wir abgeholt von Seffis Jeeps, die uns zurückbringen nach Uvda, in die Zivilisation. Ein letzter weiser Spruch zum Umgang mit der Wüste begleitet uns: Vertraue auf Gott, aber vergiss nicht, dein Kamel anzubinden! So der Koran. Und die ausgedrückte Überzeugung, dass Wüste süchtig machen kann.
Nun trägt jeder ein Stück Wüste mit sich in die Welt hinaus. Nach England, Kanada, Deutschland, an den Arbeitsplatz im Büro in Tel Aviv oder der Universität in Haifa. Die jungen Volontäre reiten die Kamele zurück durch das Tal. Im Rückblick kommt mir schnell der Gedanke, dass 40 Tage Wüste interessant, aber auch sehr strapaziös gewesen wären, dass

aber diese vier Tage in ihrer Gliederung schon ein kleiner Vorgeschmack sein konnten, auf die Verwandlung, die in der Wüste geschehen kann. Maria Magdalena, ob sie hier war oder nicht, hat diese Erfahrung gekannt, so bin ich mir plötzlich sicher: Die Einsamkeit, das Kleinwerden des Menschen vor den Wundern der Schöpfung, die Beschränkung des Menschseins auf das Wesentliche. Und die Liebe, die nichts beweisen oder für sich haben will, sondern ganz im Menschwerden lebt.

Taufstelle in der Wüste

Viele Jahre lang war die Taufstelle am unteren Jordan nicht zugänglich. Der Jordan ist der Grenzfluss zwischen Israel und Jordanien. Auf beiden Seiten befindet sich militärisches Sperrgebiet, in Israel wesentlich »gesperrter« als in Jordanien, was zeigt, wer Angst vor wem haben muss. Zweimal im Jahr nur durften Christen an den Ort pilgern, den man seit Langem für das Ufer hält, an dem Johannes der Täufer wirkte, und an dem Jesus von Nazareth das hohe kosmische Wesen in sich aufnahm, das ihm die Kraft des Gesalbten gab, den Christus, das Schöpferwort Gottes.
In der Zeit, in der der Ort nicht öffentlich zugänglich war, bildete sich eine neue Tradition heraus, nach der der Taufort am Südende des Galiläischen Meeres liegen sollte, das wir den See Genezareth nennen. Hier taufen noch heute vor allem die charismatischen Kirchen der verschiedenen evangelikalen Richtungen, viele von ihnen Südamerikaner und Afrikaner, die Pilger im weißen Hemd mit vielen freudigen Gesängen. Und trotz der starken Stimmungen scheint der Ort mir weniger stimmig als die Stelle am unteren Jordan. Hier sind wir am Tiefpunkt der Erde angelangt, und das spricht eine deutliche Sprache. Das lebendige Wasser, das – aus den hohen Bergen des Nordens kommend – das ganze Land fruchtbar gemacht hat, wird hier in den toten Salzsee fließen und

damit selbst ersterben. Kein Fisch überlebt das – glücklicherweise schwimmen nur tote Fische flussabwärts. Das Leben kommt an ein Ende, wenn nicht etwas ganz Neues geschieht.

Vor zwei Jahren war ich das erste Mal an diesem Ort, den wir nun wieder besuchen – und der die Vorstellungen der Menschen immer gründlich aufmischt. Wenn man an seinen schönen, fertigen Bildern hängt, sollte man nicht ins Heilige Land fahren. Auch das ist hier ein Vorgang, der Tod und Auferstehung umfasst: Zuerst muss die kindliche Bildvorstellung ausgelöscht werden, was schmerzhaft sein kann. Dann entsteht ein anderes, zartes, formbares Bild, das sich im Laufe der Jahre wandeln kann. Einerseits »realistischer«, andererseits unabhängig von jeglicher »Leben-Jesu-Forschung«.
Wir hatten uns damals nur hierher begeben, weil ein Teilnehmer insistierte, dass wir es doch wenigstens einmal versuchen sollten. Ein Pfarrerkollege hatte es vor Jahren schon einmal geschafft, die Soldaten zu erweichen und bis zum Fluss vorzudringen. Ich selbst glaubte nicht daran, dass das möglich werden würde, und ließ

Taufstelle

mich auf den Abstecher eigentlich nur ein, um zu beweisen, dass die Reiseführer und meine Erfahrungen recht behalten würden. Wie merkwürdig dann der Weg auf dem schlecht ausgebauten Militärsträßchen: Nirgends wurden wir aufgehalten! Zur Rechten passierten wir ein frisch ausgebautes, festungsartiges griechisches Kloster, dann einige moderne Profanbauten mit israelischen Flaggen und einen noch nicht geöffneten Kiosk. Was war denn das hier so plötzlich? Hatte man hier eine neue Touristenattraktion geschaffen? Auf jordanischer Seite gab es das schon länger, eine Freundin hatte mir gerade von ihrem Besuch dort erzählt. Wollten die Israelis nicht hinter den Nachbarn zurückstehen? Und überhaupt: Sind wir hier nicht eigentlich im besetzten Gebiet? Vor 1967 war die Taufstelle auf beiden Seiten jordanisch, da brauchte es wohl nur den Ort auf der anderen Seite, an dem auch einiges ausgegraben worden war, was auf eine spätere Verehrung des Ortes hindeutete. Spätestens als wir geparkt hatten, wurde klar: Wir dürfen hier einfach hinein! Auf breiten Holzstufen ging es hinunter zum Fluss, der ein schmales braunes Rinnsal war, enttäuschend für die meisten. »The water is not potable« – Nicht zum Trinken geeignet. Und zum Untertauchen wohl eher auch ungesund. Aber immerhin, der Ort ist idyllisch, auch wenn wir uns selber vorstellen müssen, wie der Fluss früher aussah, als er viel breiter und sauberer war.

Ich fragte bei diesem überraschenden ersten Besuch einen jungen Soldaten (Sicherheitskräfte gab es natürlich schon an dieser Grenze!), seit wann die Taufstelle zugänglich sei, alles sehe noch so unfertig aus. Er schaut mich erstaunt an und antwortet: Schon immer, oder? Ich frage ihn, wie lange er schon hier Dienst tut, und er antwortet: Seit gestern …

Zwei Jahre später ist alles schon ein bisschen mehr angewachsen. Eine Bretterwand ist mit einer Wasserstandsmeldung vom 13.1.2013 gekennzeichnet. Unglaublich, wie hoch das Wasser da stand, mindestens fünf Meter über dem Niveau, das wir jetzt sehen. Sturzfluten aus den Felswänden der judäischen Wüste müssen da kräftig mitgeholfen haben – und lange wird so ein kräftiger Strom wohl auch nicht angehalten haben.

Wir philosophieren über den tiefsten Punkt der Erde, die Belebung der Erde, über Grenzen, und über Möglichkeiten, diese Stätte eines Tages an den Staat Palästina abzutreten. Wieder einmal begegnet uns eine dieser gut gemachten israelischen Sehenswürdigkeiten. Und obwohl hier wie in Qumran hauptsächlich Palästinenser arbeiten – die Geschäftsführung ist israelisch und die Gewinne fließen in die israelischen Behörden, beziehungsweise im Falle Qumrans an den Kibbuz Kalya, der die Stätte im kommerziellen Bereich verwaltet. Einerseits gibt es – vielleicht berechtigte – Zweifel, ob die Palästinenser diese Orte ähnlich gut betreuen könnten. (Aber warum eigentlich nicht?) Andererseits ist es irgendwie unbefriedigend, dass alles, was in Palästina interessant ist, den Israelis zugutekommen soll. Zusätzlich ist die Grenzlage natürlich äußerst kritisch für die äußere Sicherheit Israels. Kann das Interesse daran, nicht von Osten her überfallen zu werden, in Zeiten wie diesen, in denen die ganze arabische Welt im Umbruch ist und es auch in Jordanien brodelt, zufriedengestellt werden, wenn die Außengrenzen palästinensisch kontrolliert werden? Und: Wie könnten Formen der Zusammenarbeit geschaffen werden, die die bisherigen Leistungen Israels im Natur- und Denkmalsschutz würdigen, aber diese Aufgaben an Palästina übergeben? Oder könnten die Stätten gewissermaßen an Israel verpachtet werden, sodass Gewinne auch nach Palästina gehen müssten? Hier wie anderswo wird klar: Es ist *ein Land*, von dem wir sprechen, ein Land, an dem beide Völker Anteil haben.

Der heilige Hieronymus

Man kann ihn auch, auf Griechisch, Gerasimos nennen. Sein kleines Kloster unweit der Taufstelle kenne ich seit siebzehn Jahren. Damals war es ein verwunschener Ort, ein Geheimtipp, nichts Offizielles oder Touristisches. Wir waren mit der ersten Jugendgruppe aus Deutschland da, dem Urkeim unserer Begegnungsstätten-Arbeit. Einige wenige Mönche und Nonnen lebten dort, und wir bekamen dieses kleine Wunder gezeigt: wieder eine der zahlreichen *ersten und ältesten* Kirchen in diesem Teil des Landes von ca. 430 unserer Zeitrechnung, angeblich errichtet auf der Fluchtroute von Bethlehem nach Ägypten, was geografisch wenig überzeugend herüberkommt, an dem Ort, an dem das wenige Tage alte Kind laufen und sprechen gelernt haben soll.

Und dann Hieronymus selbst, der dem Löwen den Stachel aus der Pfote zog und ihn sich zum Freund machte, sodass er die Haustiere beschützte, wenn sie unterwegs waren, und sich schließlich auf seinem Grab ausstreckte, um selbst zu sterben, wenn sein Herrchen nun schon in andere Welten gegangen war. Damals war das alles ein kleiner und eher bescheidener Ort, touristisch nicht erschlossen. Nur wenige nicht-griechisch-orthodoxe Pilger verirrten sich hierher.

Nach einigen Jahren und kräftigen Spritzen aus EU-Geldern ist hier ein kleiner Freizeitpark entstanden, der vor allem von der Bevölkerung Jerichos frequentiert wird. Die Gärten um das Kloster herum sind ausgebaut worden, es gibt die unvermeidlichen Grillplätze, alles ist gepflegt. Und doch ist es auch noch ein Kloster. Die Kirche wurde in den letzten Jahren gründlich überholt, was vor allem mit Mosaik-Arbeiten zusammenhing, so dass im Zusammenhang mit der Restauration eine Mosaikwerkstatt entstand, in der wir zeitweise auch zuschauen konnten, wie ein Mosaik zusammengesetzt wurde.

Mosaikwerkstatt

Ikone Gerasimo

Wir kommen an einem besonderen Feiertag, überall wird geschmückt. Die griechischen Nonnen und Mönche sind beschäftigt. Die Laienschwester, die so gut Deutsch spricht, weil sie als Kind von Gastarbeitern in Deutschland aufgewachsen ist, ist noch da. Was muss das für ein Leben sein, als freiwillige Helferin für lange Zeit in einem Kloster in der Wüste zu leben, mit viel Frömmigkeit und einer sehr kleinen Auswahl an Mitbewohnern? Wie sehr muss man da zur Ruhe kommen?
Wie viele Arten von Wüstenleben es gibt …

Flussaufwärts

Sonntag, den 17. März

Sonntagsgebet und Abschied von Kalya

Nun ist unser Feiertag gekommen. Der Tag, an dem wir daran mitarbeiten wollen, durch unsere Gebete, dem Neuen den Weg in die Welt zu bereiten. Am Morgen lesen wir noch vor dem Frühstück in der Mitte unseres Rasenplatzes die Menschenweihehandlung, und wie immer, wenn wir das tun, ist die Konzentration hier ganz besonders. Wir haben auch schon in der Wüste gelesen und am See Genezareth, und natürlich ist das Lesen etwas anderes als ein wirklicher Gottesdienst mit Substanzen, Wandlung und Kommunion, aber die Gewissheit, uns an einem Ort zu befinden, den Er nicht nur gesehen sondern aufgesucht hat, um dem Erdenschicksal nah zu sein, macht uns wach für das, was unsere Aufgabe als Menschen ist. Um uns herum ist trotz allem das erwachende Leben: die Vögel, die Katzen, die Kühe im Hintergrund, ein bisschen Menschenlärm, denn wir sind nicht allein auf der Welt. Es stört uns nicht wirklich. Wir sind keine Essäer ...

Danach gibt es das Kibbuzfrühstück, heute für uns ganz allein, aber dafür mit der Überraschung, dass unser Freund, der Geschäftsführer des Hotels, plötzlich da ist. Es hieß, er sei in Amerika – aber so ist Israel. Wir nutzen die Gelegenheit und bitten ihn, noch kurz zu uns zu sprechen, was er gern tut. Er wird nach seiner Haltung zur Siedlerfrage gefragt. Er ist schließlich selbst einer, gehört zu den Pionieren, die den Kibbuz mit aufgebaut haben. Inzwischen sind seine Kinder schon erwachsene Kibbuzmitglieder, haben gerade hier gebaut, politisch unkorrekte Siedlungsaktivi-

täten nach unserem Bild. Er sagt, sie wären alle friedensbewegte Linke. Sollte es irgendein Abkommen geben, würden sie gehen, kein Problem. Aber solange es das nicht gibt, wollen sie hier noch Datteln und Gemüse anbauen und Kühe melken …
Wir packen und machen uns auf nach Galiläa.

Flussaufwärts

Wir fahren durch Palästina: von der Wüste aus am Jordan entlang durch immer fruchtbarer werdende Landschaften an den Hügeln Samariens vorbei bis zum Yesreel-Tal, das vom Südende des Sees Genezareth aus ein weites grünes Tal in westlicher Richtung bildet – nach Galiläa.
Nordreich und Südreich: In der Zeit nach den großen Königen Saul, David und Salomo war diese Trennung die Folge dessen, dass Zentrum und Peripherie nicht in Übereinstimmung zu bringen waren. Und mein Patensohn, der als Sohn galiläischer Anthroposophen viele Araber kannte und erstmals im Wehrdienst auf Siedler und Nationalisten traf, resümierte die damals für ihn neue Erkenntnis: Das gibt es immer noch, Nordreich und Südreich, Israel und Judäa.
Das Galiläa der Völker, der Umkreis, das Land, in dem verschiedene Volksgruppen nebeneinander und durcheinander leben. Das weltoffene Land. Das lebenspraktische Land. Das Land ohne Tempel. Es erstreckt sich heute in diesem Sinne wohl bis ins lebensfreudige Tel Aviv, überall dorthin, wo die säkulare Bevölkerung lebt. Und auf der anderen Seite gibt es eine Art Südreich in Judäa, oder genauer gesagt vielleicht: im geistigen Umland Jerusalems, wo all die Verrückten leben, die meinen, sie seien allein auf der Welt. Oder wenigstens die Einzigen, die zählen. Die nationalreligiösen, die Siedler, die Ultrafrommen. Aber auch die Fundamentalisten der Muslime und Christen. Nur Tempel, keine Welt. Eine enge,

kleine, intolerante Enklave. Das Land wird zerfallen, so schien es dem jungen Rekruten, denn wir leben in so verschiedenen Welten. Ganz so schnell ging es mit dem Untergang bisher noch nicht, die Beharrungskräfte sind stark, aber so musste ein gutwilliger Achtzehnjähriger das wohl sehen.

Was, wenn diese Polaritäten zum Sonderschicksal des jüdischen Volkes und des ihm verbundenen Landes dazugehörten? Ein bisschen ausgeweitet sprechen wir vom Tempel und der *Galut*, der Diaspora, der Zerstreuung in die Welt. Und ist das nicht ein Urprinzip des menschlichen Daseins: Zentrum und Peripherie, Verinnerlichung und Leben in der Welt? Das Judentum ist in sich einerseits die innerste Verbindung mit dem Gott des Ich-Bin, andererseits immer in die Welt ausgegossen und damit – fremd, entfremdet, Stein des Anstoßes für andere und sich selbst. Am Fremdsein wird das Eigene erst deutlich.

Die Entwicklung des jüdischen Volkes bedeutet in der Konsequenz eine radikale Individualisierung, und weil die keiner allein aushält, geht das nur auf dem Wege der Bildung einer starken Gemeinschaft derer, die sich als die Fremden, Anderen erleben. Das Schicksal schickt Prüfungen und Plagen, die eine solche Entwicklung bewirken, von den Wanderungen in der Zeit der Erzväter über die Gefangenschaften in Ägypten und dem Zweistromland. Und nach der Geburt des Menschensohnes auf Erden? Er ist ja nicht ein für alle Mal da und allen selbstverständlich erfahrbar. Er bietet dem Menschen einen Weg an, der gegangen werden will. Die Entwicklung des eigenen Ich aber braucht Begegnung mit dem Fremden. Der Fremde in der Fremde zu sein, das ist notwendige Hilfe zur Erkenntnis und Selbsterkenntnis …

Ein Volk lebt diese Aufgabe – für sich selbst, aber auch für die anderen, denn das Fremdsein der Juden hat seine Wirkung auf die Völker, bei denen sie leben, in den Ländern der Zerstreuung, die am fremden, anderen Volk die unterschiedlichsten Selbst-Erfahrungen

durchleben. Immer eine Aufforderung zu Toleranz und Liebe, zur Anerkennung des anderen um seiner selbst willen. So gesehen entsteht Ich-Bewusstsein durch die *Galut* – und in der Folge für die Palästinenser genauso durch die Nakba, denn überall, wo Flucht und Vertreibung gelebt werden müssen, entsteht dieses Fremdsein, diese Entwurzelung, und in der Folge: Ich-Bewusstsein.
Doch davon später mehr. Nach Galiläa zu gehen, heißt in dieser Beziehung: ins Leben gehen, in die Lebenswirklichkeit der Völker. An den Lebenspol.

Im Kibbuz Harduf

Seit dreißig Jahren erst gibt es diese Gemeinschaft, diesen Ort – ein starker Gegensatz zu den jahrtausendealten Gemeinschaften, die uns bisher im Lande begegnet sind. Ich kenne Harduf seit zwanzig Jahren. In diesen Jahren ist viel geschehen. Wie war es damals? Keiner kannte den Ort, der Taxifahrer, der mich von Haifa hierher bringen sollte, war ziemlich verloren ... Aus dem Tagebuch 1993:

Nach der Ankunft im Kibbuz Harduf
Meine Freundin Michal hat mir eingebläut, bloß nicht mit dem Bus weiterzufahren, da ich dann von der Straße aus noch viereinhalb Kilometer zum Kibbuz Harduf laufen müsste. Taxis sollen auch nicht zu teuer sein. Vorsichtshalber führe ich die Preisverhandlungen auf Ivrit, um nicht als dumme Touristin übers Ohr gehauen zu werden. Diese Theatervorstellung kommt natürlich schnell an ihr Ende, denn schon auf die Frage, wo denn dieser Kibbuz Harduf eigentlich liege, fällt mir wenig Hebräisches ein. Eigentlich bin ich auch so müde, dass ich nur noch nach Hause zu Michal will (die weder Führerschein noch Auto hat und ohnehin unterrichten muss, und mir außerdem das Abenteuer nicht kaputtmachen will). Auf diese Art wird die Fahrt sicherlich etwas teurer.

Für den nach deutschen Maßstäben spottbilligen Fahrpreis von 70 Schekel muss Zion, vor vierundvierzig Jahren als Achtjähriger aus Tripolis nach Israel gekommen, verheiratet mit einer blonden Frau, die neun Jahre zur See gefahren ist, vier Kinder, zehn Geschwister (das erfahre ich in den ersten Minuten – und er natürlich meine Daten ...) allerdings auch anderthalb Stunden Auto fahren. Er scheint weder zu wissen, wo Harduf eigentlich liegt, noch die Karte lesen zu können, die ich ihm anbiete. Ein »religiös« gekleideter junger Mann an der Straße, ein arabischer Junge (ich frage mich, woran Zion sieht, mit wem er welche Sprache sprechen sollte...) und ein Lastwagenfahrer helfen uns ein bisschen auf die Sprünge.
Unsere Verständigung? Anglit (kann er nicht), Ivrit (kann ich nicht wirklich), Germanit (kann er wieder nicht), Italiano (kann ich wieder nicht) und »a bissele Jiddisch«, das Zion bei seinem Bruder in New York gelernt hat. Hinterher ist mir seine Ideologie klar: Alle Menschen sind Menschen, egal ob Juden oder Araber, 80–95% sind gute Menschen, Israel ist ein gutes Land, er ist Patriot, wünscht sich Frieden, die Leute wollen Arbeit, Essen, Fußball, Musik und eine gute Ehefrau (diese gehört wohl nicht zu den Leuten im engeren Sinne). Ein spannendes Gespräch ...
In Harduf sucht der junge Mann, der mich mehr zufällig in Empfang nimmt, zuerst die falsche Michal auf, aber dann findet er mit Hilfe einiger Kinder das richtige Haus. Er ist wohl selbst noch neu hier. Ich schreibe Michal, die in der Schule ist, aber alles liebevoll vorbereitet hat, noch schnell einen Brief als Antwort auf ihren Willkommensgruß, beziehe das Bett und schlafe ein! Zwar nicht so tief und fest, wie ich es mir eigentlich vorgenommen hatte, aber immer wieder ein bisschen.
Mittags ruft der elektronisch verstärkte Muezzin auf der anderen Seite des Tales. Ein ungewohntes, fast bizarres Geräusch in einer sehr fremden Umgebung.

Am Nachmittag

Harduf liegt auf einem recht hohen, felsigen Hügel etwa sechs Kilometer von der arabischen Stadt Shfa'amr entfernt, das auf Hebräisch Shefaram heißt, auf halber Strecke zwischen Haifa und Nazareth. In dieser Landschaft sieht man hauptsächlich kleine arabische Siedlungen, sesshaft gewordene Beduinenfamilien und Ansammlungen moderner israelischer Häuser. Harduf fällt auf: ein relativ junger Kibbuz, der sich schnell entwickelt. Die ersten Häuschen, inzwischen etwa zwölf Jahre alt, sind noch Einfachstbauten mit Wellblechdach, die späteren schmucken Doppelhäuser im »Järna-Stil«, wie manche hier die anthroposophische Architektur nennen. Dorfcharakter. Hier wohnen 1993 etwa zwanzig Familien mit Kindern und vielleicht noch einmal zwanzig alleinstehende Erwachsene. Man betreibt eine große biologisch-dynamische Landwirtschaft, eine Waldorfschule mit bisher etwa 120 Schülern, die zum Teil von weither angereist kommen, ein Restaurant, zwei kleine Läden, eine Arztpraxis, und bietet ein anthroposophisches Einführungsjahr für jüngere Leute an, die meist nachher ihre Ausbildung in Europa vervollständigen. Als Nächstes sind sozialpädagogische Aktivitäten geplant – noch in diesem Jahr soll eine Betreuung von Kindern mit Behinderungen beginnen. Anscheinend hat sich das schon herumgesprochen. So wollte der Taxifahrer mir den »Kibbuz« nicht abnehmen. Das sei ein Krankenhaus für Behinderte oder so …

Einige Tage später:

Es ist ein Leben am Abgrund, das die Menschen hier führen, zwischen Extremisten aller Couleur, zwischen Vertrauen und Misstrauen, bedroht von allen Seiten: Als Teil des israelischen Volkes von den Arabern, als integrative Kraft von den Falken aller Art, als mit dem Christentum durch die Anthroposophie irgendwie Verbundene von allen traditionellen Religionsgemeinschaften. Ein Paradox: Die die Religion am tiefsten Suchenden sind für fast alle anderen als »Ungläubige« suspekt. Und war Rudolf Steiner nicht sogar Deutscher oder so etwas Ähnliches? Dabei immer die Gegenwart des ganz realen Konfliktes, der in diesen apokalyptischen Zeiten innerhalb kürzester Zeit heiß werden kann, es immer konnte, und von dem man kaum noch zu hoffen wagt, dass er einmal entschärft werden wird.

»Es kommt, wenn es kommen soll, und bis dahin wollen wir arbeiten«, ist die Grundhaltung. Bedrückend ist die Bewusstseinslage der Kinder (ich nehme an auf allen Seiten). Irgendwie ist Michal so tapfer und stabil. Vielleicht wird man angesichts des Abgrundes sachlicher, unpersönlicher, nimmt sich selbst weniger wichtig. Was zählt, ist hier die Arbeit am Menschheitsfortschritt, am Humanismus, am Frieden. Wie anders diese Haltung als unser beschütztes, selbstbespiegelndes Dasein in Westeuropa!

Schnell lernte ich damals die Gemeinschaft näher kennen, die meisten der weniger als hundert Erwachsenen und die vielen dazugehörigen kleinen Kinder. Die Waldorfschule war noch nicht staatlich anerkannt sondern eine »Schule im Experimentalstadium«, alle dort tätigen Lehrer hatten im Ausland studiert. Es gab vier Klassen und zwei Kindergartengruppen. Die Häuser waren winzig, es gab noch wenige Autos und viel innere Arbeit.
Ich hatte Michal Ben-Shalom, eine der ersten Klassenlehrerinnen der Schule, auf der Weltlehrertagung der Waldorfschulbewegung in Dornach/Schweiz kennengelernt. Wir hatten uns gegenseitig zu Besuchen verabredet. Sie wollte schon immer mal in den Norden (damals lebte meine Familie noch in Dänemark), ich hatte von Kindheit an den Wunsch gehabt, nach Israel zu reisen. Diese erste Reise nach Harduf wurde mein Schlüssel zum Land. Die weiteren Reisen führten mich bald zu den Menschen, die schon früher auf diesem Hügel gelebt hatten, den Sawa'ed-Beduinen.
Dort beginnen wir 2013 nach dem Mittagessen im Restaurant unserer Freundin Yutka Harstein unser Besuchsprogramm in Galiläa.

Im Sawa'ed-Dorf

Amin Sawa'ed hat Kaffee gekocht, seine drei großen Kinder helfen. Dann erzählt er uns die Geschichte seines Dorfes, seine eigene

Geschichte. Dieses Stückchen Land ist der Ort, an dem Harduf begründet wurde, seine Geschichte ist mit der Geschichte Hardufs auf das Engste verwoben.
Um seine Erzählung zu verstehen, müssen wir uns aber zuerst ein wenig mit einer Frage beschäftigen, die alle in diesem Land immer wieder beschäftigt: Wem gehört der Grund und Boden? Die Frage ist nicht politisch gemeint. Vielmehr geht es um das Problem des Landbesitzes, und darum, was die diesbezüglichen Besonderheiten im System für die Menschen hier bedeuten.
Die Araber haben Grundbesitz, die Juden nennen sie deshalb reich. Die Juden kaufen arabisches Land auf unterschiedlichste Weise, aber nicht individuell sondern als Gemeinschaft, die *Keren Kayemet leIsrael* (KKL) heißt, »Nationalstiftung für Israel«, meist aber mit »Jüdischer Nationalfond« übersetzt. Nur sehr wenigen jüdischen Israelis gehört das Land, auf dem ihr Haus steht (nämlich denen, die Grundeigentum aus der Zeit geerbt haben, die vor der neuen Besiedlung des Landes liegt – ein mehr theoretischer Fall, denn fast jedes Stückchen Land ist seit diesen Zeiten durch Kriege und Umsiedlungen in die Hände des Nationalfonds geraten). Im Allgemeinen gehört es der KKL, von der eine Siedlungsinitiative dann Land pachtet, so dass Dörfer, Kibbuzim, Moschavim, ganze neue Stadtteile und Städte entstehen können. Wenn Juden dort bauen und wohnen wollen, können sie das Land für ein Haus günstig pachten. Ein neuer Kibbuz gar wird als fast schon gemeinnützige Initiative, die den Interessen des jüdischen Staates dient, staatlich stark gefördert. Das ist günstig für jeden, der sich irgendwo ansiedeln will, er kann dafür einfach Land bekommen, und beim Bauen einer Gemeinschaft hilft zum Beispiel die Kibbuzbewegung. So ist letztlich auch der Kibbuz Harduf entstanden.
Die Sache hat mehrere Haken. Erstens funktioniert das nur für die Juden im Land, anderen wird das Land nicht zur Verfügung

Abu Amin, Taha Sawa'ed

gestellt. Zweitens kommt die Frage auf, woher das viele Land des Nationalfonds eigentlich kommt. Um diese Frage zu beantworten, muss man in die Zeit zurückgehen, in der das Land noch unter türkischer Verwaltung stand. Wem gehörte das Land damals? Wie an vielen Orten der Welt war ein Großteil »Staatsland«. Besonders die unkultivierten Teile des Landes wurden von niemandem beansprucht als dem osmanischen Reich. Andere Teile, besonders die, in denen Landwirtschaft betrieben wurde, gehörten arabischen Großgrundbesitzern, die zum Teil sehr weit weg wohnten: in den Städten Jerusalem und Haifa oder im heutigen Libanon oder in Jordanien. Dieses Land war im Stile des europäischen Lehenswesens an die lokale Bevölkerung verpachtet. Nur wenigen der Bauern im Land gehörte ihr eigener Grund und Boden. Und nicht selten verkauften diese ihren Grundbesitz willig an das Osmanische Reich, um sich so der Wehrpflicht zu entziehen, denn jeder Landbesitzer

wurde zum ziemlich lebensgefährlichen Kriegsdienst eingezogen und musste dafür seine Heimat oft lange verlassen.
So viel als Vorgeschmack, und nun die Geschichte des Sawa'ed-Dorfes El-Chomeira, die diese Entwicklung ein wenig illustrieren kann:

Obwohl wir oft von »Sawa'ed« sprechen, wenn wir das Dorf El-Chomeira meinen, das in unmittelbarer Nachbarschaft zum Kibbuz Harduf liegt, wissen die meisten von uns, dass »Sawa'ed« eigentlich der Name der Familie ist, die dort wohnt. El-Chomeira heißt »rote Erde«, und so war das Land – jedenfalls zwischen den vielen Steinen – dort beschaffen, als Amin Sawa'eds Urgroßvater um 1920 den Grund und Boden kaufte, auf dem heute nicht nur das Stammesdorf sondern auch der Kibbuz Harduf liegen. Fas'a hieß der weitsichtige Mann, der diesen Teil des großen Stammes der Sawa'ed-Beduinen zu sesshaften Bauern machte. Er sagte seinen Leuten, dass in der Sesshaftigkeit die Zukunft liege, dass das Umherziehen nicht mehr der Zeit entspreche, und baute das erste Haus auf dem Hügel, ein Steinhaus aus großen Feldsteinen.
Die Sawa'ed lebten in zwei großen Familienzweigen mehr oder weniger zusammen und zogen mit ihren Tieren (Kühen, Schafen, Ziegen, Eseln und vor allem den für die stolzen Reiter wichtigen Pferden) in den Gegenden von Nordgaliläa umher. Ursprünglich stammten sie aus dem Nordirak. Von dort waren sie vor etwa 300 Jahren nach Westen gezogen und am Anfang des letzten Jahrhunderts in die Gegend von Haifa gekommen. Aufgrund der beständigen Einwanderung aus Europa war Haifa ein aufstrebender Handelsplatz. Nicht nur Juden kamen hierher, zu dieser Zeit siedelten in der Gegend auch viele pietistische Christen aus Deutschland, die Templer, deren Bauten wir in der Umgebung vielerorts noch besichtigen können und die große Teile der Wälder angelegt haben, die man damals hier fand.
Das Land, das Fas'a kaufte, war ein ruhiger und wilder Wald, in dem

damals noch Leoparden lebten. Gekauft hatte man es von einer ursprünglich aus Marokko stammenden Familie, die von dort wegen irgendwelcher Schwierigkeiten mit der französischen Kolonialregierung ins damals osmanische Palästina ausgewiesen worden war. Diesen Leuten, die die »Maghrebiner« genannt wurden, gehörte damals viel Land in der Umgebung. Sie waren reiche Großgrundbesitzer, weil der französische Staat sie teuer ausbezahlt hatte, als sie das Land verlassen mussten. 1948 haben sie Palästina/Israel verlassen und sind nach Marokko oder in den Libanon ausgewandert, niemand weiß das so genau.

Die heute sehr belebte Stadt Shfa'amr war in den 20er-Jahren noch ein Dorf mit wenigen Geschäften und vielleicht 500 Einwohnern. Der Ort war von dem neugebauten Steinhaus Fas'as gut mit dem Pferd zu erreichen. Ansonsten betrieb er mit seiner Frau und seinen drei Kindern Faez, Mohammad und Shicha Landwirtschaft. Vor allem das Land im Tal des Zippori-Flusses war sehr fruchtbar. Dort war auch die Quelle, von der man sich das Wasser holte. Unser Freund Amin, Jahrgang 1962, erinnert aus seiner Kindheit, dass er mit dem Esel dort jeden Tag Wasser holte, dann ging es etwa 500 Meter bergauf, in glühender Hitze und schwer beladen ...

1948 war es für Faez und seine beiden Geschwister klar, dass sie ihr Land nicht verlassen wollten. Faez hatte das Steinhaus der Eltern übernommen, seine Geschwister hatten mit ihren Familien neue Häuser gebaut. Auch Shicha, die Schwester, war mit ihrem Mann im »Dorf« geblieben, was durchaus ungewöhnlich war, weil die Frau nach der Beduinenkultur eigentlich ihrem Mann in die Nähe seines Elternhauses zu folgen hat. So war allmählich eine kleine Ansiedlung entstanden, in der nur die Nachfahren von Fas'a wohnten. Nach ihm war Faez der *Mukhtar,* der Älteste und Häuptling des Stammes, bis zu seinem Tode im Jahr 1965. Die ganze Verwandtschaft zog im Unabhängigkeitskrieg zwar vorübergehend für etwa zwei Wochen zu Verwandten weiter im Norden, um den Unruhen auszuweichen, aber da es auf dem Land in Galiläa wenig Auseinandersetzungen gab, zog es sie bald in ihr Dorf zurück.

Obwohl El-Chomeira keine offizielle Anerkennung in den staatlichen Planungen bekam und darum sozusagen nicht existierte, errichtete der israelische Staat 1953 eine sechsklassige Dorfschule für die inzwischen doch recht zahlreichen Kinder. Wasserleitungen gab es allerdings nicht, ebenso wenig wie Strom oder eine asphaltierte Straße. Und auch die Schule wurde in den 70er-Jahren wieder geschlossen, als es mit der Politik von Landwirtschaftsminister und Ex-General Sharon »Juden nach Galiläa« hieß, und man die schnell wachsenden arabischen Splittersiedlungen plötzlich viel genauer unter die Lupe nahm. Es wurde angestrebt, dass alle arabischen Staatsbürger in besser kontrollierbaren größeren Orten mit angemessener Infrastruktur leben sollten.
Einzelne Familienmitglieder der Sawa'ed hatten inzwischen längst den Lebensstil in solchen arabischen Städten und Dörfern dem beschwerlichen Leben auf dem Land vorgezogen und Land an arabische Käufer aus Shfa'amr oder an den israelischen Staat verkauft. Heute, so sagt Amin, bedauern die Leute, die damals weggezogen sind, diesen Schritt oft, denn die unübertroffen schöne Landschaft, der Blick vom Hang über die Haifa-Bucht und die Ruhe auf dem Land verbinden sich nun langsam mit den

Hügel mit Sawa'ed und Harduf

Annehmlichkeiten des modernen Lebens. Seit 1982 bekommt das Dorf Wasser aus dem Kibbuz Harduf, der ein großes Stück des verkauften Landes zugeteilt bekam.

Es war sicherlich schmerzhaft für die ehemaligen Landbesitzer, mit anzusehen, wie nebenan ein Gebäude nach dem anderen aus dem Boden schoss, während im Dorf El-Chomeira nicht gebaut werden durfte. Nach einer jahrelangen Auseinandersetzung mit dem Staat erreichte der Ort schließlich die Anerkennung und ist nun Teil der unteren Verwaltungseinheit Yesreel-Valley. Obwohl die Anzahl der Kinder für eine Schule nicht reicht, gibt es doch inzwischen einen Kindergarten und einen Schulbus. Selbst die Stromversorgung hat inzwischen endlich El-Chomeira erreicht. Aber erst nach der offiziellen Anerkennung 1996 gab es auch einen neuen Bebauungsplan, nach dem nun nach längerem Hin und Her auch seit einigen Jahren ganz legal gebaut werden darf. Es war ein ewiger Streit zwischen den Dorfbewohnern und den Behörden: Jeder junge Mann, der heiraten möchte, muss ein Haus haben. Und wenn er nicht bauen darf, wo er wohnen möchte (in der Umgebung der Großfamilie), kann er entweder keine Familienpläne schmieden oder er muss notgedrungen das Dorf verlassen. Deshalb gibt es wenig Jugendliche in El-Chomeira, Kinder dagegen reichlich.

Faez war bis zu seinem Tode im Jahr 1965 der Stammesälteste. Obwohl er aus erster Ehe zwei Kinder hatte, befanden die Ältesten des Stammes, dass der älteste Sohn aus der zweiten Ehe sich für diese wichtige Position besser eignete. Taha, Amins Vater, war damals erst 24 Jahre alt, und wurde nun Mukhtar des Stammes, der in Nordisrael vielleicht etwa 20.000 Angehörige hat, die nun ihre Erwartungen auf ihn richteten. Dazu gibt es heute noch Tausende von Sawa'ed in den umliegenden arabischen Ländern und auch in Europa und Amerika.

Was sind die Aufgaben eines Stammesältesten? Er ist der oberste Repräsentant der Sippe, muss allen wichtigen Familienfesten, vor allem Trauungen und Bestattungen beiwohnen und die Betroffenen entsprechend beschenken, Reden halten, trösten, aufmuntern. Vor allem aber muss er Streit schlichten im Rahmen der *Sulha,* des traditionellen Schlichtungsverfahrens, das heute wieder viel im Gespräch ist, weil es zu neuen Formen in modernem Konfliktmanagement beitragen könnte. Das alles ist eine wirklich herausfordernde Aufgabe, die es unmöglich macht, einen bürgerlichen Beruf auszuüben, sodass der Mukhtar von der Familie getragen und unterstützt wird, vor allem von seinen Kindern. Taha und seine Frau Helena (die ihren ungewöhnlichen Namen ihrer phantasievollen Mutter verdankt) haben 9 Kinder, die fast alle das anthroposophische Grundbildungsjahr im Kibbuz Harduf besucht haben. Fünf von ihnen sind blond und blauäugig – wie es übrigens auch der Gründervater Fas'a war. Amin, sein Bruder Ayman und seine Schwester Amina arbeiten in der Waldorfpädagogik beziehungsweise Sozialtherapie, der Bruder Ma'moun leitet die Bäckerei in Harduf und dessen Frau Chaula unterrichtet Arabisch in den jüngsten Klassen in einer Waldorfschule, während sie parallel das arabische Waldorflehrerseminar besucht. Amal arbeitet als Arzt in Nazareth, die anderen Schwestern sind Familienmütter. Insgesamt mag es etwa 30 Enkelkinder von Taha geben, wenn wir uns nicht verzählt haben …

Bei Amin

Die Stammesgeschichte wird in den nächsten Generationen sicherlich große Veränderungen zu bewältigen haben, aber sie wird irgendwie weitergehen. Denn bei allem Wunsch nach stärkerer Individualisierung hat man doch den Wert entdeckt, der in einem herzlichen und gastfreundlichen Familienleben liegt, und wird herausfinden, wie diese Werte in einer veränderten Gesellschaft neu leben können. Vielleicht können wir Europäer gerade auf diesem Gebiet viel von unseren beduinischen Freunden lernen.

Aufgabe des Stammesältesten ist unter anderem das Schlichten von Streitigkeiten, das Friedenstiften. An diesem Prozess lässt sich vieles ablesen über das Ehrgefühl, die Moral, aber auch die Sippenbindung in der arabischen Gesellschaft. Hier gibt es für uns individualisierte Mitteleuropäer einiges zu bestaunen und vielleicht auch manches zu lernen.

Sulha – ein orientalisches Friedensritual

Woher die auch heute noch in der arabischen Gesellschaft Galiläas wichtigen Gebräuche um die Sulha kommen, weiß man eigentlich nicht. Sicher ist, dass es Beschreibungen der Sulha schon in frühen semitischen Texten gibt, und dass sie in frühchristlichen Texten, in vorislamischer und islamisch-arabischer Literatur erwähnt werden. Das Friedens- oder Schlichtungsritual ist jedenfalls im Nahen Osten beheimatet und lebt heute vorwiegend in der arabischen Welt, nicht nur unter Muslimen, sondern durchaus auch unter Christen und Drusen. Heute erwacht in der Friedensbewegung Israels ein Bewusstsein dafür, dass die Grundprinzipien der Sulha bei der Suche nach nachhaltig friedlicher Konfliktlösung von universaler Bedeutung sein könnten.

Elias Jabbour, Gründer des Hope House in Shfa'amr, ist der Verfasser des auch in englischer Sprache erschienen Buches *Sulha – Palestinian*

Traditional Peacemaking Process, in dem das Ritual genau beschrieben ist. Elias Jabbour ist Christ, Sohn des langjährigen Bürgermeisters von Shfa'amr und häufig selbst als Mitglied der lokalen *Jahas* tätig, der von Fall zu Fall berufenen Schlichtungsgremien, die zwischen den verfeindeten Parteien vermitteln. Sein Vater hat die türkische, die britische und die israelische Zeit des Landes miterlebt und ihm den Wert des rein menschlichen Schlichtens vermittelt. Wie geht das vor sich?

Nehmen wir an, ein Mensch hat etwas getan, wodurch er einen anderen verletzt hat. Dadurch gerät in der menschlichen Gemeinschaft etwas in Unordnung, irgendwo entsteht Schuld. Die Sulha hat zum Ziel, die Folgen des Unrechts soweit aufzuheben, dass die menschliche Gemeinschaft ungestört weiterleben kann, sodass es keinen Grund zur Rache oder anderen belastenden Handlungen aus verletzten Gefühlen heraus mehr geben kann.

Zunächst geht es darum, dass die schuldige Partei, der Täter selbst oder seine Familie, sein Clan, die Menschen, die sich ihm verbunden fühlen, den Schlichtungsprozess anstößt. Dazu werden Menschen, die beide Parteien respektieren können, angefragt, ob sie der *Jaha* angehören wollen. Man sucht sie auf und bittet um Gastfreundschaft und Hilfe: »Wir sind in eurem Haus und bitten um Hilfe. Wir sind in Schwierigkeiten, einer unserer Söhne hat ein Verbrechen begangen, und wir sind in eurer Hand.«

Die Jaha, die je nach Schwere und Kompliziertheit des Falles aus einer bis zwanzig Personen bestehen kann, geht dann nach den erforderlichen Beratungen möglichst unverzüglich zur verletzten Partei.

Das Grundprinzip der Sulha ist Vergebung. Wenn die verletzte Seite nicht zur Vergebung bereit ist, wird es keinen Frieden geben, und niemand kann sie dazu zwingen. Der erste Schritt dazu, eine Vergebung auch nur zu denken, ist das Aufnehmen der Jaha als Schlichtungsgremium in den Bereich der eigenen Gastfreundschaft. Das bedeutet, sich dem Urteil der Jaha zu unterstellen, was so auch deutlich ausgesprochen wird. Ein arabisches Sprichwort sagt: Über Frieden zu reden, ist schon Frieden. Man kann es ehrlicher vielleicht zunächst Waffenstillstand (*Ho-*

dna) nennen, denn noch kann die Sulha scheitern, aber für die Zeit der Hodna schweigen die Waffen. Dies wird entweder auf Ehre oder sogar durch eine Art Pfandzahlung garantiert. Die Mitglieder der Partei des Täters sind verpflichtet, den Mitgliedern des geschädigten Clans aus dem Weg zu gehen, beispielsweise den Bus zu verlassen, wenn ein Geschädigter einsteigt. Damit zeigt man Respekt vor den verletzten Gefühlen der anderen.

Diese Zeit wird bewusst begrenzt, und nun kommt es darauf an, innerhalb der Frist einen nachhaltigen Frieden zu erreichen, mit dem alle leben können. Dazu gehört meist eine Sühnezahlung, eine Art Wiedergutmachung, obwohl es im Falle eines Schadens an Leib und Leben eine Formel gibt, die darauf hinweist, dass das Leben eines Menschen nicht in Geld aufzuwiegen ist. Diese *Diya* wird mit Hilfe der Jaha bestimmt. Entgegen den sonstigen Lebensgewohnheiten wird hier nicht gefeilscht – es geht um die Wiederherstellung von Recht und Ehre, und ein Handeln wird als unwürdig empfunden. Und selbst wenn die geschädigte Partei kein Geld braucht oder annehmen möchte, gehört die Annahme des Urteils der Jaha zum Prozess. Mitunter wird das Geld später einfach zurückgegeben.

Im Laufe des Prozesses gehört es zur Rolle der Jaha, den Zorn und die Trauer der verletzten Partei auf sich zu ziehen, und so dafür zu sorgen, dass es nicht zu unüberlegten Racheakten kommt. Das Annehmen einer Stellung in der Jaha ist reines persönliches Opfer, das keine Vorteile mit sich bringt. Es gibt keine Bezahlung oder Aufwandsentschädigung, um jegliche Nähe zur Bestechung zu vermeiden. Der Zeitaufwand ist manchmal immens. Die Art der Rechtsprechung ist im Großen und Ganzen an Präzedenzfällen orientiert. Am Ende steht das eigentliche Ritual:

Friede wird öffentlich geschlossen, vor aller Augen, sodass es keine Verletzung der Sulha ohne Gesichtsverlust in der Gesellschaft geben kann. Die Schritte der Zeremonie sind einfache Bilder des Vorgangs der Vergebung: Der Täter – oder ein Vertreter, wenn er im Gefängnis sitzt – nähert sich im Schutz der Jaha der verletzten Partei mit einer weißen Flagge (Rayah), in die die Vergebenden einen Knoten machen, und schüttelt jedem die Hand. Wenn die vorher ausgehandelten Bedingungen stimmig sind, wird jetzt jeder zur Vergebung bereit sein – und doch bleibt es ein spannender Moment, ob wirklich jeder der Angehörigen die Bitte um Verzeihung annehmen kann. Dann wird die weiße Flagge mit bekräftigenden Knoten versehen, die die Honoratioren der Parteien einzeln ausführen. Eventuell werden danach Reden gehalten. Der Familie des Täters wird von den Opfervertretern bitterer (ungesüßter) Kaffee gereicht. Dann folgt eine Mahlzeit aller Beteiligten, die die Täterpartei bereitet hat. Die Mindestanforderung ist Brot und Salz, normalerweise ist es eine reichhaltige Speise, für die Tiere geschlachtet werden. Ein gemeinsames Mahl ist Zeichen der Aussöhnung, Bild des Fallens der trennenden Schranken. Salz und Brot ist ein uraltes Bild des Willkommenseins, gemeinsames Essen ein Zeichen des Friedens. Es ist wichtig, dass jeder Beteiligte am Mahl teilnimmt.

Warum ist die Sulha so weitgehend akzeptiert, so erfolgreich? Wie gelingt es, dass aus einer stressbeladenen, oftmals gefährlichen Situation am Ende ein Fest wird, nach dem alle zufrieden sind? Dazu gibt es viele Gesichtspunkte, aber was in dieser kurzen Darstellung gesagt werden kann, ist dass die Gemeinschaft eine Verantwortung übernimmt, die der Einzelne nicht tragen kann. Einzelne übernehmen aus freier Entscheidung eine Last – die Verpflichtung zur Vermittlung, und die Betroffenen überwinden etwas in sich, das sie freier macht. Es geht um Menschwerden, nicht nur um das Überwinden der Rache oder Rechtfertigung aus dem Instinkt heraus, sondern darum, etwas Eigenes abzugeben, um Frieden zu ermöglichen. Und es geht um die Hilfe, die ein weises Ritual Menschen in solchen Lebenslagen bieten kann. Die Kenntnis der Gebräuche anderer Kulturen kann auch uns wertvolle Denkanstöße geben.

Nazareth

Am Abend fahren wir dann noch nach Nazareth, ein kurzer Besuch, an dem wir nicht etwa alle Pilgerstätten abklappern, sondern uns auf das Wesentliche konzentrieren und danach Gelegenheit geben, in dem am Abend etwas unbelebten Ort einen Imbiss einzunehmen. Die Altstadt von Nazareth hat sich sehr verändert in den zwanzig Jahren, in denen ich sie kenne. Meine ersten Eindrücke von 1993 gebe ich hier wieder, um das Bild der Stadt, die inzwischen viel lauter, größer, muslimischer, radikaler, umstrittener und auch schmutziger geworden ist (was alles nicht unbedingt miteinander zusammenhängt …) zu vervollständigen:

> Als ich um halb sieben aufstehe, entscheide ich mich, nach Nazareth zu fahren. Nach einem gemütlichen Frühstück bekomme ich eine Mitfahrgelegenheit in einem Schulbus, der mich zur Hauptstraße bringt.
> Nachdem verschiedene Scherut-Taxis in falsche Richtungen bei mir nach-

Nazareth

gefragt haben, wohin ich wolle, hält nach etwa einer Stunde eines in die richtige. Für sechs Schekel werde ich so im Mercedes nach Nazareth kutschiert. Ich lasse mich irgendwo absetzen, wo es nach Innenstadt aussieht. Auf meinem Stadtplan orientiere ich mich ein wenig und irre dann ziemlich ziellos durch den Souk, die Basarstraßen, eine faszinierende Welt von engen Gassen, bunt, laut und vielfältig, mit Ausläufern in die ganze Innenstadt. Ab und zu muss ich wieder umdrehen, weil ich in reine Wohngegenden vordringe. Überall freundliche Menschen, israelische Araber, Christen größtenteils. Was muss das für ein gemischtes Heimatgefühl sein, hier zu wohnen, israelisch, aber arabisch, christlich, aber in muslimisch geprägtem Umfeld? Komischerweise bin ich ziemlich sicher, dass das Wohnen in einer so winkligen, traditionsreichen Stadt auch heute noch Heimat vermittelt.

Vielleicht ist dieses offensichtlich vorhandene Wohlgefühl der Nazarener von heute auch eine Hilfe dabei, alles so vorbildlich sauber zu halten. Es ist ruhig, ordentlich, und überall werden die engen Gehwege geschrubbt, richtig gewaschen! Die Müllabfuhr kommt auf dem Esel daher …

Ich kraxle Hunderte von Stufen hinauf durch die Stadt, um erst einmal über den Tellerrand zu schauen. Nazareth liegt gewissermaßen in einem »Bergkessel«. Oben finde ich mehr oder minder moderne Kirchen mit schöner Aussicht, ansonsten ist es wenig einladend. Schnell wieder hinunter, was bedeutend einfacher ist.

Schließlich lande ich an der Verkündigungskirche. Als Gebäude ist sie eine ziemliche Monstrosität, die größte Kirche des Heiligen Landes, ja des ganzen Vorderen Orients, sagt man… Ohne viel Einfühlungsvermögen in die Qualität des Ortes gebaut, an dem Jesus seine Kindheit verbracht haben soll. Geht man dann aber in die Grottenkrypta, wird die Szenerie vor dem inneren Auge eher lebendig. Touristenströme fließen ebenerdig wie auf einer Art Galerie quasi an ihr vorbei, die meisten verweilen gerade lange genug, um ein paar Fotos von oben zu schießen. Aber unten in der Krypta, sozusagen auf dem Präsentierteller für die bloßen Gaffer, feiert eine französische Gruppe eine Messe, die mich sofort anspricht, weil die Menschen

so innerlich beteiligt scheinen. Vier verschieden gekleidete Priester, offensichtlich aus verschiedenen Teilen der Erde, bewegte Lieder, die ich nach Kräften mitsinge, so gut ich kann, viel Liebe und Offenheit. Ich bleibe und feiere, so gut es von oben eben geht, mit ihnen. Als nach dem Abendmahl alle einander umarmen und Gottes Segen gewünscht bekommen, wie es bei dieser Gruppe wohl zum Ritus gehört, kommt einer der Priester aus der abgeteilten Krypta die Treppe zu mir hinauf, um mich einzubeziehen. Eine so menschliche Geste – ich werde ihm ewig dankbar sein. Hoffentlich stört es ihn dabei nicht, dass ich nicht einmal katholisch bin …
Dann reicht die Zeit kaum noch für eine kurze Betrachtung der modernen Marienbilder und -mosaike aus aller Welt. Eine so verschiedene Auffassung des Wesentlichen – eigentlich wäre das eine nähere Studie wert. Doch hier wird mittags geschlossen, leider während ich auf der Toilette bin! Glücklicherweise bin ich nicht die Einzige, die plötzlich in den Klostermauern eingeschlossen ist. Ein junger Israeli mit einem älteren Engländer im Schlepptau will ebenfalls gerne freigelassen werden, während ein amerikanischer Student eigentlich gern hereinkommen würde. Immerhin erbietet er sich, uns etwas zu essen zu besorgen, was dann allerdings nicht nötig ist, da wir bald entdeckt und tüchtig ausgeschimpft, aber herausgelassen werden.
Danach bummele ich auf der Hauptstraße und kaufe Geschenke. Eine sehr nette Verkäuferin aus einem großen Andenkenladen gibt mir einen Kaffee aus. Sie ist sehr offen, spricht sogar recht gut Deutsch, was sie mir unbedingt zeigen will, obwohl ich hier auf Englisch eingestellt bin. Sie ist ehemalige Schülerin einer deutschen Mädchenschule in Jerusalem und empfiehlt mir, dort zu übernachten. Eine wild geschminkte, übergewichtige Ukrainerin erzählt mir während des Kaffees auf Russisch und Ivrit von ihren sprachlichen Lernerlebnissen.
Dann erkundige ich mich nach den Bussen, werde einige Male hin und her geschickt. Letztendlich werde ich dann doch wieder von einem Scherut gekapert. Sechs Schekel und zwanzig Minuten später, und ich stehe wieder an der Abzweigung nach Harduf …

Das Grab des Gerechten

Als die Nonnen des 1822 in Frankreich gegründeten Ordens der *Religieuses des Nazareth* ihre Arbeit für die christliche Erziehung im Bilde der Kindheit Jesu begannen, ahnten sie nicht, wohin dieser Name sie eines Tages noch führen würde. Das neunzehnte Jahrhundert drängte, wie wir schon wissen, zu einer intensivierten Arbeit aller Kirchen im Heiligen Land, und als der neu eingesetzte lateinische Patriarch 1850 für die Arbeit mit arabischen Kindern in Nazareth Schwestern suchte, gab man ihm den Rat, den Schwestern von Nazareth »einen Antrag zu machen«.

So kamen die mutigen Nonnen dieses Ordens 1855 in die damals noch kleine und sehr orientalische Stadt. Sie kauften ein Grundstück mit einigen kleinen Häusern und Geschäften in der Mitte der Stadt. Es lag für ihre Zwecke so günstig, dass sie bereit waren, einen ziemlich überhöhten Preis für das Anwesen zu zahlen, den die einheimischen Verkäufer damit begründeten, dass dies das »Grab des Gerechten« sei, worauf die frommen Damen aber nichts weiter gaben und die Sache zunächst vergaßen. Sie begannen, eine Schule für arabische Kinder zu betreiben und lebten sich in der Stadt ein. Erst Jahrzehnte später kam ihnen die Sache wieder in den Sinn. Da hatte sich am 18. Oktober 1884 bei Reinigungsarbeiten an einer Zisterne gezeigt, dass es unter dem Haus, das sie inzwischen zu einem kleinen Kloster mit Schule umgebaut und erweitert hatten, einiges Interessantes gab: Man hatte zunächst eine etwa sechzehn Meter lange, vier bis sieben Meter breite Grotte ausgegraben. Und das hatte schon recht lange gedauert, denn es waren keine professionellen Archäologen am Werke, sondern die Nonnen selbst und ihre Schülerinnen! Diese Grotte hatte eine Kuppel, die Tageslicht einließ (was von oben, wo die Kuppel natürlich auch sichtbar war, noch niemandem aufgefallen war …). Im Schlamm auf dem Boden fanden sich Bruchstücke von Säulen, Marmorstücke, Mosaikbau-

steinchen und Münzen aus der byzantinischen Zeit.
Das alles erzählt uns Schwester Margarita, eine der wenigen Ordensschwestern, die in dem heute sehr großen und einladenden Komplex aus Taubblinden-Schule und Jugendherberge noch tätig sind. Die Schwester ist Italienerin, spricht aber sehr gut Deutsch, denn ihre Mutter kam aus Österreich. Gern lässt sie interessierte Pilger teilhaben an den archäologischen Funden unter dem Haus. Und so klettern wir mit ihr in die Tiefen unter dem Kloster.
Damit ist die Geschichte aber noch nicht zu Ende. Erst nach dem Fund kam der damaligen Oberin Mutter Giraud wieder in den Sinn, was beim Kauf des Hauses als Verkaufsargument für diesen den einheimischen Christen besonderen heiligen Ort gedient hatte: das Grab des Gerechten.
Im selben Jahr hatte sie einen Archäologen kennengelernt, der sie mit den Texten des frühen Pilgers Arculfus bekannt machte. Arculfus war ein gallischer Bischof, der im Jahr des Herrn 670 das Land besucht hatte. Er sprach von zwei großen Kirchen, die sich schon damals in Nazareth befanden. Ein Befund, der sich auch auf einen Reisebericht des Hieronymus gründen lässt, des Übersetzers der Heiligen Schriften ins Lateinische, der 419 in Bethlehem starb (und den wir vom Gerasimos-Kloster am unteren Jordan schon kennen). Er schreibt: »Es befindet sich dort eine Kirche, an der Stelle, wo der Engel eintrat, um der Seligen Maria die große Botschaft zu verkündigen, und eine andere an der Stelle, wo der Herr ernährt wurde (= *nutritus*), was später dieser Kirche den Namen Ernährungskirche gab.«
Von Arculfus ist dann durch einen Benediktinermönch namens Adamnianus Folgendes überliefert: »Die Stadt Nazareth, wie Arculfus, der in ihr gewohnt hat, sagt, ist wie Kapernaum von keiner Stadtmauer umrungen; sie beruht auf einem Berg und besitzt trotzdem große Steingebäude. In ihr gibt es auch zwei sehr große Kirchen: Die eine, in der Mitte der Stadt, beruht auf zwei Ge-

wölben, an dem Ort, wo einst das Haus stand, in welchem der Heiland unser Herr ernährt wurde. Diese selbe Kirche, welche auf zwei Anhöhen und, wie schon erwähnt, auf zwei Kreuzgewölben errichtet wurde, besitzt unter ihr, zwischen den zwei Anhöhen, einen sehr klaren Brunnen, der von der ganzen Bevölkerung, die davon Wasser schöpft, aufgesucht wird; und auch von oben, aus der darüber gebauten Kirche, kann man in kleinen Gefäßen Wasser herausschöpfen, durch Riemenscheiben.«

Nun, Überreste dieses Brunnens und der Schöpfvorrichtung fanden sich in den Grotten, wie auch weitere Gewölbe aus früh-byzantinischer Zeit, darunter ein Raum, der offensichtlich als Kirche genutzt worden war. Er war so luftdicht verschüttet gewesen, dass sich nach der Öffnung sogar noch der Weihrauchduft ausbreitete … Auf dem Niveau dieses Raumes fanden sich, wie schon bei den ersten Gewölben, Gräber, darunter eines, in dem ein aufrecht sitzender Mann bestattet war – so wurden Bischöfe früher beigesetzt. War dies das geheimnisvolle Grab des Gerechten?

Die Schwestern gruben weiter. Zuerst mit Hilfe mehr oder weniger zufällig durchreisender Pilger, später dann auch unterstützt von Fachleuten der Kirche. Erst in der neueren Ausgrabungsperiode zwischen 1940 und 1963 traf man dann auf die all dem zugrundeliegende Schicht: ein jüdisches Wohnhaus, zur Hälfte in den Berg gebaut, und in Verbindung damit zwei Gräber. Eines für einen ausgewachsenen Menschen und daneben ein etwas kleineres. Dieses Ensemble war den frühen Christen offenbar so wichtig, dass darüber Kirchen errichtet wurden. Alles weitere ist – archäologisch gesehen – Spekulation.

Die Schwestern selbst halten sich mit Urteilen zurück, man kann aber den Eindruck gewinnen, dass dieses Wohnhaus der Ort war, an dem sich die von Arculfus erwähnte »Ernährungskirche« befand, das Haus der Heiligen Familie. Oder müsste man einfach sagen: das Haus einer Familie aus den Tagen Jesu? Und die Gräber? In just der Zeit, in der der Ort freigelegt wurde, entstand andernorts in Bethlehem die Tradition einer »Werkstatt Josephs«, die Orthodoxen begründeten ihre Version der Verkündigungsgeschichte mit der St. Gabriel-Kirche am Marienbrunnen – es gab viel Konkurrenz auf dem Markt der heiligen Stätten. Und doch: Wer war der Gerechte? Wenn wir die Josephs-Geschichte des Matthäus-Evangeliums nach den Apokryphen und der *Legenda Aurea* weiterdenken, dann war er derjenige, von dem die Fortsetzung der Königslinie erwartet wurde, der letzte legitime Erbfolgeträger des erwarteten Messias. Der Gerechte? Und für wen war das etwas kleinere Grab neben ihm? Was mögen die frommen Juden der Stadt erlebt haben, als er starb? Und wie hat sich das alles auf die frühen Christen weiter tradiert?

Wir spüren, dass dies ein sehr besonderer und geheimnisvoller Ort ist, an dem viele Fragen entstehen, die wir (zumindest Schwester Margarita gegenüber) lieber im Raum stehen lassen. Viele Gespräche ranken sich darum: um die Kindheit Jesu und die Vorbereitung seiner Menschheitsaufgabe durch die Jahre in Nazareth.

Gräber in Nazareth

Die Schwestern von Nazareth haben wie alle Orden Nachwuchsprobleme, machen aber unverdrossen und inzwischen mit Hilfe örtlicher Spezialisten mit ihrer Arbeit für die behinderten Kinder Nazareths weiter. Und nebenbei hüten sie ohne viel Aufhebens den Schatz des Grabes des Gerechten.

Zu den Quellen

Montag, den 18. März

Das Speisehaus in Harduf

In Harduf sind wir privat untergebracht, was immer zu den unterschiedlichsten schicksalhaften Begegnungen führt. Die Familien in Harduf haben inzwischen oft viel größere Häuser als in den Tagen meines ersten Besuchs. Und außerdem sind viele der Kinder inzwischen erwachsen geworden und wohnen nicht mehr bei den Eltern, sodass hie und da ein früheres Kinderzimmer für Gäste zur Verfügung steht. Und doch ist Wohnraum knapp, denn alles, was irgendwie dazu geeignet erscheint, wird dauerhaft vermietet an die vielen jungen Leute, die hier lernen und arbeiten.
Bei der Quartiervermittlung hilft uns Jutka Harstein, eine Freundin aus den alten Tagen. Damals hatte sie gerade das Restaurant in Harduf übernommen, das inzwischen eine Institution ist, die weit über die anthroposophischen Grenzen hinaus in Israel bekannt ist. Ein kleines, sehr in Holz gehaltenes und überhaupt nicht besonders gestyltes Speisehaus mit zuverlässig leckeren Speisen, einem Kunsthandwerks-, Bücher- und Spielzeugladen und ziemlich begrenzten Öffnungszeiten. Jutka selbst vermietet zwei Ferienapartments und ist überhaupt ein äußerst herzlicher und gastfreundlicher Mensch. Sie stammt aus dem ungarisch-sprechenden Teil Rumäniens, ist durch ihre Ehe mit einem amerikanischen Juden ins Land gekommen und weltoffen bis über beide Ohren. Mit ihrem Sohn hat sie ein illustriertes Kochbuch herausgegeben, das inzwischen auch auf Englisch zur Verfügung steht. Ein Kochbuch zwischen Orient, anthroposophischer Vollwertkost und Osteuropa.

In ihrem Restaurant nehmen wir in den Tagen in Harduf das Frühstück und das Abendbrot ein – immer verbunden mit netten Begegnungen mit ihren beiden Mitarbeiterinnen Keren (aus Harduf) und Fatma (aus dem Beduinendorf Ka'abiya) sowie den Schülern und Schülerinnen der Waldorfschule, die ihnen als Aushilfskräfte zur Hand gehen.

Nach Norden

Der heutige Tag ist der Natur Galiläas gewidmet. Wir werden nach Norden fahren, wieder am Jordan entlang. Aber dieser Teil des Jordan ist ganz anders als der Grenzfluss, den wir im südlichen Teil meist nur aus der Entfernung gesehen haben, wie er sich durch die Sperrgebiete schlängelte. Immer aufwärts ... Nach dem Frühstück beginnt die weite Autofahrt – an welche Quellen wird sie uns bringen? Zu den ersten Siedlungen im Lande, zu den Ureinwohnern, der Festung des Nimrod aus mythischen Zeiten, vor allem aber zur Quelle allen Lebens im Lande, dem Jordan.

Wanderung am Fluss

Zunächst fahren wir nach Osten, um in der Nähe der Hörner Hittins einen Blick auf den Landstrich zu werfen, wo Saladin die Kreuzfahrer in die Zange nahm, um sie durch die Gunst der Topografie ziemlich endgültig zu besiegen. Heute ist dies Drusengebiet, in der Nähe liegt das Haupttheiligtum dieser Abspaltung des Islams, der am strengsten auf die ethnische Abstammung bezogenen aller Religionsgruppen im Lande, an dem sie Shueib, dem Propheten (der dem Jethro des Alten Testamentes entsprechen soll) huldigen. Von dort geht es weiter gen Norden, in weitem Bogen an Magdala vorbei, dem heutigen Migdal. In weiter Ferne sehen wir den Ort, an dem der Fluss in den See mündet, den er ja am südlichen Ende

völlig verwandelt wieder verlassen wird. Flussaufwärts folgen wir dem Jordan, der nun in einer Art Tiefebene zu einem Sumpfgebiet ausgebreitet vor uns da liegt. Dies war eines der Gebiete, die so billig zu haben waren, dass am Ende des neunzehnten Jahrhunderts große Flächen zur jüdischen Besiedlung aufgekauft werden konnten. Malaria, Seuchen, unwirtliche Bedingungen – nicht alle haben das so vorbildlich gemeistert wie die russische Familie Dubrovin im 19. Jahrhundert, deren Anwesen heute als eine Art schmuckes Freilichtmuseum zwischen den zur Entwässerung angepflanzten Eukalyptusbäumen zur Besichtigung einlädt. Die Sümpfe wurden trockengelegt – ein großer Akt menschlicher Bezwingung der Natur – bis sie später renaturiert wurden, weil der angerichtete ökologische Schaden klar wurde. Nun gibt es ein Naturschutzreservat an den großen flachen Sumpfgebieten des Hula-Sees, in dem Wasservögel und Schildkröten verschiedener Art leben, allerlei Tropisches wächst und unsere europäischen Zugvögel auf der Durchreise nach Afrika rasten.
Nördlich der Stadt Kiryat Schmona wenden wir uns wieder nach Osten. Nur wenige Kilometer weiter, an alten Kibbuzim und touristischen Fischteichen vorbei – und schon sind wir im besetzten Syrien. Man bemerkt das kaum. Aber hier beginnen die Minenfelder mit ihren gelben Schildern. Es ist nicht ratsam, die Wege zu verlassen.
Beim Kibbuz Snir (in der früher demilitarisierten Zone) biegen wir von der Hauptstraße ab und fahren zu dem Eingang in das Naturschutzgebiet Banias, von dem aus man den Rest des Weges zur Quelle am reißenden Fluss mit Wasserfällen und allerlei schöner Natur zu Fuß in Angriff nehmen kann. Die meisten Reisegenossen entschließen sich, diese kurze aber wunderschöne Wanderung zu wagen. Die Fußkranken und die Autofahrer begeben sich zu dem anderen Parkplatz, direkt dorthin, wo der Quellfluss dem Felsen entspringt.

Von hier aus ist es nur ein kurzer Weg zur alten Drusenmühle, an der wir uns mit arabischem Kaffee und Drusenpitas stärken. Hier lässt sich, trotz feuchter Kühle, die uns in diesen Tagen untypischerweise überall hin begleitet, gut auf die anderen warten.
Die meisten anderen Wanderer, die uns begegnen, sind Schulklassen: arabische, drusische, von christlichen oder muslimischen Schulen, von den Golanhöhen oder aus Galiläa, oder jüdische Klassen. Es ist eine Studie wert, die Gruppen unterscheiden zu üben – weniger am Aussehen, eher an Kleidung oder Verhalten untereinander und den Lehrern gegenüber …
Als alle Wanderer angekommen sind und sich gestärkt haben, wenden wir uns der Quelle zu. Der Name Banias basiert auf der arabischen Aussprache des griechischen Gottes Pan. Ein uraltes Heiligtum. Sind wir hier an der Quelle des Jordans? Jedenfalls an einer seiner Quellen, denn der Jordan hat mehrere Quellflüsse. Früher lagen sie sämtlich im Staatsgebiet von Syrien und dem Libanon. Nach der Eroberung und Annektierung der Golanhöhen, die östlich des Galiläischen Meeres, des Sees Genezareth, hoch

Banias Felsen

über der Ebene thronen, liegen sie in Israel – so sagt man. So fühlt es sich auch an, aber unumstritten ist das nicht …

Was erleben die Jünger bei Cäsarea Philippi? Den Sohn des lebendigen Gottes! Die reine Lebenskraft, die Liebe … Das lebendige Wasser, das dem toten Fels entspringt. Das Erlebnis muss so stark gewesen sein, dass Petrus, wie im Matthäus-Evangelium im 16. Kapitel beschrieben, den Messias erkennt und bekennen kann. Wir sprechen davon.

Ein alter Herr hört uns zu. Später spricht er mich an und fragt, welcher Kirche wir angehören. Er ist vor Kurzem aus der Ukraine ins Land gekommen, aus einer jüdischen Familie, seine Muttersprache ist Deutsch, sagt er. Er möchte mehr wissen, fragt nach dieser Kirche – gibt es eine Gemeinde hier im Land? Es brennt in meinem Herzen, als ich sagen muss, nein, unsere Kirche sei so klein und neu, wir können uns die Arbeit hier nicht wirklich leisten. Beinahe hätte ich hinzugefügt, dass wir nur dahin gehen, wo Menschen nach uns fragen. Aber das hat er ja gerade getan …

Wem gehört das Wasser?

Gespräche an der Quelle. Das Wasser ist die Lebensgrundlage. Was bedeutet das hier, wo es zwischen April und Oktober in der Regel nicht regnet? Aus dem über 2000 Meter hohen Hermon-Massiv strömt viel Wasser, jedes Jahr. Aber für ein so dicht besiedeltes Land, für eine derart intensive und auch noch auf Export ausgerichtete Landwirtschaft reicht es schon lange nicht mehr, vor allem, wenn auch alle umliegenden Länder sich aus dem einen Fluss versorgen wollen. Am See werden wir später sehen, wie es um das Wohlergehen des Landes bestellt ist. Plötzlich habe ich das Gefühl, richtig alt zu sein, denn ich erinnere noch, wie hoch das Wasser an der Primatskapelle stand, damals, vor zwanzig Jahren, und wie es in den Jahren danach zurückging, manchmal auch

wieder ein wenig anstieg, aber insgesamt doch dramatisch gefallen ist. Verliert das Land seine Lebensgrundlage? Selten ist dieses allgemeine Menschheitsphänomen im Bild so anschaulich wie hier. Was für eine Art Verdorren ist das?
Wasserstandsmeldungen ... Hier an den Quellen beginnt es. Irgendwo im Laufe des oberen Flusses wird das nationale Aquädukt abgeleitet. Der Fluss wird weniger, hat anderen weniger zu bieten. Der Mensch nimmt sich, was er zu brauchen meint. Und kippt hinein, was er nicht mehr gebrauchen kann. Und jeder nimmt für seine eigene Gruppe. Wem gehört das Wasser? Dem, auf dessen Land die Quelle liegt? Oder dem, der den Fluss kontrolliert? Dem, der die beste Technologie hat? Der das Wasser für die intensivste Landwirtschaft braucht? Am Ende kommt das schmutzige Rinnsal dabei heraus, das wir an der Taufstelle gesehen haben – und danach kommt der Tod im Salzmeer.
Für welche Entwicklung der Menschheit ist das ein Bild? Wer könnte es ändern? Gehört das Wasser überhaupt irgendwem?

Grenzen

Und dann geht es weiter. Wo fahren wir hin? Weiter nach Norden, an die Grenze des Libanon, auf die Golanhöhen. Auf beiden Seiten der Straße steigen die Berge steil an. Wem gehört hier was? Wir verlieren die Orientierung, denn Grenzen sind nicht sichtbar. Nirgends wird klarer als hier, wie willkürlich sie sind. Die Grenzen im Nahen Osten entspringen Konferenzen, die Europäer nach dem Ersten Weltkrieg miteinander hielten, Linealen und Machtansprüchen, und im Weiteren den Kriegen, in denen sie verschoben wurden. Meist sind sie dort, wo sowieso keiner wohnt. Oder wo alle durcheinander wohnen. Wem gehört das Land? Was heißt das überhaupt: »gehören«? Durch Drusendörfer auf dem Golan fahren wir zum ewigen Schnee – wo ist die Grenze? Wir sehen nur die

Blick auf den Hermon

Schneegrenze, und auch die verschiebt sich von Tag zu Tag. Wer kann die politischen Grenzen verschieben?
Die Golanhöhen, die Ebene Bashan, wie sie in der Hebräischen Bibel heißt, bilden einen Übergang von den östlichen Wüstenländern ins Gelobte Land. Schon früh wurde das so empfunden. Als das Zentrum der Hochkulturen noch weit im Osten lag, entstanden hier, an der Grenze der damaligen Zivilisation, Steinsetzungen, Steinkreise, mythische Heiligtümer. Das wichtigste ist Rujum al-Hiri, der Steinhaufen der Wildkatze, auf Hebräisch *Galgal Refaim*, der Kreis der Riesen oder der Unirdischen ... Von hier aus sieht man zur Zeit der Wintersonnenwende die Sonne genau dort in der Erde versinken, wo Nazareth liegt. Ein weitgehend unbekannter Ort, der heute nur durch die Siedlung Yonathan zu erreichen ist. Wer hat diese 42.000 Basaltsteine hier arrangiert? Und was haben die Menschen dieser vorbiblischen Zeit empfunden beim Untergang der lebensspendenden Sonne in der dunkelsten Nacht des Jahres? Was bedeutete der Blick in dieses Land des Lebens für sie?

Ofir, Ausblick

Am Aussichtspunkt hoch über dem See wird uns klar, dass die Golanhöhen nicht aus Machtansprüchen oder Expansionsdrang, sondern aus Angst erobert wurden – und aus dem demselben Grunde nicht zurückgegeben werden. Wer hier oben sitzt, kontrolliert alles, was da unten liegt: die Kibbuzim, die Felder, die Strände. Die Kinder von Ein Gev haben früher immer im Bunker geschlafen, denn »von oben« aus Syrien wurde nachts geschossen. Aber wenn die, die oben sitzen, nun versprechen, nicht mehr zu schießen?

In diesen Tagen ist Bürgerkrieg in Syrien. Nicht weit von hier. Nachts kann man es wieder hören, und neulich sind vier verletzte Kämpfer über die Grenze infiltriert, wurden im Krankenhaus von Safed behandelt und zurückgeschickt. Wer wird siegen? Wer würde ein Versprechen halten können, nicht mehr auf den Erzfeind zu schießen? Und wie lange bleibt der an der Macht, der das verspricht? Kann die UNO diese Grenzen kontrollieren? Und: Darf man von anderen verlangen, nicht ängstlich zu sein? Nicht nur die eigene Wange, sondern die ihrer Kinder hinzuhalten? Völkerrecht

Bewegter See

und Lebensrealität: Spannungsfelder, die uns hier ganz anders deutlich werden als bei der allgefälligen Zeitungslektüre …
Von oben ist der See eine vollkommene Harfe, wie der hebräische Name Kinneret es andeutet. Oder das Auge Allahs. Das sieht alles.

Am See

Unten am See gibt es verschiedene Orte, die wir anschauen wollen. Zur Vervollständigung des Bildes hier noch einmal ein Auszug aus meinem Reisetagebuch von 1993:

> Wir wollen nach Kapernaum, oder *Kfar Nachum*, wie es auf Hebräisch heißt.
> Die Gegend erweist sich als sehr kommerzialisiert – welche Scheußlichkeiten die Verantwortlichen der *Custodia Terrae Sanctae* doch produzieren können. Relativ unangetastet stehen die griechische Synagoge aus dem 4. Jahrhundert und ein paar Grundmauern des Hauses Petri neben

einer UFO-artigen Aussichtskirche über der achteckigen Kapelle aus dem 5. Jahrhundert. Warum deckt man sie ab? Was für ein Kraftpunkt wird hier versteckt? Ich werde das Gefühl nicht los, dass das ganz bewusste »Irreleitungen« der Gläubigen sind. Der Ort wird dadurch allerdings für mich noch interessanter. Nur: Wie kann man ihn wirklich noch erleben? Auf diese Frage stoße ich hier immer wieder. Ob man wirklich in diesem Land auf »Christi Spuren« oder wenigstens denen des irdischen Jesus wandeln kann? Warum suche ich so physisch in den historischen Hinterlassenschaften und nicht in der immer noch belebten Welt? Die Natur trägt hier so viel wirklich durchgeistigte Stimmung in sich, viel mehr als das organisierte Christentum. Aber selbst sie verblasst als Äußerlichkeit, wenn man sie nicht in Beziehung zur eigenen Seele erlebt, als Ausdruck eines Geistigen, das in jedem Menschen tatsächlich anwesend ist. Ist Pilgertum nicht eine verspätete Kreuzfahreraktivität? Eine Art Suche nach den physischen Realitäten des Geistigen ... oder nur seinen Vorbedingungen, des Inkarnationsortes?
In der kleinen Petrikirche in der Nähe von Tabgha herrscht eine innerlichere Stimmung. Sie liegt in einem wunderschönen Garten direkt am

Kapernaum

Wasser und ist um den Stein herum gebaut, auf dem der auferstandene Christus Jesus mit seinen Jüngern aß. Wir bleiben eine Weile an diesem friedlichen Ort.
Dann fahren wir noch zum Berg der Seligpreisungen – wieder eine achteckige Scheußlichkeit, obwohl sie wenigstens von außen ansehnlicher ist. Die Synthese von alt und neu ist trotzdem recht gequält. Das Schönste ist auch hier die Umgebung, der Ausblick. Doch zum wirklichen Hineinversetzen fehlt mir die Ruhe. Man muss schon die Augen schließen und die rechte Stimmung innerlich erzeugen – aber kann man das nicht überall? All diese heiligen Orte tragen die besondere Stimmung des ganzen Landes; man fühlt, dass die Weltenzeitenwende hier stattfinden musste, und doch hat sie die Welt erfasst und nicht nur dieses Zentrum.

Die Orte enttäuschen uns heute weniger. Vielleicht schauen wir einfach mehr auf das Wesentliche. Oder die Erwartungen sind nicht so hoch. Auch hilft ein bisschen mehr Detailkenntnis zum Verständnis, ein bisschen mehr Menschenliebe zur Toleranz gegenüber denen, die hier ihr Herzblut dafür geben, etwas zu bewahren, was längst auf ganz andere Weise lebendig ist …

Vorbereitungen für die Arbeit an den Quellen

Von welcher Kraft wird die neue Gemeinschaft getragen? Das bewegt uns im Zugehen auf den Abend mit Gonen Hochberg, dem Sekretär des Kibbuz Harduf. Der Ort wächst so rasant schnell, morgen wollen wir uns hier näher umschauen und einzelne Initiativen kennenlernen. Was ist der Lebensfluss in Harduf? Wurzeln oder Quellen … Etwas ist jedenfalls gewachsen in den letzten Jahren. Auch dazu zwei kleine Bilder, die die von mir empfundene Veränderung vielleicht anschaulich machen kann, die nicht nur mit einer wachsenden Vertrautheit meinerseits zusammenhängt:

1993:

Am Nachmittag mache ich noch einen etwa einstündigen Spaziergang um den Berg. Hier ist es kein Muezzin, der singt, sondern der arabische Schäferjunge. Muss das ein Schafsleben sein: frei herumzulaufen zwischen all diesen Blumen und duftenden Büschen, und dazu lebendige Musik zu genießen. Das Schäferleben ist sicherlich auch etwas Besonderes.

Irgendwie bewege ich mich sehr unfrei. Wie weit darf ich in welche Richtung gehen? Wie verhält man sich bei Begegnungen mit Fremden? Und wie ist es überhaupt mit der Sicherheit, wenn ich hier so allein übers Land marschiere? Mit solchen Handicaps werde ich mich wohl noch eine Weile herumzuschlagen haben, zumal die Situation im Lande zur Zeit alles andere als entspannt ist. Ich weiß nicht, ob ich es in den Nachrichten im Taxi richtig verstanden habe, aber ich glaube, dass in Afula wieder jemand erstochen worden ist, vielleicht wieder ein Soldat? Da wird Misstrauen gesät, ein Misstrauen, an dem auch ich sofort erkrankt bin, vielleicht mehr noch als die Leute, die hier wohnen. Jeder Araber wird zum potentiellen Messerstecher. Und die Geschichte, die meine Schwägerin über ihre in der Altstadt von Jerusalem ermordete Freundin erzählt hat, trägt das ihre dazu bei.

Im Gegensatz dazu – 2012:

Ich gehe allein im Dunkeln. Am Kibbuz Harduf vorbei auf kleinen Pfaden am Hang vom Wald von Bab l'il Insan – Sha'ar laAdam zum Beduinendorf der Sawa'ed. Jenseits des Tales in Hajajra wird geschossen – eine Hochzeit. Grillen zirpen. Hunde bellen. Dann beginnt der Muezzin das Nachtgebet.

Ich fühle mich sicher in Abrahams Schoß.

Harry, der Heilige

Wir haben unsere Unterkunft bei Harry und Hannah Finkbeiner, die wir kennen, seit sie Mitte der 90er-Jahre mit drei kleinen Kindern von Deutschland nach Harduf kamen. Hannah ist Israelin, Harry stammt aus dem Schwarzwald und spricht ein gemüthaftes Alemannisch. Hannah arbeitet in der Sozialtherapie als Heileurythmistin. Harry ist ganzheitlicher Chiropraktiker und Osteopath und versteht sich auf viele Krankheiten des Bewegungsapparates. Manche Technik hat er selbst entwickelt, die Patienten schwören auf ihn, kommen von weither. Aber nicht dafür hat ihn vor Kurzem ein israelischer Filmemacher als den »Heiligen Harry« porträtiert. Harry fährt regelmäßig in die Palästinensergebiete, nach Jenin meistens, wo er alles kennt, was Rang und Namen hat. Genauso kennt er die entscheidenden Menschen in den Militärbehörden der Israelis. Und alle respektieren den Deutschen Harry. Harry will den Menschen helfen, als Therapeut und als Botschafter der Menschen in Harduf, die durch ihn zum Beispiel Kleidung oder Nahrungsmittel schicken, an diejenigen, die unter der Besatzungspolitik Israels leiden. Immer sind es ja Menschen, die leiden, egal welche Ursachen die Repressionen und Diskriminierungen haben. Harry ist in einer pietistischen Umgebung aufgewachsen, in der das Heilige Land sehr gegenwärtig war, und dazu kam die Sache mit dem Holocaust, die ihn als Kind sehr bewegte. Er wusste früh: Da muss ich hin. Und als er dann dort beheimatet war, war sein Mitgefühl inzwischen so weit entwickelt, dass er sich einsetzen musste für die, denen es noch schlechter ging. Harry den »Heiligen« zu nennen, das ist vielleicht Ausdruck dessen, dass viele Israelis sich wünschen, selbst so wirken zu können wie er. Denn natürlich ist er als Deutscher in Palästina ganz anders akzeptiert, darf außerdem auch verhältnismäßig unkompliziert die Grenze passieren, was für Israelis immer schwerer bis unmöglich wird. Die Arbeit für die

Verständigung zwischen den Seiten braucht Grenzgänger wie ihn, denn die Wunden bei den Palästinensern sind so tief, das Misstrauen so stark, dass Israelis nicht willkommen sind, und jeder, der mit ihnen zusammenwirkt, auf menschlichem oder rein fachlichem Gebiet, Gefahr läuft, als Kollaborateur, als Überläufer, als Verräter gesehen zu werden, was in dieser Gesellschaft gefährliche Konsequenzen haben kann. Und umgekehrt: Welcher Israeli traut einem Palästinenser oder auch nur einem arabischen Mitbürger Israels ohne Ängste über den Weg?
Immer wieder braucht es Begegnung, und die wird unter den gegebenen Umständen schwieriger. Und immer wieder brauchen die Menschen dieses Landes dazu die Außenstehenden, die Europäer. Harry und Menschen wie er bauen Brücken, die für eine gemeinsame Entwicklung dringend gebraucht werden.

Neue Gemeinschaft

Dienstag, den 19. März

Gottesdienst

Der Tag beginnt mit der Menschenweihehandlung: ein wirklicher, nicht nur gelesener, gemeinsamer Gottesdienst für die Reisegruppe, einige Aktivisten aus Harduf und einige zufällige Interessenten von hier. Einige arabische Freunde, ein jüdisches Paar und ein paar der deutschen Volontäre sind dabei.

Seit 1998 wird hier immer wieder, wenn auch nicht wirklich regelmäßig, der Gottesdienst der Christengemeinschaft gefeiert – in den unterschiedlichsten Räumen, meist in der Schule, zuerst mit mitgebrachten Gewändern und kultischem Zubehör, später haben wir erst einiges, dann immer mehr in Harduf gelassen in der Schule für Sprachgestaltung und Theater, *Mishkan haMila* (dem »Wohnort des Wortes«, sehr passend), die jetzt die organisatorische Heimat nicht nur der Sprache, sondern auch unseres Begegnungsimpulses wie auch des anthroposophischen Grundbildungsjahres bildet, unter dem schönen Namen Sophia, der die Assoziation dieser Initiativen versinnbildlichen soll. Und so gehören wir wohl wirklich in dieses schöne Haus, in dem die Menschen dem Wort dienen wollen. Draußen versammeln sich die Tiere auf dem Dach: Die Natur spürt, dass hier etwas geschicht, das die ganze Erde angeht. Dass das immer wieder geschehen kann, dafür fühlen wir uns verantwortlich. Es ist aber sehr schwer, eine echte Gemeinschaft zu bilden, wenn nur unregelmäßig jemand vorbeikommt. Das Interesse ist da, bei allen Bevölkerungsgruppen: bei den jüdischen Menschen, die hier durch die Anthroposophie das Christentum kennengelernt haben, bei den arabischen Freunden, die in den anthroposophischen Initiativen arbeiten, vor allem bei den arabischen Christen. Im Gegensatz zu ihren Gottesdiensten in der griechisch-katholischen Kirche sind es hier nicht nur ethnisch in das Christentum hineingeborene Christen, die den Gottesdienst feiern. Es ist wohl ziemlich einzigartig, hier Menschen aller Bevölkerungsgruppen in Andacht versammelt zu sehen, auch wenn sie ansonsten ein völlig verschiedenes Gebetsleben pflegen. Die Seminare zu den damit verbundenen religiösen Fragen gehören zu dem Intensivsten, was man im Lande an Friedensarbeit erleben kann.

Zuerst wollte ich auf Deutsch predigen, zur Perikope von der Ehebrecherin. Aber dann sah ich in die von der deutschen Handlung schon ziemlich überforderten Gesichter der Einheimischen und kombinierte etwas Englisch hinein:

Richten – das impliziert, dass es das Richtige gibt, der Richter tut das: etwas geradebiegen, was krumm war. Er ist vom Volk berufen, nimmt das nicht allein auf sich, nicht persönlich. Wir anderen tun es auch oft, aber immer, wenn wir urteilen, festigt sich etwas in uns, und die Kraft der Liebe kann nicht fließen, weil ein Vor-Urteil den Weg verschließt für das Lebendige. Es ist ein Unterschied, ob ich zu den Wurzeln gehe (»Was hat Moses geboten mit so einer Frau zu tun?«) oder zur Quelle, die die lebendige Liebe ist (»Ich verurteile dich auch nicht …«). Am Altar treffen wir uns, um diese Liebe, die Gegenwart des Geistes der Liebe, durch die heilige Handlung zu stärken.

Naturerleben

Wir leben auf dieser Reise immer wieder im Spannungsfeld zwischen gewachsenen Menschenkulturen einerseits und dem überwältigenden Erlebnis der Natur andererseits: einer Natur, der wir sonst oft so entfremdet sind. Die Gründer des Kibbuz Harduf haben – wie viele andere, die hier Neues schufen – nah an der Natur, mit der Natur leben müssen, um diese Gemeinschaft ins Leben zu stellen. Wir bemerken und verstehen, dass das Erleben der Natur ganz anders ist als bei uns: Europäische Großstädter kommen dem Leben der Elemente wieder näher, und sie tun das gern, denn sie spüren, dass hier etwas von dem ganz und gar Wirklichen zu erleben ist, das wir so verzweifelt und an den unwahrscheinlichsten Orten suchen.

Tagebuchnotiz: Das Bild des Himmels und der Erde
Oktober 2012 – Natur und Sprache

Schlafen unter dem Sternenhimmel – zu Hause in Deutschland habe ich das, soweit ich mich erinnere, noch nie gemacht. Wenn ich draußen geschlafen habe in meinem Leben, dann merkwürdigerweise immer nur im Heiligen Land. In der Wüste, am Strand, in unserem Wald. Und diese Erlebnisse haben tiefgreifende Wirkung – alles wird wirklicher durch sie. Was ist an Nächten unter freiem Himmel so besonderes? Es ist eben wirklich sehr dunkel, trotz des Feuers, das wir Menschen entfachen und unterhalten können. Das Feuer hilft schon sehr, es ist eine ungeheure Errungenschaft. Ich bin wie die meisten Zeitgenossen wenig daran gewöhnt, die Finsternis nicht jederzeit mit einem Klick ausschalten zu können. Und ich bin deutlich weniger naturnah sozialisiert als meine israelischen Freunde, zu deren Jugendideal das Leben in der Natur immer dazu gehört. Leben nicht nur *im* sondern *mit* dem Lande. Parallelen zur Wandervogelbewegung am Anfang des letzten Jahrhunderts drängen sich auf.
Jedenfalls ist die Dunkelheit unerbittlich. Aber die Sterne sind tröstlich, der Mond wirklich hilfreich. Sie geben Orientierung, immerhin. Wenn ich wach liege, erkenne ich Bewegung am Himmelszelt. Ich fixiere den Mond – schon nach kurzer Zeit wird deutlich, wie er sich mit dem ganzen Himmelszelt bewegt. Wo steht er? Wie kann ich am Halbmond ausmachen, wo gerade die Sonne steht? Ich erlebe Richtung in der Bewegung

der Erde, nach Osten drehend. Und die Polarität der Angelpunkte, um die sich alles dreht. Ein lebendiges Himmelkreuz. Das braucht ein wenig Geduld, ist aber ein wirkliches Erlebnis – wie anders als alle Theorie!
Und dann die Stille der Nacht. In unserem Wald ist sie ziemlich ungebrochen. Nur ein gelegentliches Flugzeug, das eine oder andere Tier und kurz vor Sonnenaufgang der Muezzin durchbrechen das Schweigen. Wer kann die Stille in sich aushalten, ohne sich einsam zu fühlen? In diesem Erlebnis füllen sich Begriffe wie *Stille, Schweigen, Ruhe,* oder *Lärm* und *Schrei* mit neuer Bedeutung.
Die Härte der Erde. Was haben wir Menschen nicht alles getan, um uns das Lager bequemer zu machen! Bin ich eine Prinzessin auf der Erbse? Sind wir nicht alle inzwischen so königlich sensibel, dass wir höchstens in der frühesten Jugend ein Lager direkt auf der Erde ertragen? Und was ist dabei der Sand, auf dem wir am Strand schlafen, anderes als der Felsboden im Wald? Nichts als ganz kleine Steine, die zwar mit der Hand provisorisch zu einem anatomisch korrekten Lager umgegraben werden können, aber letztlich unnachgiebig bleiben. Also erleben wir hier konkret, was das heißt: *hart, weich, Anpassung* und *Widerstand.*

Strand

Wir gehen täglich mit all diesen Sprach-Bildern um, die hier in der Natur ganz konkret zu erleben sind: in Gebeten, Predigten, in politischen Reden, in alltäglichen Redensarten, in der Sprache an sich. »Der Sonne liebes Licht, es hellet mir den Tag …«, »Da geht mir ein Licht auf«, »Das ist erhellend«, »Das ist die Härte«, »Eine ruhige Fläche« oder »Eine schreiende Farbe«. Diese sprachlichen Bilder werden ohne Erlebnisse an der Wirklichkeit immer abstrakter. Für mich sind sie durch die Nächte im Freien wieder kraftvoller geworden.

Die hebräische Sprache ist wortarm, darum bilderreich. Ein einziges Wort kann je nach grammatischer Beugung ganz Verschiedenes bedeuten, aber immer schwingt die Wurzel mit, diese drei Konsonanten, die dem Wort seinen Inhalt vermitteln. Die Beugung, durch Suffixe, Präfixe, Vokalisierung, stellt das Wort dann in die Welt. SFR hat den Bedeutungsumkreis Erzählen, Buch, Zahl, zählen, Erzähler, Schriftsteller, Bibliothek, Bibliothekar, je nachdem … Die Bilder sind in jedem Wort immer lebendig anwesend. Aber nur durch Erlebnisse in der Welt werden sie lebendig. Wenn wir hören, dass es schon für die Substantive Licht, Schein, Glanz, Helle, Scheinen, Leuchten, Schimmer, Klarheit, Leuchtkraft, Lichtesflut zum Beispiel im Wesentlichen nur ein Wort im Hebräischen gibt, Or, dann verstehen wir, dass es darauf ankommt, hinzuhören mit all den Bildern, die in unserer Seele leben, um wirklich zu empfinden, was in dem lebt, was gesagt werden will.

Wenn junge Israelis in der Natur leben, wenn ihr Ideal so sehr ist, das Land zu erleben, zu erwandern, mit dem Land zu leben, nah am Draußen, als Mensch ein Teil der Natur zu sein, so liegt darin auch eine unbewusste Sehnsucht nach der Belebung des Wortes. Die Bilder einer über Jahrhunderte nur im sakralen Zusammenhang genutzten, abstrakten Sprache schreien danach, mit Leben erfüllt zu werden. Und die Menschen möchten das Leben der Erde hautnah an sich heranlassen, um das *Wort* zu erleben, Wirkenskraft. Was bei uns in Europa nur wenige Pfadfindergruppen vielleicht noch als Qualität anstreben, erfasst hier einen großen Teil der jungen und auch der nicht mehr ganz so jungen Bevölkerung, wird zum Ideal erhoben gerade in aufgeklärten und »humanistischen« Kreisen, aber auch bis zum paramilitärischen Jugendideal der staatstragenden Jugendbewegungen, denen die meisten jungen Leute angehören: Nimmt die Natur dieses Landes mich auf? Kann ich erleben, was diese Erde ist? Kann ich es schaffen als Mensch – vielleicht sogar allein? –, in der Natur zu überleben? Kann ich mein Leben von Grund auf selbst aufbauen?

In der Folge dieser Bestrebung hat ein anderer globaler Trend in Israel in den letzten Jahrzehnten Auftrieb erhalten: die grüne, ökologische Bewegung, die jetzt konsequent auch die Folgen mit einbezieht, die das Leben des Menschen in der Natur unweigerlich mit sich bringt. Wohin geht mein Müll, wenn ich am Strand oder im Wald campe? Qualitativ gibt es in der Naturbewegung große Unterschiede im Land. Die große Mehrheit bringt viel Müll mit in die Natur und schert sich wenig um ihre Hinterlassenschaften. Die Naturschutzbewegung hat viel zu tun mit der Umwelterziehung der naturbegeisterten Großstädter, die mit viel Plastik ihre Picknicks und Grillfeste im Freien feiern, aber in einer Mentalität von »nach uns die Sintflut« leben, einer Sintflut, die ja versprochenerwei-

Müll am Strand

se nicht kommen wird, um alles hinwegzuschwemmen. Kloputzen war schon immer der Prüfstein jedes Jugendlagers ...
Eine besondere Stellung nimmt in diesem Kampf die arabische Bevölkerung ein, die ja bis vor Kurzem noch mit Materialien lebte, die man bedenkenlos in der Natur hinterlassen konnte, weil sie im Klima des Landes nach kürzester Zeit verwesten. Noch vor zwanzig Jahren gab es meist keinerlei Bewusstsein davon, dass alte Autos, Getränkedosen oder Plastikplanen nicht von der Natur aufgenommen werden wie tote Tiere, Obstschalen oder Baumwollfetzen. Heute ist das anders geworden. Vereinfacht gesagt: Zuerst war die ursprüngliche Gemeinschaft des Menschen mit der Natur, dann kam mit der Entfremdung die Vermüllung, und mit dem steigendem Bewusstsein für die Verantwortung des Menschen für die Erde entsteht langsam vielleicht eine liebevolle Beziehung zur Umwelt. Der Weg ist stellenweise noch sehr weit, aber die meisten sind sich bewusst, dass sie ihn gehen müssen. Ein globales Problem, zugespitzt in einem kleinen, konfliktgeladenen Land ...
Doch zurück zur Bilderwelt. Die Belebung des Verhältnisses zur Natur, zur Erde als lebendigem Organismus, war von Anfang an ein wunderbarer Ansatzpunkt für die Waldorfpädagogik im Land. Können wir die Bilder verstehen, die uns überall umgeben, uns etwas zeigen von den Folgen unseres Eingreifens in die Prozesse der Natur?
Das Erleben der Natur, die realen Bilder des Lebens mit den Elementen, mit Tag und Nacht, mit Hitze und Kälte, mit Wasser und Wüste führen gerade in diesem Lande unmittelbar zur Spiritualität, zu einem Empfinden für die Verantwortung des Menschen für seinen inneren Weg, der dann das Verhältnis zur Außenwelt bestimmt. Und dieser innere Weg, in Freiheit gefunden, ermahnt uns, Verantwortung zu übernehmen füreinander und für die gedeihliche Weiterentwicklung unseres Planeten.

Die Geschichte des Kibbuz Harduf

Es waren sehr junge Menschen, die den Kibbuz Harduf Anfang der 80er-Jahre begründeten. Es war die Zeit des spirituellen Suchens im Auslauf der 68er, die Zeit der ökologischen Bewegung. Die jungen Leute waren sich zum Teil schon in der Schulzeit oder beim Militär begegnet. Die spirituelle Gemeinschaft in Findhorn, Schottland, war für manche Zwischenstation, dann die Anthroposophie, die elementare Begegnung mit der Kraft des Auferstehens, spirituelle Erlebnisse in der Gruppe ... 1980 wurde die erste Gemeinschaft gegründet im »Adlernest« in den Bergen des oberen Galiläa, 1982 zog man dann als Kibbuz nach Harduf, begann für die Landwirtschaft Steine von den Feldern zu sammeln und sich abwechselnd zur Ausbildung nach Europa zu begeben: Ausbildungen und Studien in Pädagogik, Landwirtschaft, Sozialtherapie, verschiedenen Künsten und auch Zusatzausbildungen in anthroposophischer Medizin für einige Ärzte, die dazu gestoßen waren. So entstand die kleine Gemeinschaft, die inzwischen eine große geworden ist. Aus zwölf Erwachsenen und ihren Kindern wurde der Ort Harduf, in dem heute über 500 Menschen wohnen. Aber was bedeutet hier überhaupt Gemeinschaft?

Gemeinschaftsbildung

Wenn ich sage, dass ich Priester der Christengemeinschaft bin, führt das hier im Land immer wieder zu kuriosen Erwartungen: Viele Israelis gehen zunächst davon aus, dass wir in meiner Gemeinde zusammen wohnen und wirtschaften, dass wir gemeinsam eine Siedlung aufbauen, ein Gemeinschaftsleben auf allen Gebieten pflegen, alles miteinander teilen ...

Gemeinschaftsbildung ist ein Thema in diesem Land, das in seiner Bedeutung weit über das hinausgeht, was wir in Europa unter dem

Begriff verstehen. Und dabei haben wir es meist mit zwei Extremen zu tun: Da ist auf der einen Seite die traditionelle arabische Gesellschaft, die in großen Teilen auch heute noch in höchstem Maße vom Stammes- und Clan-Denken beeinflusst ist. Der Einzelne hat wenig Einfluss darauf, in welcher Art von Gemeinschaft er leben möchte, es sei denn, er verlässt seinen angestammten Familienzusammenhang in aller Deutlichkeit. Das ist aber schon aus Respekt vor den Eltern und aus menschlicher Fürsorglichkeit, aus einem liebegetragenen Verantwortungsgefühl nur schwer möglich. Ganz ähnlich geht es übrigens in den jüdisch-orthodoxen Gemeinden zu. Bei unseren Jugendbegegnungen ist die Erfahrung des Eingebunden-Seins in den Familienzusammenhang vor allem in der arabischen Bevölkerung mit allen schönen Seiten und auch allen Einschränkungen für die europäischen Teilnehmer oft eine eindrückliche Erfahrung. Besonders die Frage der Partnerwahl und die Frage nach der weltanschaulichen Freiheit berührt die europäischen Teilnehmer sehr und wirft viele Fragen auf.

Auf der anderen Seite steht das Modell des modernen säkularen Israelis, dessen Vorfahren oft allein und losgelöst aus allen familiären Bindungen ins Land kamen und die ganz neuen Gemeinschaften aufbauen mussten – um zu überleben, sich zu schützen, nicht allein in der Welt zu stehen. Aus verschiedenen Weltgegenden kommend suchten sie oft Gleichgesinnte, Gefährten mit ähnlichen Hintergründen, und schufen neue Gemeinschaftsformen, wie den Kibbuz oder den Moschav, eine mehr auf Kooperation angelegte landwirtschaftliche Produktionsgemeinschaft. Und wenn die Großstädte heute selbstverständlich auch das einsame Dasein des modernen Individualisten oder die Vereinsamung in der Masse ermöglichen – der Grundgedanke der jüdisch-israelischen Gesellschaft ist immer noch die Zugehörigkeit zu einer Gruppe, ob es sich um eine religiöse Gebetsschule, einen Kibbuz oder eine politische Partei handelt.

Einer der ersten Eindrücke im Lande war für mich, dass es auf dem Land so gut wie keine einzeln stehenden Höfe oder Häuser gibt, dass alle Menschen einer traditionellen oder bewusst gegründeten Siedlung angehören, die wiederum oft eine bestimmte Ausrichtung hat und damit weitergehende Identifikationsmöglichkeiten bietet. Der Aufbau einer neuen Lebens-Gemeinschaft, gerade wenn es sich um einen Kibbuz handelt, ist staatlich subventioniert und damit viel einfacher als in den traditionell gewachsenen Strukturen Europas. Man versuche sich einmal vorzustellen, welche Hürden zu überwinden wären, wollte man in Deutschland eine Gemeinschaftssiedlung gleich dem erst 1982 gegründeten Kibbuz Harduf aufbauen: Wo findet man das zusammenhängende Land? Die Mittel es zu kaufen? Das Geld zum Bau der Wohnhäuser und Einrichtungen? Selbst die größeren der heilpädagogischen und sozialtherapeutischen Dorfgemeinschaften in meinem Umfeld am Bodensee sind klein gegen ein solches Unterfangen.

Was ist eine Gemeinschaft? Wie viel Gemeinsamkeit soll bestehen? Müssen gewisse Grundüberzeugungen geteilt werden? Wie sehr ist der Einzelne wirtschaftlich eingebunden, wie weit geht die Solidarität, das Einstehen füreinander? Wie überwindet man Krisen? Wie viel Individualität verträgt die Gemeinschaft? Wie erhält man ihre Grundlagen? Den Idealismus, der die Gründung prägte? Es zeigt sich an den vielfältigen Variationen des Scheiterns der neuen Gemeinschaften, dass auch eine »neue« Gemeinschaft schnell »alt« wird. Die erste Generation ist vom Idealismus und der Faszination des Neuen beflügelt, schon in der zweiten wird es schwieriger mit der Verantwortlichkeit gegenüber dem Gemeinwohl, und die dritte Generation ist selten überhaupt noch bereit, die Gemeinschaft zu tragen ...

Der allmähliche Niedergang des Erfolgsmodells Kibbuz, der heute vielleicht weniger auffällig ist als noch vor zwanzig Jahren, weil man sich mit der Verbürgerlichung des Ideals längst abgefunden

hat, schafft ein Bewusstsein für Fragen der Gemeinschaftsbildung, wie man es in Europa selten antrifft.
Was finden wir heute in Harduf? Die Waldorfschule ist die älteste im Land, inzwischen groß und anerkannt, mit eigener Lehrerbildung und seit Neuestem sogar einer Turnhalle. Das Therapiezentrum mit Gemeinschaftspraxis mehrerer Ärzte floriert. Die Landwirtschaft versorgt Bioläden und die Molkerei sogar Supermärkte im ganzen Land. Drei sozialtherapeutische Einrichtungen arbeiten in kleinen Therapie- und Wohngruppen – für erwachsene Menschen mit Behinderungen, für Kinder aus schwierigen sozialen Verhältnissen, für psychisch Kranke, insbesondere Trauma-Opfer. Der Naturkostladen und der Gemüsemarkt ziehen Kunden aus einem weiten Umfeld an. Es gibt eine Theater- und Sprachgestaltungsschule, verschiedene Ansätze zur Eurythmie-Ausbildung, die berufsbegleitende Lehrerbildung, auch für arabische Lehrer, denn inzwischen gibt es im Umfeld nicht nur einige neue hebräischsprachige, sondern auch eine arabische und eine zweisprachige Schule. Ein anthroposophisches Grundbildungsjahr versucht zu vermitteln, woher der Impuls kommt, der das alles ermöglicht – und wie er gepflegt werden kann.

Sha'ar laAdam – Bab l'il Insan

Am Ende unseres Rundgangs machen wir einen kleinen Waldspaziergang. Jenseits der Schule, des Kuhstalls und des Swimmingpools liegt das Waldstück, auf dem die Arbeit der Begegnungsstätte Sha'ar laAdam – Bab l'il Insan ihr Zentrum hat. Hier treffen wir Amin Sawa'ed und einige der jungen Menschen, die inzwischen mehr oder weniger durchgehend auf dem Gelände leben.
Innerhalb des Kibbuz Harduf nimmt diese Initiative eine besondere Stellung ein. Mit der Begegnung einzelner Akteure auf der Weltlehrertagung 1992 in Dornach und meiner ersten Reise 1993,

mit den daraus resultierenden Konfirmationsreisen meiner Kinder, den Jugendreisen, die sich wiederum daraus ergaben, ist die mitteleuropäische Seite der Geschichte der Begegnungsstätte erzählt. Hier ist ein Auszug aus dem ersten Pressebericht von 1997 über diese Arbeit und ihren ersten Ansatz:

Jugendlager im Kibbuz Harduf 1998
Bauprojekt mit Zukunftsperspektiven

Sind Israelreisende nicht ganz einfach moderne Kreuzfahrer, die im Äußeren etwas suchen, was es jedenfalls so dort gar nicht mehr gibt? Und was ist es, das besonders junge Menschen mit einer so tiefgreifenden Sehnsucht erfüllt, dieses Land – trotz allem – kennenzulernen?

Vielfältige Beobachtungen kann man machen, wenn man mit Jugendlichen eine solche Reise wagt. Zunächst wird bei allen schon im Vorfeld des Unternehmens die gewohnte Lebenssicherheit mehr oder weniger erschüttert. Eine gewisse Bereitschaft, Unsicherheit zu ertragen, muss man schon aufbringen. Aber ist das nicht eigentlich nur ein gradueller Unterschied zu dem alltäglichen Lebensrisiko, das man sich nur nicht bewusst macht? Eigentlich ist man doch nie gegen plötzliche Schicksalsschläge abgesichert. Gottvertrauen, Schicksalsvertrauen, ist angesagt, was den Jugendlichen meist leichter fällt als ihren Eltern und anderen Erwachsenen.

Im Land selbst trifft man in der Begegnung mit den Menschen auf zahlreiche Probleme, die man selbst auch hat, aber noch nicht so deutlich erkennt. Wie gestaltet sich ein Leben am Rande des Abgrundes? Wie geht man mit der Verschiedenartigkeit der Menschen, der Kulturen, der Weltanschauungen um, denen man täglich begegnet? Wie belebt man Traditionen mit dem, was wirklich Zeitgeist ist? Es ist immer wieder bewegend zu erleben, wie viel deutlicher diese Fragen in der Begegnung mit den Widersprüchen dieses Landes jedem jungen Menschen werden. Insofern ist jede Israelreise eine kräftige Inkarnationshilfe für vermeintlich satte und zufriedene junge Europäer.

Wie sich die Begegnung mit dem Christentum vollzieht, ist schwerer zu beschreiben. Deutlich wird es den jungen Leuten bald, dass die äußeren Gedenkstätten meist katholischer Prägung nicht das bieten, wonach sie suchen wollten. Vielleicht beeindruckt hier und da noch die Frömmigkeit der Pilger aus aller Welt, aber oft ist sie auch als Begegnung mit »Kirchenchristen« eine weitere Quelle der Desillusionierung. Aber gerade durch diese Ent-Täuschung wird eine andere Art der Wirklichkeit deutlich: Was müsste man selbst mitbringen, um Christus (auch) hier zu erleben? Und was macht diesen Fleck Erde trotzdem auch für mich nachvollziehbar zum Kristallisationspunkt der Menschenentwicklung? Im Erleben der Polaritäten in der Natur, der Höhen und Tiefen, der Sümpfe und Wüsten, der Nähe zu allen anderen Kulturen wird dies unmittelbar erfahren.

Die Begegnung mit dem Judentum in seinen spirituelleren Formen verdeutlicht die Rolle dieses Volkes auf dem Wege zur Menschwerdung des Menschen. Und darauf folgt die Frage: Und was ist daraus geworden? Wo man Menschen begegnen kann, die auf dieser Grundlage die Auferstehungskraft in sich erleben und ihre Lebensarbeit damit verbinden, wird das wahre aber verborgene Christentum unserer Zeit deutlicher als bei manchen der traditionellen Kirchenoffiziellen, die äußere Heiligtümer hüten. Gerade bei den anthroposophischen Freunden in Israel erleben die jungen Menschen unausgesprochenes menschheitliches, nicht konfessionelles Christentum in einer in Europa selten zu erlebenden Ehrlichkeit und Ursprünglichkeit, die sich auf keinerlei Traditionen stützen kann.

Ein anderer Aspekt ist noch schwerer in Worte zu fassen: Viele der jungen Menschen fühlen sich der Kultur, der sie in Israel begegnen, verwandt und nah, ohne dass sie genau sagen könnten warum. Obwohl sie Mitteleuropäer sind, liegt ihnen das Judentum am Herzen und sie erleben in der Begegnung mit den Menschen hier, die ja oft selbst europäische Wurzeln haben, eine Art Schicksalserfüllung, die in ihrem Leben eine heilende Rolle zu spielen beginnt. Interessanterweise geht es auch vielen jungen Israelis so: Auch sie haben eine Sehnsucht nach der Begegnung mit Mittel-

Pergola von 1996

europa, die sie den reisenden Jugendlichen gegenüber sehr aufgeschlossen macht. Vielleicht darf man unter diesem Eindruck auch ganz vorsichtig die Frage bewegen, welcher Art die Schicksalsfäden sind, die durch die Ereignisse um den Zweiten Weltkrieg und die Shoa zerschnitten wurden und in vielen einzelnen Menschenschicksalen noch auf eine Wiederverbindung warten?

1996 gab es aus der Oldenburger Gemeinde die erste Jugendgruppenfahrt, 1998 das erste überregionale Jugendlager. Und so ging es dann weiter mit fast jährlich stattfindenden Jugendbegegnungen. Bis heute haben etwa 270 deutsche Teilnehmer (und einige Jugendliche aus anderen Ländern) an diesen Projekten teilgenommen. 2004 gab es ein erstes Begegnungscamp in Deutschland, zu dem arabische und jüdische Teilnehmer aus Galiläa gemeinsam anreisten, seit 2009 gibt es die dreisprachigen Theaterbegegnungen. Die Reisen mit Erwachsenen kamen später: ab 2008 die Studienreisen, ab 2009 die Friedensübungswochen, die vor allem auch Menschen

aus Osteuropa ansprechen konnten. Wie viele individuelle Schicksalsimpulse sind damit ermöglicht worden?
Die zweite Seite des Begegnungsimpulses haben wir in der Geschichte des Sawa'ed-Dorfes schon gestreift, als es um die Offenheit der jungen Gründer des Kibbuz gegenüber den Beduinen ging: Immer schon stellte sich im Ansatz der Menschen, die den Gründungsimpuls fassten, die Frage nach den Beziehungen des Kibbuz Harduf zu seinen arabischen Nachbarn als ein besonderes Aufgabenfeld, dessen man sich auf vielen einzelnen Lebensgebieten annahm, das aber mit der Zeit einen Ort brauchte, der diese Beziehungen zu seiner Hauptaufgabe macht.
Und drittens ist die Frage nach der Beziehung zu den jüdischen Nachbarn in Harduf, diesem Fremdkörper in arabischem Siedlungsgebiet, auch für die arabischen Menschen im Umfeld immer eine brennende gewesen, besonders für diejenigen, die durch Harduf neue Impulse in ihr Leben aufnahmen. Wie kann sich eine Beziehung auf Augenhöhe entwickeln, in der wir voneinander lernen? Was hat die arabische Seite zu geben?

Waldarbeit

Ein Keim der Hoffnung in Galiläa
Bericht von der Gründungs-Konferenz in unserem Wald (2002)

Während etwa vierzig Menschen unterschiedlichster Herkunft in einem Kreis um ein Feuer sitzen und darüber reden, was für sie Menschsein in dieser desolaten politischen Situation bedeutet, dröhnen über uns die Düsenjäger auf dem Weg zur libanesischen Grenze. Es ist Freitagmittag. Von allen Hügeln um Harduf erschallen die Mittagspredigten von den Minaretten der Moscheen. Zwischendurch klingelt immer wieder hier und da ein Handy: Menschen, die sich nach dem Weg erkundigen. Unser Treffpunkt ist nicht einfach zu finden. In einem Wald (20 Dunam, das entspricht 20.000 m^2, also 2 Hektar) hat der Kibbuz Harduf unserer Initiative zur Verfügung gestellt), mit schwierigen Zufahrtswegen, durch die heftigen Regenfälle der letzten Zeit fast unpassierbar.

Hier haben wir am Tag zuvor einen runden Platz gerodet und geebnet, eine Feuerstelle mit Steinen gesichert und mit Stroh und Matten dafür gesorgt, dass wir auf dem Boden sitzen können.

Im Heiligen Land herrscht Krieg. Ein Teufelskreis der Gewalt reißt die im Land wohnenden Menschen unterschiedlicher Völker und Religionen in eine sich unausweichlich verbreitende Stimmung von Angst, Resignation und Hoffnungslosigkeit. Jeder, der die komplizierten Verhältnisse auch nur ein wenig kennt, weiß, dass es kein Schwarz und Weiß, keine Guten und Bösen gibt, und dass jede vermeintlich einfache Lösung nur Teil- und Scheinwirklichkeiten erfasst, weil sie aus Vereinfachungen besteht, wie sie aus der Ferne zu den tatsächlichen Gegebenheiten, aus der Blindheit gegenüber der Komplexität des Geschehens heraus, nur zu leicht entstehen. Auch vielen Menschen im Land selbst ist es unerträglich, mit dem Sowohl-als-Auch leben zu müssen, und so flüchtet man sich in die Extreme, die Einseitigkeiten, die Besserwisserei – oder in den Rückzug ins Private, der angesichts der immer näher rückenden Bedrohungen auf allen Seiten immer weniger gelingen will.

Wo bleibt in alledem der Mensch?

Diese alles entscheidende Frage stand im Zentrum einer ganz besonderen Wochenendtagung, die am ersten Aprilwochenende in Galiläa insgesamt etwa 150 Menschen, christliche und muslimische Araber, Juden und Christen aus Galiläa und Europa, tief bewegte. An dem Ort, an dem einmal das Galiläische Zentrum für Gemeinschaftskultur Sha'ar laAdam – Bab l'il Insan (»Tor zum Menschen«) entstehen soll, in einem Kiefernwald zwischen dem anthroposophischen Kibbuz Harduf und dem arabischen Dorf Ka'abiya, trafen wir uns, um einen Anfang zu machen und ein Zeichen zu setzen mit Gesprächen zur Lage, mit künstlerischen Aktivitäten, Bothmer-Gymnastik, Landschaftsgestaltung, einem Schauspiel aus der Theater-Schule in Harduf, Musik aus allen Kulturen.

Merkwürdig konnte es berühren, dass der erste Keim zu diesem Ereignis vor sieben Jahren entstand, als im fernen Deutschland der Jugendkreis der Oldenburger Gemeinde der Christengemeinschaft anlässlich der Vorbereitungen zu einer Reise nach Israel zum ersten Mal den Gedanken an den Aufbau einer Art Kulturbegegnungsstätte im Kibbuz Harduf fasste. Zunächst war an eine Art Jugendunterkunft gedacht für Sommerlager und Klassenreisen aus Europa. Im Laufe der Jahre verwandelte sich die Idee, als klar wurde, wie viel Begegnung durch die Sommerlager der Christengemeinschaft nicht nur für uns möglich wurde: Die unbefangene Offenheit der Außenstehenden aus Europa wurde auch für die Menschen aus den verschiedenen Kulturen vor Ort zu einer Quelle neuen Interesses und Verständnisses füreinander.

Es entstand eine kleine Arbeitsgruppe von Initiatoren, federführend war Ya'akov Arnan, der Leiter der Schule für Theater und Sprachgestaltung in Harduf (damals außerdem noch als Offizier für die psychologisch-ethische Betreuung von Soldaten in der Westbank zuständig), Amin Sawa'ed, der älteste Sohn des Muchtars des Beduinenstammes der Sawa'ed, ausgebildet in Harduf, am Emerson College in England und am Bothmer-Seminar in Stuttgart, und Ilse Wellershoff-Schuur, damals noch Studentin am Priesterseminar, dann Pfarrerin. In Deutschland wurde ein Förderverein gegründet; und regelmäßig gab es Sommerlager mit Bauprojekten im Kibbuz oder im Beduinendorf …

In Galiläa stößt unser Projekt inzwischen auf reges Interesse. Es gibt zwar in Israel einige Begegnungs- und Friedensstätten, in denen der Dialog gefördert und gegenseitiges Verständnis der Bevölkerungsgruppen füreinander geübt wird. Nirgends sind sie aber so sehr »von unten her«, aus den Impulsen der betroffenen Menschen einer bestimmten Region selbst heraus entstanden. Bei uns sind es auch nicht so sehr die Unterschiede, die im Mittelpunkt stehen, sondern das gemeinsame Lernen am Menschsein in der Begegnung. Gerade die Tatsache, dass die Beschäftigung mit dem Menschenbild und damit das spirituelle und religiöse Element in unserem Projekt einen so wichtigen und doch ganz neuen Platz einnimmt, wird aufgenommen wie von der Erde eines ausgetrockneten Gartens, der nach langer Dürre das erste Mal gegossen wird. So wurde dankbar und vorurteilslos begrüßt, dass eine Priesterin dabei war, die aus einer Kirche kommt, die keiner Religion die Daseinsberechtigung abspricht und Respekt hat vor dem geistig-individuellen Weg des einzelnen Menschen.
Die Erfahrung, dass in der Suche nach dem Menschen, seiner Heimat und seinem Ziel in der göttlich-geistigen Welt eigentlich der Keim zu einer neuen Sinnerfüllung liegt, wurde auf der Tagung in wunderbaren Worten und Bildern von vielen Menschen zum Ausdruck gebracht, die zum Teil von Anthroposophie und Christengemeinschaft noch nie etwas gehört hatten, und deren Erfahrungen mit Christentum bis dato viel »enger« waren.

Sha'ar laAdam – Bab l'il Insan, 2005

Vor drei Jahren gab es hier nichts als ein Stück Kiefernwald, ein steiniger Hang hoch über dem Zippori-Tal. Aber damals, kurz nach dem Ausbruch der zweiten Intifada, wurde in drei Tagen überwältigender Menschlichkeit ein Same gelegt zu etwas, das auch jetzt höchstens zum Keim herangewachsen ist. Das Gegenteil aller sonstigen Entwicklungen in diesem schnell wachsenden, kunstgedüngten Land.
Und doch: Der Mittelpunkt dieses besonderen Ortes ist ein ebener, kreisrunder Steinplatz, etwa fünfzehn Meter im Durchmesser, in jahrelanger Handarbeit aus dem felsigen, bewachsenen Terrain geschaffen. Eingefasst

mit einer etwas über einen Meter dicken, sitzbequemen Mauer aus Natursteinen. In der Mitte ein Feuerplatz. Darüber ein halber Ikosaeder aus Holzstangen, an dem ein loses Leinenzeltdach befestigt ist. Die hölzerne Freiluftbühne, die am Hang klebt, hat einen Schuppen bekommen, in dem eine Küche und etwas Stauraum untergebracht sind. Der kleine Garten wird inzwischen nicht nur mit Blumen, sondern auch mit etwas Gemüse und Kräutern kultiviert. Drei runde Schlafzelte gibt es, in unterschiedlicher Größe und Ausstattung, das komfortabelste hat einen Ofen, Lehmfußboden, Teppiche und Matratzen und ist mit einer Extraschicht aus Dattelpalmenblättern fast winterfest isoliert. Des weiteren Naturklos, Wasser aus dem fest installierten Schlauch an Waschbecken und Dusche, ein Backofen, viele Sitz- und Arbeitsplätze mit Tischen aus Kabelrollen. Ein einzelner Olivenbaum versucht, die Monokultur des Kiefernwaldes zu beleben. Er muss noch gut geschützt werden. Das sagt alles.
Wie die Steine, die unser früherer Jugendlagerteilnehmer Johannes Heimen uns gelehrt hat, auf die Spitze zu stellen. Von selbst geht nichts. Aber mit Geduld und unermüdlichem Feingefühl kann das Unmögliche möglich werden.

Steinsetzungen

Ein Haus des Gebetes im Heiligen Land, 2006

Es ist Abend in Galiläa. In diesen Oktobertagen wird es früh dunkel, denn die Uhren sind schon auf Normalzeit zurückgestellt. Um kurz nach fünf ruft der Muezzin das Ende des Fastens aus. Es ist Zeit für das *iftar*, das tägliche Fastenbrechen. Im Ramadan wird jeden Tag gefastet, solange die Sonne am Himmel steht. Die Mahlzeit, die dann folgt, ist ein soziales Ereignis, das in den unterschiedlichsten Konstellationen begangen wird: in der Großfamilie, in Arbeitskollegien, unter den Kindergarteneltern ... An jedem Tag isst man mit anderen Menschen zusammen. Und so hat dieser Monat etwas sehr Festliches: Das *iftar* isst niemand allein, entweder man lädt ein oder man ist eingeladen ...

An diesem Abend essen etwa hundert Menschen gemeinsam. In der Begegnungsstätte Sha'ar laAdam – Bab l'il Insan im Wald nahe dem Kibbuz Harduf feiern wir das Zusammenfallen dreier Feste: Dass das jüdische Laubhüttenfest Sukkot mit Michaeli zusammenfällt, ist nichts Ungewöhnliches. Denn da der jüdische Kalender trotz seiner exakten Mond-Monate eigentlich ein Sonnenkalender ist, der die Unstimmigkeiten durch Schaltmonate ausgleicht, fällt Sukkot immer in die Herbsteszeit. Der Ramadan dagegen wandert durch das Jahr, denn der islamische Kalender ist ein reiner Mondenkalender. Im nächsten Jahr wird der Ramadan etwa zwei Wochen früher beginnen. In diesem Jahr feiern Juden und Muslime gleichzeitig, und dass außerdem noch Michaeli ist, verleiht diesem Fest, zu dem wir als Initiatoren der Begegnungsstätte geladen haben, den übergeordneten Sinn. Es ist ein menschheitliches Fest, das hier gefeiert wird, und im Wahrnehmen all dessen, was bei den Menschen der verschiedensten Volksgruppen, Religionen, Traditionen und Kulturen lebendig ist, werden auch Aspekte des Michaelsfestes neu beleuchtet. Wie trägt der Ramadan mit seinem Element der Willensschulung dazu bei, den Menschen vorzubereiten auf die Aufgaben, die anstehen? Erfahren wir im Laubhüttenfest nicht täglich, dass unsere irdische Heimat nur eine vorübergehende ist?

Fragen wie diesen wollten wir auf die Spur kommen, wenige Wochen nach dem Ende des Libanonkrieges, in einem Treffen zum Thema »Religion und Krieg«. Eigentlich hätte es heißen sollen: »Religion und Frieden«, aber das war einigen der Planer so unmittelbar nach dem Krieg zu watteweich. Hatten sie nicht gerade einmal wieder erlebt, dass Religiosität zu Krieg führen muss? Wer sind denn in dieser Gegend die Falken, wer die Tauben? Gerade die vermeintlich »Religiösen« schüren doch den Hass, egal ob militante Siedler, die davon ausgehen, dass das Heilige Land von Gott nur ihnen versprochen wurde, oder Gotteskrieger der Hamas oder Hisbollah, die im Namen des Islam das Land von den Ungläubigen befreien wollen.

Das Erste, was die drei Religionsvertreter von Islam, Judentum und Christentum auf dem Podium feststellen mussten, war genau das Gegenteil des obigen, oft und gern von weltlich eingestellten Menschen geäußerten Vorurteils: Was die Fundamentalisten aller Art Religion nennen, ist eben meist nicht wirklich religiös. Sie berufen sich auf eine göttliche Instanz, um Frustrationen und mangelndes Selbstwertgefühl zu überspielen und ihre Taten mithilfe einer höheren Macht zu rechtfertigen. Ihr »Glaube« besteht oft zum größten Teil aus dem Gefühl, zu den »Guten« zu gehören, die die Bösen vernichten müssen. Ein solcher Fundamentalismus zieht seine stärkste Legitimation aus der Überzeugung, dass Gott es so gewollt hat. Ein individueller Bezug zu Gott ist bei vielen Fundamentalisten ganz untergeordnet gegenüber der Bindung an die Gruppe, gegenüber der Tradition, der Volkszugehörigkeit.

Wirkliche Religion dagegen ist das individuelle Aufsuchen einer Verbindung zur göttlichen Welt. Was die drei Richtungen angeht, die hier miteinander im Gespräch waren, so ist eine gemeinsame Überzeugung die Schöpfung des Menschen als Gottes Bild, als eines Geschöpfes, das seinem Schöpfer nacheifern, ihm dienen, von ihm lernen, sich durch seine Hilfe entwickeln möchte. Sha'ar laAdam – Bab l'il Insan, das heißt: »Das Tor zum Menschen«, zum Menschsein. Dieses Ziel eint all die so verschiedenen Menschen, die sich hier treffen: Den jüdischen Gelehrten, den muslimischen Richter, den jungen israelischen Soldaten, die anthroposophischen Künstler, den arabisch-israelischen Rechtsanwalt, die Franziskanernonnen, den christlich-arabischen Initiator des »Hauses der Hoffnung«, den Regisseur, der um das neue Judentum kämpft, wie die Waldorflehrer, den Beduinensheikh oder die unterzeichnende Pfarrerin der Christengemeinschaft.

Unser großes Michaels-Laubhütten-Ramadan-Fest hatte neben dem Beginn des Gesprächs über religiöse Themen das Ziel, eine Initiative vorzustellen, für die alle Freunde der Begegnungsstätte gemeinsam eintreten wollen: Das Zentrum dieses besonderen Ortes in Galiläa soll ein Gebetshaus werden, das alle Menschen nutzen können, die es wichtig finden, dass das Göttliche im Menschen von der Verbindung zu seinem Ursprung lebt, egal ob wir Juden, Muslime, Drusen, Buddhisten (ja, denn auch die gibt es dort!), Freidenker oder Christen verschiedenster Konfessionen sind.

Dabei entsteht eine Geschichte zur Frage des interreligiösen Dialoges, die schon oft erzählt wurde, hier aber nicht fehlen darf:

»Und jetzt, wo ihr euch so schön habt einigen können über all das Allgemeine, wüsste ich doch gern, wie ihr erklären könnt, dass es verschiedene Religionen gibt. Eine muss doch die richtige sein?«

Der Muslim, dessen Antwort wir eigentlich auch alle kennen (»Sure 5: Gott hat uns verschieden gemacht, damit wir voneinander lernen«), lässt mir den Vortritt.

Also beschreibe ich den Augenblick:

Wie wir da um das Feuer sitzen, stehen, liegen, und jeder es aus einer anderen Richtung sieht.

Wie für den einen die Kaffeetassen im Vordergrund stehen, für den anderen die Teekanne, hinter der die Steinmauer, die das Feuer eingrenzt, nicht sichtbar ist.

Wie das Feuer von der einen Seite ziemlich heruntergebrannt aussieht, auf der anderen Seite noch hell lodert.

Wie es unterschiedlich aussieht, je nachdem ob ich stehe oder unter der Sichtgrenze der Mauer liege. Ich müsste aufstehen, um etwas zu sehen.

Wie vielleicht sogar jemand mit dem Rücken zum Feuer sitzt und in den

Wald schaut und sagt: Hier gibt es kein Feuer, ich sehe nichts. Und dabei gar nicht bemerkt, wie er vom Feuer gewärmt wird, und wie er den Wald nur sieht, weil das Feuer ihn erleuchtet.

So ist das mit dem Blick in den Himmel der göttlichen Welt ...

Die Frage ist also nicht: Wie sehe ich das Feuer? Die eigentliche Frage ist: Wie *pflege* ich das Feuer? Denn ohne den Menschen wird es immer schwächer brennen. Und die Welt braucht Licht und Wärme.

Entworfen wurde das Haus der Andacht, das im Mittelpunkt der Bemühungen um dieses Feuer stehen soll, von den Architekten Robert Lütjens und Gabriele Hübener aus Oldenburg. Sie fanden auf Anhieb die Form, mit der sich die Träger der Begegnungsstätte verbinden konnten: einen schlichten Raum, der sich auch zum Feiern der Menschenweihehandlung eignet, eine ovale Mauer, die die weiteren bescheidenen Innenräume birgt, und die zudem einen geschützten Innenhof als Vorraum umfasst. Ein Teil des Waldes heißt schon jetzt im internen Sprachgebrauch das »Gebetshaus«.

Mit Hilfe verschiedener Projekte versuchen wir nun, das Geld für den Bau zusammenzubekommen. Das ist nicht einfach, denn es gibt keine »Gemeinde«, die das Geld sammeln und eventuelle Baudarlehen abzahlen könnte. Unser Verein, der Freundeskreis der Begegnungsstätte in Israel, braucht die kleinen Beiträge und Spenden für die vielen Initiativen, die dort stattfinden, damit die Menschen ein gesundes Miteinander entwickeln, über die im Alltag oft unüberwindlichen, wenn auch äußerlich unsichtbaren Grenzen zwischen den Kulturen hinweg: Schulkinderprogramme, Frauengruppen, Sprachkurse, Theaterpädagogik für arabische Kinder und die Feste als Begegnungen der größeren Gemeinschaft.

2002 konnte ich hier zum ersten Mal von den noch ganz neuen Ideen berichten. Inzwischen ist viel passiert. Der Wald ist bereichert um eine gut ausgebaute Versammlungsstelle, die Freiluftbühne, feste Zelte, Versammlungsstätten, sanitäre Anlage, eine Küche, und die Kiefernmonokultur wird nicht nur von einem kleinen Gemüse- und Kräutergarten aufgelockert, sondern wir haben auch einige landestypische Bäume

pflanzen können. Immer wieder haben unsere Jugend-Sommerlager zur Entwicklung des Ortes beitragen können. In diesem Jahr war zur geplanten Reisezeit Krieg. Die Hoffnungen auf einen Frieden von außen sind minimal geworden in der Region. Überall breitet sich Frustration aus, Hoffnungslosigkeit, die einen guten Nährboden für Fundamentalismus bietet. Die einzige Hoffnung ist der innere Friede, der Friede im Kleinen, zwischen Nachbarn. Hier sind die Keime der Zukunft, die den Menschen den Mut geben, überhaupt weiterzuarbeiten an einer freundlicheren Welt. Initiativen wie Sha'ar laAdam – Bab l'il Insan gehören dazu. Es ist anrührend, dass die erste große Frage, die dabei entsteht, ist: Wie finden wir eine echte Spiritualität, eine wirklichkeitsnahe, menschliche, lebenswerte, individuelle Form, uns mit dem Göttlichen wieder zu verbinden, jeder auf seine Art?
An diesem Ort beginnt man zu verstehen, wann das erneuerte Christentum wirklich mehr ist als eine Spielart der konfessionellen Religionen. Alle können etwas damit anfangen, das Gespräch lebt von der Fähigkeit, sich einzufühlen in die verschiedensten Wege zu Gott.

Auf der Höhe

Mittwoch, den 20. März

Auf dem Berg Tabor

Zu den Bergen hebe ich meine Augen auf ... woher wird meine Hilfe kommen? Meine Hilfe kommt aus der Kraft, die Himmel und Erde erschaffen hat. Er wird deinen Fuß nicht gleiten lassen. Und der dich behütet, schläft nicht. Siehe, es schläft und schlummert nicht der Hüter seines Volkes. Er ist der Hüter. Er ist das Urbild all deines Handelns ... (frei nach Psalm 121)
Heiligtümer auf Bergen. Heute geht es zum Tabor, dem Gegenentwurf zum Hermon, in dessen Nähe wir die Kraft nicht so recht spürten, die zur Verklärung führen konnte. Der Tabor allein kann das (natürlich!) auch nicht. Die alten Kräfte des Ur-Erschaffenden

Kirche Tabor

mussten versiegen. Hie und da waren sie noch spürbar, kamen aus der Erde herauf. Die Menschen suchten sie nah am Himmel, auf »einem hohen Berg«. Und wenn es *einen* solchen eindeutig hohen Berg gibt, ist es der regelmäßige, alleinstehende Kegel des Tabor. Er war schon vor Urzeiten ein Baalsheiligtum – das Heiligtum eines hohen Wesens, das die Naturkräfte beherrschte. Zum Berg der Verklärung wurde der Berg erst im 4. Jahrhundert erklärt. Das Evangelium schweigt sich über den Ort dieses Ereignisses aus – zuerst wird er nicht genannt, dann sollen die Jünger nicht davon reden. War der Ort vielleicht nicht wichtig? Wichtig war das Ereignis an sich: Bald werden wir nicht mehr auf dem Tempelberg anbeten oder auf dem Garizim oder auf dem Tabor, sondern mit im Geist und in der Wahrheit ...

Und doch ist der Tabor ein starker Ort. Schade, dass wir nicht die Zeit (und wahrscheinlich in den meisten Fällen auch nicht die Kondition) hatten, zu Fuß aufzusteigen. Die Fahrt mit dem Auto ist aber auch eine Art Einweihungsweg. Beim ersten Mal, als ich mehr aus Versehen mit dem Auto hochfuhr, war der Weg noch viel weniger befestigt. Unten lagen die abgestürzten Autos vergangener Zeiten. Hier fuhr niemand selbst hinauf – außer mir, Blut und Wasser schwitzend ob der steilen Serpentinen...

Mut oder Kraft oder beides – einen »hohen« Berg zu bezwingen, ist eine Herausforderung. Danach sind wir dem Himmel näher und uns selbst vielleicht auch.

Flussabwärts: Neve Shalom – Wahat as-Salam

An sich würden wir nun durch die Ballungsgebiete Israels an der Küste entlang nach Jerusalem fahren, um des Kontrastes zur friedlichen Landschaft Galiläas willen, und um auf dem Wege Neve Shalom – Wahat as-Salam zu besuchen, das von Bruno Hussar begründete Friedensdorf in der Nähe des Klosters Latrun. Präsi-

dent Obama macht uns in dieser Beziehung einen Strich durch die Rechnung, denn wegen seines Besuches im Land wird im Laufe des Tages stundenlang die Autobahn gesperrt. Wir entschließen uns also, noch einmal am Jordan entlang zu fahren – dort begegnen wir dann nur den aus Amman über den Allenby-Grenzübergang eingefahrenen Staatskarossen der Amerikaner.
Um den kurzen Besuch in Neve Shalom – Wahat as-Salam ist es schade. Immerhin ist die Initiative dem Impuls von Sha'ar laAdam – Bab l'il Insan sehr verwandt, wenn auch Neve Shalom älter ist und eine ganz andere Struktur angenommen hat, als unsere Begegnungsstätte sie anstrebt.
Bruno Hussar, auf den die Initiative zurückgeht, war ein besonderer Mensch. Geboren als Jude in Ägypten, lernte er während seines Ingenieur-Studiums (Brückenbau!) in Frankreich das Christentum kennen und wurde Dominikaner-Pater. Als solchen sandte man ihn ins Heilige Land, wo er als Arabisch-Kundiger gut unter den ortsansässigen Christen wirken konnte. Er verstand seinen Auftrag aber viel breiter und begann, sich auch um seine Volksgenossen, die Juden, zu kümmern – kein leichtes Unterfangen. So lag ihm der Frieden als ein ganz allgemein menschliches Ziel besonders am Herzen. Trotzdem konnte er seine Impulse innerhalb der katholischen Kirche lange nicht verwirklichen, weil seine Vorgesetzten nicht sahen, welche Möglichkeiten er mit seinem besonderen »Schicksal zwischen den Völkern« hatte. Zwar bekundete man guten Willen, aber wirkliche Freiräume bekam er erst eingeräumt, als er auf die Frage eines Kirchenoberen, wie es denn um seinen Einsatz für die Versöhnung im Heiligen Lande stehe, antwortete, dass er sich ein bisschen davor fürchtete, eines Tages an der Himmelspforte gefragt zu werden, was er denn aus seinen Möglichkeiten gemacht habe. Dann gedenke er zu antworten, dass man sich mit dieser Frage bitte an die ihm vorgesetzten Stellen der katholischen Kirche wenden möge, die ihm keinen dementsprechenden Auftrag gegeben hätten.

1970 bekam er vom Kloster Latrun zwischen Jerusalem und Tel Aviv ein Stück Land zur Verfügung gestellt, das genau auf der früheren Grenze zwischen Israel und den jordanischen Palästinensergebieten lag. Nachdem er ein Jahr in einem Bauwagen ausgeharrt hatte und sich noch keine Interessenten für eine gemischte Siedlung gefunden hatten, gab er sich ein weiteres Jahr. Und in dieser Zeit konnten dann die ersten Schritte getan werden. Zu seinen gleichgesinnten Freunden gehörten auch einige der alten Anthroposophen im Land. Heute ist der Ort eine ruhige Wohnsiedlung, in der etwa fünfzig Familien wohnen, genau gleich viele Araber (christliche und muslimische) und Juden – mit einer bekannten Friedensschule, einer zweisprachigen Grundschule, die ständig mit Genehmigungs- und Zuschuss-Problemen kämpft, weil sie in kein Raster passt, einem Hotel und einem kleinen Restaurant.
Ein besonderer Ort ist das »Haus der Stille«, ein einfacher, lichtdurchfluteter weißer Kuppelbau. Es geht auf Bruno Hussar selbst zurück: ein spiritueller Raum des Schweigens, der jede »laute« religiöse Betätigung ausschließt. Nach dem Tode Hussars 1996 vegetierte der spirituelle Impuls lange vor sich hin, bis deutlich wurde, dass ohne diese Seite der Einrichtung wertvolle Substanz verloren ging. Das Zentrum für inter-religiöse Studien, die *Doumia Sakinah,* wurde begründet, das auch Räume für Gottesdienste aller Art enthält. Ein großer internationaler Freundeskreis, besonders auch in Deutschland, hilft all diesen Initiativen finanziell und ideell beim nicht immer so einfachen Überleben.

Rast in Palästina

Auf dem Weg machen wir Pause an einem inoffiziellen »Rasthaus« in Palästina. An sich dürfen wir mit unseren Mietbussen nicht in die Palästinensergebiete fahren (jedenfalls nicht in die A-Zone, alles andere ist eine Grauzone), denn dort sind wir nicht versichert.

Nur deshalb machen wir keinen Abstecher nach Jericho, in die tiefstgelegene Stadt der Welt, was ein schöner Kontrast gewesen wäre zum Berg am Anfang der Tagesetappe. Stattdessen halten wir kurz davor an der Straße an, wo ein paar Läden mit auffälligen Auslagen und zwei einander gegenüberliegende Schnell-Restaurants die Durchfahrenden dazu verlocken, doch ein wenig von ihren Reise-Devisen in Palästina zu lassen. Es tut gut, noch einmal diese Atmosphäre aufzusaugen, die einfachen Falafel-Pitas zu spottbilligen Preisen zu essen, arabischen Kaffee mit Kardamom zu trinken, quasi am Straßenrand, wo ein paar Männer rauchen und Kaffee trinken, als ob sie zu fünft den ganzen Tag lang auf die paar Reisenden warteten, die hier Halt machen. Nicht weil es so besonders erhebend wäre, aber weil der Unterschied so groß ist, nicht nur der Unterschied zum jüdischen Israel, sondern auch der zur arabisch-israelischen Umgebung, die wir im Norden kennengelernt haben. Die schmucken Städte Akko und Shfa'amr, auch das geschäftige Nazareth – sie sind ungemein europäisch im Vergleich zu dieser Umgebung.

Es ist schon erstaunlich, wie sich der Blick verändert, wie die Reisegefährten nach einigen Tagen ganz andere Dinge wahrnehmen als zu Beginn der Reise.

Festival in der Altstadt

Am Nachmittag sind wir zurück in der Altstadt. Die Rückgabe der Mietwagen war – wieder dank des amerikanischen Staatsbesuches – ziemlich abenteuerlich. Die Gruppe wurde in einer verkehrstechnisch bedenklichen Hauruck-Aktion an der Altstadtmauer abgesetzt, die Fahrer mussten dann das Untergeschoss eines merkwürdigen Parkhauses suchen, das in einem Einkaufszentrum in einem ziemlich frommen und wuseligen Teil der jüdischen Stadt als Ersatz für die Mietwagenstation am King David Hotel diente

– ein Rätsel, warum das trotz allem recht problemlos gelang. Im Hotel treffen wir dann »den Patienten« und seine Frau wieder, frisch mit einem israelischen Stent versorgt und noch ein wenig zerbrechlich wirkend, aber es ist spürbar, dass wir nun als Gruppe wieder komplett sind. Der Abend dient der Nachbereitung, danach zieht es die meisten noch in die Gassen der Altstadt, wo ein Musik-Festival stattfindet.

Wieder so eine zwiespältige Aktivität, denn die Kultur des Multi-Kulti, die hier zelebriert wird, ist manchen Altstadtbewohnern sicherlich nicht so recht willkommen, aber danach fragt niemand. Ich kann mir schwer vorstellen, dass die spärlich bekleidete jüdisch-israelische Jazz-Sängerin am Muristan mit ihren anzüglichen Tanzbewegungen den doch heute meist muslimischen Nachbarn gefällt. Wahrscheinlich dachten die Veranstalter: Das christliche Viertel, das ist doch europäisch, also westlich, also halten die das aus! Es gibt wirklich alles: kleine und große Gruppen, arabische, armenische, jiddische, jazzige, folkige, Profis und kleine private Combos … Die ganze Stadt klingt – hinter einer Ecke wird die

Altstadtfestival

Musik leiser, um von anderswo wieder anzuschwellen, und so kann man immer weitergehen und bleibt doch mittendrin ...
Die Stadtverwaltung tut einiges, um das Gefühl eines vielseitigen, toleranten Groß-Jerusalem zu erzeugen. Und wer den arabischen Journalisten Sayed Kashua, der mit seiner Familie in einer jüdisch geprägten Umgebung lebt, mit seiner Kolumne in der liberalen Tageszeitung *Ha'aretz* liest, der weiß, dass Durchmischung durchaus stattfindet, wenn auch ziemlich selten und mit vielen Hindernissen. Es gibt auf allen Seiten eine Menge Leute, die solches Eintauchen in die Kultur des anderen als Verrat empfinden. Kashua würde sich das verbitten, aber für viele Araber ist er ein Kollaborateur, ein Schwächling, der sich mit den Juden einlässt, statt stolz an einer rein arabischen Identität festzuhalten. Dabei will er nur er selbst sein – aber wer ist das, wenn man alle kulturellen Hüllen abzieht?
Die Altstadt ist lebendig – aber nicht als eine Welt, sondern als eine Verquickung vieler Welten, die sich nur wenig durchdringen ...

Zwei Seiten und mehr

Donnerstag, den 21. März

Die Peacemakers of Jerusalem und Eliyahu McLean

Heute werden wir ein Experiment wagen: eine »Dual Narrative Tour« nach Hebron/al-Khalil. Solche Touren werden inzwischen von verschiedenen Organisationen angeboten, unter anderem auch von den Soldaten, die mit »Breaking the Silence« versuchen, ihre traumatisierenden Erfahrungen im besetzten Palästina zu verarbeiten. Wir verbringen den Tag mit einem Freund, der die Tour mit einem anderen Schwerpunkt anbietet – mit Rabbi Eliyahu McLean.

Ich kenne ihn über Petra Heldt, die Generalsekretärin der ökumenischen Bruderschaft. Er ist gebürtiger Amerikaner, ein Kind von Eltern der Flower-Power-Generation aus Kalifornien. Aufgewachsen ist er in dem für die 70er-Jahre typischen indisch-inspirierten spirituellen Umfeld, in dem viele junge Amerikaner damals lebten – der Vater Sohn eines schottischen Pfarrers und die Mutter aus einer jüdisch-amerikanischen Familie, mit indischen Namen, östlichen Meditationen, Räucherstäbchen ... Als einer seiner Freunde seine jüdische Bar Mitzwa feiert, also mit dreizehn Jahren, fragt er seine Eltern, ob er das nicht auch tun dürfe. Und erfährt erst da, dass er nach dem jüdischen Religionsgesetz, der *Halacha*, sowieso jüdisch ist. Also wendet er sich an seinen jüdischen Großvater und wird selbst ein »Sohn des Gesetzes«. Später studiert er den Islam, auch an der Al-Azhar Universität in Kairo. Wird selbst (jüdischer) Sufi – und ein guter Freund Bukharis. Lange Jahre arbeiten sie als »Peacemakers of Jerusalem« im Team zusammen, Eliyahu versteht

es, Netzwerke aufzubauen, knüpft überall Kontakte. Er vertritt ein spirituelles, weltoffenes und doch ganz orthodoxes Judentum, wird ein Schüler des in jeder Hinsicht ungewöhnlichen Rabbis Menahem Froman, der sowohl Siedler als auch radikaler Friedenskämpfer ist, den Dialog mit der Hamas pflegt und gleichzeitig auf dem Recht der Juden besteht, überall im Lande zu wohnen. Dafür würde er auch palästinensischer Staatsbürger werden …
Inzwischen ist Eliyahu selbst Rabbi und arbeitet weiter am interreligiösen Dialog und als Reiseleiter. Wir begrüßen ihn am Damaskustor, wo er uns noch als freundlich-hell gekleideter, aber unverkennbar religiöser Jude begegnet. Dann zieht er ein Sport-Cap aus der Tasche, steckt die Schläfenlocken und seinen Zopf darunter fest und die Gebetsfäden verschwinden in der hellen Jeans. Er schärft uns ein, dass er ein Freund sei, ein Amerikaner namens Eli, und wir eben deutsche Touristen. Denn eigentlich darf er als Israeli nicht in den arabischen Teil der Stadt einreisen, schon gar nicht als Reiseleiter. Wir nehmen einen palästinensischen Bus nach Bethlehem, dann Taxis nach Hebron. Alles geht gut, und wir treffen dort unseren arabischen Führer …

Al-Khalil: Das palästinensische Narrativ

Taleb, Geologe, Beamter im Gesundheitsamt, spricht gut Deutsch, hat in Deutschland studiert. Er ist dafür zuständig, uns die palästinensische Seite näherzubringen. Er führt uns zur »Straße der Apartheid«, an der sich die jüdischen Siedlungen direkt in die arabische Altstadt vorschieben – geschützt vom Militär. Oben sind die Wohnungen der Juden, unten die Straßen der palästinensischen Händler – wenn sie denn bleiben dürfen … Ein Netz ist aufgespannt, um sich vor Müll, der von oben hinuntergeworfen wird, zu schützen. Dann besuchen wir eine Familie mit einer Dachterrasse, die uns einen guten Ausblick gibt auf das Gebäude, von

dem uns Taleb erzählt, es sei seine alte Schule gewesen. Jetzt ist es ein jüdisches Zentrum, eine Synagoge und Wohnungen, völlig abgeschottet von der Stadt, unzugänglich für die früheren Schüler. Enteignet.
Wir fragen ihn: Was war mit den Juden, die schon früher hier waren? Das gab es doch auch vor 1948, oder? Sie wurden nach seiner Aussage von den Engländern aufgehetzt, sich gegen die Araber zu wenden. Nach seiner Auffassung waren es die Engländer, die hinter dem arabischen Pogrom von 1929 standen – durch Anstacheln der Feindschaft zwischen den Beteiligten. So ganz erschließt sich nicht, was die Motive dafür gewesen sein sollen. Von einem Pogrom ist natürlich nicht die Rede, nur von Kämpfen.
Wir besuchen das geteilte Heiligtum, den Abrahamsschrein, das Grab der Erzväter und -mütter, von der islamischen Seite aus, die Frauen züchtig überkleidet mit Umhängen mit Kapuze, die Schuhe

Straße in Hebron

abgestellt. Der Ort ist deutlich im Alltagsgebrauch. Es gibt einige islamische Feiertage, an denen nur Muslime, einige jüdische, an denen nur Juden das Gebäude betreten dürfen. Jeder hat ein paar der Erzväter und ihre Frauen abbekommen, nur Abraham selbst kann von zwei Seiten besucht werden.

Danach verweilen wir noch etwas im *Souk*, in dem in bestimmten Straßen die meisten Geschäfte auf militärischen Befehl aus »Sicherheitsgründen« geschlossen wurden, kaufen Produkte der Frauenkooperative und essen dann bei einer mit Eliyahu befreundeten, sehr herzlichen palästinensischen Familie ein gutbürgerliches arabisches Essen.

Dann kommt für Eliyahu die Zeit der Rückverwandlung. Er hat übrigens nicht mit uns gegessen, sondern selbst mitgebrachte Speisen verzehrt. Dazu erzählt er vom koscheren Essen – völlig unmissionarisch, denn das geht nur ihn als Juden an. Andere Menschen müssen das nicht toll finden. Außerdem erzählt er uns mehr von seinem kürzlich verstorbenen Lehrer Rabbi Menachem Froman.

Hebron: Das Siedler-Narrativ

Nun besuchen wir die jüdische Seite der *Machpela*, die Shuhada (Märtyrer-) Straße, die den Siedlern vorbehalten ist, und hören ihre Geschichte, allerdings nicht von einem der 400 jüdischen Extremisten, die hier wohnen, sondern von unserem für alle Seiten aufgeschlossenen Führer Eliyahu McLean. Das ist vor allem – wie *er* uns erzählt – immer erst einmal die Geschichte eines kleinen Mädchens, Shalhevet Paz, die vor zwölf Jahren hier von Scharfschützen im Kinderwagen erschossen wurde. Das macht jeden Menschen betroffen.

Auf der anderen Seite beginnt die Leidensgeschichte der Palästinenser in der Regel mit Baruch Goldstein, dem jüdischen Amokläufer, einem Arzt, der im damals noch ungeteilten Abrahams-

Grab mit einem Maschinengewehr in die Menge der muslimischen Betenden schoss und neunundzwanzig Menschen tötete.

Die Siedler fühlen sich vom israelischen Staat verfolgt, weil das Militär ihre Hassaktionen zu begrenzen versucht – was nicht leicht ist, weil sie nicht wie die Palästinenser der Militärverwaltung unterstehen, sondern der israelischen Polizei, die nicht in derselben Weise vor Ort präsent ist. Oft kommt es zu Schikane-Akten, die dann mangels Zuständigkeit nicht von den Soldaten verfolgt werden können – während die Aktionen der Palästinenser sofort geahndet werden. 2008 gab es ein »Pogrom« von Siedlern, denen nach einem Urteil des Obersten Gerichtes die Räumung des Hauses drohte, das sie unrechtmäßig besetzt hatten. Sie begannen eine Serie von Anschlägen, wie sie heute unter dem Namen »Price Tag Attacks« traurige Aktualität erlangt haben. Sie tragen die Botschaft: »Wer uns vertreibt, wird damit bezahlen, dass Autos angezündet, Moscheen beschmiert und Gräber geschändet werden.«

Die alte Synagoge, die man im Stadtzentrum wieder aufgebaut hat, wurde nach der kleinen Shalhevet benannt. Im Hadassah-Haus be-

Mauer durch Hebron

sichtigen wir das jüdische Museum, das trotz aller Propaganda, die Eliyahu nicht unkommentiert lässt, Stoff zum Nachdenken bietet. Natürlich gab es früher eine blühende jüdische Gemeinschaft in Hebron, auch nach den Ausschreitungen von 1929, in denen viele Juden die Stadt verließen. 1936 waren es die Engländer, die die Juden evakuierten ...

Hat nicht jeder ein Recht hier zu leben? Aber wie? Sind die Gemeinschaften zu verschieden? Die gefühlte Bedrohung zu groß? Wer muss das Opfer bringen? Jeder meint, selbst das größte Opfer zu sein ... Die Situation heute ist grotesk und vor allem für die Palästinenser ungerecht, demütigend und unmenschlich. Aber wir versuchen auch zu erfühlen, wie es wäre, als Kind einer solchen Siedlerfamilie geboren zu sein und immer zwischen Stacheldraht und unter militärischer Bewachung in einer Steinwüste aus Hass spielen zu müssen. Die Kinder auf allen Seiten sind unschuldig.

Die Busfahrt zurück wird wieder vom Obama-Besuch gestört. Weil der Präsident im King David Hotel wohnt, ist die Busroute verlegt. So kommen wir zu einer Art Nachtwanderung durch Jerusalem – auch sehr schön!

Gedanken im Gespräch

Die Reisegruppe versteht viel, bekommt die Stimmungen recht genau mit. Es entstehen viele weiterführende Verständnisfragen. Was ist dieses »vorchristliche Element«, das nicht vom Christusleben berührt wurde? Lebt es hier weiter, gerade in der Stadt der Erzväter, die alle monotheistischen Religionen miteinander teilen, die Erzväterzeit? Wie könnte das ausgesehen haben? *Chevron*, der hebräische Name der Stadt, hängt mit *chaver*, Freund, zusammen. Und der arabische Name der Stadt, *Al-Khalil*, bedeutet einfach nur »der Freund«. Der Freund Gottes ist gemeint. Was ist der Unterschied zwischen Freundschaft und Liebe?

Es ist interessant, dass es in Hebron im Gegensatz zu vielen anderen palästinensischen Städten fast keine Christen gibt. Hat die Stadt deshalb den Ruf, dass hier die konservativsten Muslime leben? Überhaupt: die meisten Fundamentalisten aller Art? Vielleicht ist es eine unzulässige Verallgemeinerung, aber man spürt hier, dass die Liebe fehlt, die gegenseitige Anerkennung als Werdende, aber auch als Leidende ... *Wo zwei oder drei in meinem Namen versammelt sind* ... Es scheint besser zu gehen, wenn es drei sind.

Hoffnung im Heiligen Land?

Dov Yermiahu, ein 95-jähriger Friedensaktivist und ehemaliger General der israelischen Armee, hat es im Gespräch mit den Teilnehmern der Friedensübungswoche im Herbst 2009 ausgesprochen: Er hat keine Hoffnung für dieses Land. Eher denkt er, dass ein »zweiter Holocaust« bevorsteht, und im Gegensatz zu vielen anderen im Land meint er damit nicht die iranische Atombombe. Vor der scheinen viele Angst zu haben, denn in den Händen eines ziemlich unberechenbaren Mannes, dem die Vernichtung Israels erklärtes Ziel ist, fällt es schwer, an ein rationales »Gleichgewicht des Schreckens« zu glauben, wie es in Europa jahrzehntelang zu einem lähmenden Scheinfrieden beitrug.

Die wirkliche Gefahr liegt aber in der Entfremdung der Kulturen voneinander, von der man den Eindruck haben kann, dass sie fortschreitet.

In Al-Khalil/Hebron ist die Hoffnungslosigkeit bei den Palästinensern ähnlich: Wie soll sich dieses Dilemma jemals lösen lassen? Einige wenige militante jüdische Siedler, meist aus Amerika und Frankreich, die vom Staat Israel unter riesigem militärischem Aufwand geschützt werden, haben die Stadt zerstückelt – ganze Straßen sind zu ihrem Schutz gesperrt, Kontrollen legen das Leben lahm und Provokationen aller Art sorgen für eine ununterbrochene, mal mehr, mal weniger spürbare Spannung, die Leben gefährdet. Soll der Staat mit Gewalt eingreifen, die Siedler eva-

kuieren, die Soldaten abziehen, das Abrahams-Grab, das bedeutendste jüdische Heiligtum, ganz den Palästinensern überlassen? Was man tut, es wird schwierig werden!
Und die Mauer ... und Jerusalem ... und und und. Nur wer sehr oberflächlich hinschaut, sieht einfache Lösungen. Wer hier noch weiß, wer die Guten und die Bösen sind, hat vielleicht noch nicht genau genug hingeschaut. Die Wirklichkeit ist unendlich viel komplizierter. »Man müsste einfach ...«, aber so ein »Einfach« gibt es leider in der Realität nicht. Von außen lässt sich vieles scheinbar eindeutig beurteilen, kommt man näher, so gibt es viele »Ja-Abers«.

Für uns, die wir dann auch wieder wegfahren dürfen, ist das alles eher ein Lehrstück, ein Beispiel dafür, dass es keine äußeren Lösungen für die dringlichen Konflikte der Welt gibt, die hier konzentriert zu sein scheinen. Die Freunde, die im Land leben, gewöhnen sich an den Dauerstress – auf die eine oder andere Weise. Und die Besucher, die wir ins Land bringen, sind meist eher erstaunt, wie scheinbar entspannt man trotzdem ein ganz alltägliches Leben führt.
Wir haben Menschen gefragt, ob sie Hoffnung haben in dieser Ausweglosigkeit, wenn ja, welche, und wie sie die Zukunft sehen. Alte und junge Menschen aus den verschiedensten Bevölkerungsgruppen und Lebensverhältnissen, vor allem aber solche, die sich mit diesen Fragen viel beschäftigen. Die überwiegende Mehrheit auf beiden Seiten scheint das alles eher zu verdrängen. Es gibt erstaunlich viele Menschen, die versuchen, die bedrohliche Wirklichkeit im Alltag auszublenden, die keine Lust haben, sich ihr Leben vom Konflikt diktieren zu lassen, und die möglichst wenig daran denken wollen, was sie tun könnten, um etwas zu verändern. Wir bequemen Europäer können uns vielleicht auch gar nicht vorstellen, wie anstrengend es ist, sich einer solchen Wirklichkeit täglich zu stellen – und verdrängen wir nicht auch viele der Probleme, die uns eigentlich bedrängen müssten?

Hier einige Stimmen:

»Je länger ich im Land bin, desto weniger weiß ich, wie es weitergehen soll ... Mein Mathematiklehrer hat einmal gesagt, dass es Probleme ohne Lösungen gibt – vielleicht ist dies so eins? Oder ich muss an das denken, was Solschenitzyn sagt: ›Die Linie zwischen Gut und Böse geht mitten durch mich hindurch.‹ Für eine wirkliche Lösung braucht es jedenfalls ein gesteigertes Interesse für das Geistige, dann wird auch ein Dialog möglich werden.«

Jan, Eurythmistin, ursprünglich USA

»Wir haben Angst, in der Öffentlichkeit aufeinander zuzugehen, weil wir die Macht der Extremisten auf beiden Seiten fürchten. Das muss sich ändern. Sobald wir den Menschen sehen, wächst das Verständnis füreinander. Wir müssen von den positiven religiösen Werten der anderen lernen.«

Yitzhak, Orthodoxer Rabbiner

»Wir haben viel mehr miteinander gemeinsam, als uns trennt, darum habe ich viel Hoffnung. Die Zukunft? Wir wissen, dass Jesus wiederkommen wird, wenn der Tag des Gerichts sich nähert. Wie das aussehen wird? Auch wenn es heißt, er werde in der Al-Aqsa-Moschee beten, wird er vielleicht kein Araber sein. Gott hilft uns, alle Sprachen zu verstehen, solche Wunder sind möglich, wenn wir die Sprache des Herzens lernen. Wir sind alle Kinder Abrahams, und Gott hat gewollt, dass wir einander mit unserer Verschiedenheit bereichern.«

AbdulAziz, Sufi Sheikh, islamischer Gelehrter, Friedensaktivist

»Die Menschen in diesem Lande fühlen, dass die Katastrophe sich zuspitzt, sie fühlen sich in die Ecke gedrängt. Wir folgen alten Mustern, aber gleichzeitig gibt es auch eine Art Aufwachen bei vielen, eine starke Individualisierung. Diesem zukünftigen Leben wirkt ein starker Materialismus entgegen. Viele frühere Idealisten sind desillusioniert, Ideale sind zerbrochen, und eine Art Lähmung breitet sich aus. Wir müssen lernen, dass Frieden ein Prozess ist, und dass ein Nichterreichen des hohen Zieles nicht bedeutet, dass es sinnlos ist, daran zu arbeiten. Der Idealismus muss von echtem Suchen nach Spiritualität abgelöst werden. Hoffnung machen mir vor allem junge Leute, die eine ganz neue professionelle, aber doch auch ungeheuer ernsthafte und wirklichkeitserfüllte Diplomatie anstreben. Aber auch die jungen Siedler, die auf ihre arabischen Nachbarn zugehen, sie besser kennenlernen wollen.«

Ya'akov, Sprachgestalter, Theaterregisseur, Ex-Offizier, Friedensaktivist, 51

»Ich glaube, dass es möglich ist, friedlich zusammenzuleben, wenn wir einander besser verstehen. Nach über 60 Jahren kriegerischer Auseinandersetzungen ist wohl klar geworden, dass auf Dauer niemand so leben will. Es ist trotz allem besser, mit Problemen zu leben, als ohne Probleme zu sterben ...«

Elias, christlich-arabischer Lehrer, Autor, Friedensrichter, 74

»Als Linker kann ich nie die Hoffnung verlieren. Es gibt heute mit allem, was auch passiert, viele Fortschritte, die in den letzten Jahren geschehen sind. Israel ist aus Gaza abgezogen, es gibt eine Mehrheit für eine Zwei-Staaten-Lösung, und fast jeder fünfte Medizinstudent ist ein arabischer Israeli. Es gibt noch viel zu tun, bis wir ein gerechter Staat sind, aber die Hoffnung ist noch da, und wir werden immer dafür kämpfen.«

Ido, Aktivist der Meretz-Partei, 30

»Ohne Hoffnung kann man nicht leben. Man braucht Geduld, dann geschieht auch etwas. Es hat sich doch vieles auch zum Guten geändert durch gute und gepflegte Beziehungen. Beziehungen pflegen, ist eine Arbeit, die sich lohnt, Gastfreundschaft zu üben, auf andere Menschen aufmerksam zu sein.«

Taha, Sheikh eines Beduinen-Stammes, 69

»Keine Ahnung, ob es Grund zur Hoffnung gibt. Die Militärzeit war eine moralische Herausforderung, aber es ist auch schwer, darüber zu reden, ohne dass man den Eindruck erweckt, alles sei nur schlecht dort. Es ist alles sehr schwer, ich nehme jetzt mal einen Schritt nach dem anderen. Jeden Tag eine gute Tat, und vielleicht zeigt sich dann langsam, wie ich an der Zukunft mitbauen kann …«

Hillel, Ex-Waldorfschüler nach dem Militärdienst, 24

»Nach dem Koran wird Jesus, der der Messias und das Wort Gottes ist, am Ende der Zeiten wiederkommen, und es gibt viele kindlich-naive Vorstellungen davon, wie das sein wird. Als Anthroposoph kann man durchaus seine eigene Interpretation finden, und dann befinden wir uns mitten in der Wiederkunft. Die Frage bleibt aber, was wir bis dahin wirklich tun, um an einer göttlichen Zukunft mitzuwirken. Im Judentum heißt es, dass alle Gesetze gehalten werden müssen, damit der Messias kommen kann, und auch das kann man positiv verstehen. Leider tun weder Muslime noch Juden viel dafür, dass die Bedingungen für ein neues Jerusalem eintreten. Für mich ist die Waldorferziehung Therapie für unsere Gesellschaft: Der Lehrer erzieht sich selbst, das Kind wird dadurch erzogen. Es bewirkt Fragen bei seinen Eltern, bei denen hoffentlich auch eine Veränderung geschieht, die dann wieder weiterwirkt. Das ist eine Erziehung nicht nur für den Einzelnen sondern für die Menschwerdung der Menschheit.«

Amin, arabischer Waldorflehrer, 47

Soweit einige Stimmen. Viele mehr könnten wir zitieren. Vor allem könnten wir noch einiges dazu schreiben, was die oft nicht so hoffnungsvollen und wenig toleranten »Stimmen des Volkes« sagen, die wir auch an jeder Ecke hören. Sie machen uns deutlich, dass die Hoffnung nur darin liegen kann, dass die Menschen einander neu wahrnehmen: mit Respekt vor dem wahren Wesen des anderen, ohne auf die äußeren Zugehörigkeiten, die kulturellen Prägungen fixiert zu sein.

Hier liegt eine große Herausforderung, eine große Chance für alle, die nicht im Land verwurzelt sind: Wir können die Verantwortung für diese besondere Weltregion, in der so viele Probleme stellvertretend ausgetragen werden, freiwillig auf uns nehmen. Viele Menschen aus aller Welt tun das: Sie beten in den Klöstern des Landes für Frieden, sie kommen als Volontäre, die in humanitären Organisationen an der Verbesserung der Lebensbedingungen der Menschen vor allem in Palästina arbeiten, aber auch zum Beispiel in jüdischen sozialen Einrichtungen, die ein Zeichen setzen wollen zur Aufarbeitung geschehenen Unrechts in der Nazi-Zeit. Diese meist jungen Leute bringen viel positive Energie mit, Hingabefähigkeit und ein hohes Verantwortungsbewusstsein. Sie haben tatsächlich, wenn sie eine fragende Grundhaltung bewahren und nicht mit vorgefassten Meinungen kommen, einen großen Einfluss auf die Eigenwahrnehmung der Menschen, denen sie begegnen. Sie sind in ihrer meist liberal-individualistisch geprägten Sichtweise Auslöser für so manche Fragen, die sich die Israelis oder die Palästinenser vielleicht ohne sie nicht so leicht stellen würden, zum Beispiel in Frauen- und Menschenrechtsfragen in Palästina. Oft fungieren diese engagierten Menschen als eine Art personifiziertes Gewissen.

Solche Menschen machen uns Hoffnung. Sie regen etwas an, was ein kleiner Baustein sein kann zu einem fernen »Neuen Jerusalem«. Dieses Jerusalem ist nach der islamischen Tradition der Ort, an dem der Himmel der Erde am nächsten ist – die Tore des Himmels sind über Jerusalem. Deshalb stieg Mohammed von hier in die geistige Welt auf, und hier wird Jesus beten, wenn er das Gericht einleitet – nach der Prophezeiung des Korans.

Auch nach jüdischer Tradition beginnt das Wirken des Messias in der Heiligen Stadt. Erst wenn Er kommt, wird der Tempel wieder aufgebaut. Nach der Offenbarung des Neuen Bundes ist das Ziel des Menschenwerdens ebenfalls verknüpft mit dem Bau des Neuen Jerusalem. Sein Reich ist nicht von dieser Welt, aber es wird diese Welt verändern, bis in die

Wirklichkeit dieser Stadt hinein, nach allen religiösen Zukunftsbildern. Dann wird Friede sein zwischen den Menschen.
Warum, so fragt Sheikh Bukhari, der islamische Sufi-Sheikh, der in der Via Dolorosa unweit des Tempelberges lebt, sollten wir Menschen nicht schon vorher damit anfangen, die Liebe zueinander zu üben? Es ist nicht gleichgültig, was in diesem Land geschieht, für niemanden auf der Welt. Wenn in Jerusalem Krieg ist, kann in der Welt kein Friede sein. Und wenn in der Welt ein echter Friede herrschte, wenn wir alle einander schon achten und lieben könnten, wäre dann in Jerusalem auch Friede? Zeigt das nicht, dass es um den einzelnen Menschen geht? Erst wenn der Mensch wirklich Mensch wird …

(Mit-Autoren des Artikels, der in der Zeitschrift *Die Christengemeinschaft* im Mai 2010 zuerst erschien: Susanne Reimers und Clemens Schuur)

Eine weitere Stimme möchte ich noch zu Worte kommen lassen, weil sie so schön ausdrückt, dass das Land ein lebendiges Wesen ist:

»Es ist wahr, ich lebe die Geschichte des Landes selbst, der Erde des Landes. Ich lebe das ganze Land und nehme Rücksicht auf die Menschen, die hier leben. Daher weiß ich, dass das Land die Teilung nicht erträgt. Und ich weiß, dass das Land leidet. Das Land ist zornig. Schließlich haben wir im letzten Jahrzehnt zwei große Monumente gebaut: die Teilungsmauer und den neuen Flughafen. Beide haben als Baudenkmäler etwas gemeinsam: Sie sind dazu da, uns leben zu lassen, als ob wir nicht hier wären. Sie dienen dazu, uns das Land und die Palästinenser nicht sehen zu lassen, als ob wir eine Verlängerung des südlichen Italiens wären. Ich sehe aber die für den Zaun zerstörten Obstplantagen. Das Herz weint. Das Herz weint im Namen des Landes. Für mich ist das

Land ein lebendiges Wesen. Und ich sehe, wie dieser Konflikt das Land gefoltert hat, das Heimatland. Ich trauere wegen der Qualen des Heimatlandes.«

Meron Benvenisti, geb. 1934 in Jerusalem, Politikwissenschaftler, Historiker, ehem. stellvertretender Bürgermeister von Jerusalem, in »Haaretz«, 11.10.2012 (Übersetzung IWS)

Opfertaten

Freitag, 22. März

Schatten der Vergangenheit

Alles ist anders, wenn Obama kommt. Eigentlich wollten wir heute – wie immer am letzten Tag in Jerusalem – mit der ganzen Gruppe nach Yad vaShem, der Gedenkstätte, in der der jüdische Staat den Opfern des Holocaust, auf Hebräisch: der Shoa, einen Ort und einen Namen geben möchte. Aber die Einrichtung war aus Sicherheitsgründen geschlossen, weil der amerikanische Präsident am Morgen zu Besuch kommen sollte.

Einerseits kann man den Eindruck haben, dass ein Besuch in dieser besonderen Gedenkstätte, die weit mehr ist als ein Museum, Pflicht ist für jeden Reisenden in diesem Land, oftmals vielleicht eine eher lästige Pflicht, derer viele Menschen heute ein wenig überdrüssig sind. Auch für Israelis, insbesondere Schulkinder und Soldaten, ist der Besuch Teil eines obligatorischen Ausflugsprogramms, dessen Ziel das Bewusstsein dessen ist, dass die Beispiellosigkeit des Holocaust nie vergessen werden soll, dass so etwas nie wieder geschehen darf, schon gar nicht dem jüdischen Volk. Das wird patriotisch ausgenutzt, ist aber trotzdem nach wie vor ein berechtigtes Lehrstück – in der Didaktik des Museums inzwischen auch dafür, dass nicht anderswo in der Welt ähnliche Verbrechen geschehen dürfen. Die Dimension des Grauens, die im Holocaust offenbar wurde, ist kaum zu erreichen, aber Massaker, Völkermord und Vernichtungskriege sind ja auch heute durchaus nicht undenkbar.

Wenn wir jüdische und arabische Jugendliche zu Begegnungen

in Deutschland als Gäste hatten und mit ihnen ein ähnliches Gedenken an Stätten der Verbrechen der NS-Zeit pflegen wollten, waren die Erfahrungen mit den Erfolgen dieser Strategie allerdings durchaus sehr verschieden: Die arabischen Jugendlichen machten den Eindruck, dass sie bei uns zum ersten Mal ernsthaft etwas über die Judenverfolgung in Europa in der Nazizeit hörten – und dass sie es äußerst erstaunlich fanden, dass diese »Propaganda der Juden« auch von uns Deutschen verbreitet wurde. Sollte doch etwas dran sein an dem, was in der arabischen Bevölkerung nicht so recht als Fakt angenommen wird? Ein Höhepunkt dieses Lernerlebnisses war für mich, wie wir auf dem anschließenden Gegenbesuch von Galiläa aus mit der ganzen Gruppe auch in die Palästinensergebiete fuhren, und eine arabische Teilnehmerin ganz deutlich aussprach, dass die Gewaltherrschaft, die dort von den Israelis den Palästinensern gegenüber ausgeübt wird (und von der wir von unseren Gesprächspartnern reichlich Beispiele hörten), doch nicht wirklich ein neuer »Holocaust« sei – niemand hätte sich doch wohl zum Ziel gesetzt, die Palästinenser kollektiv und in organisiertem Stil zu ermorden … Dann doch eher Apartheid, obwohl natürlich auch dieser Vergleich hinke, Menschenrechtsverletzungen, in Ordnung, aber Holocaust? Niemals …

Die jüdischen Jugendlichen dagegen waren eher gelangweilt vom Gedenken in Deutschland. Es war für sie alles sehr selbstverständlich, nichts Neues, selbst die Tatsache, dass Deutsche das auch würdigen. Sie schienen bereits eine Überdosis erhalten zu haben und verweigerten das Thema meist komplett. Nur das Gespräch mit alten Menschen aus der Gemeinde, die aus ihrer Kindheit und von eigenen Erfahrungen erzählten, konnte sie wenigstens ein bisschen interessieren.

Die Mission des jüdischen Volkes und der Messias

Was ist die Mission des jüdischen Volkes? Die Frage ist heikel, denn gibt es heute überhaupt noch Aufgaben einzelner Völker? Ist nicht jeder Mensch ein potentieller Weltbürger? Und doch lebt das Nationale munter weiter, und das längst nicht nur in Israel. Da ist zudem offensichtlich etwas sehr Besonderes in der Verquickung von Nation, Ethnie und Religion, ein Sonderschicksal gewissermaßen, das uns als Außenstehende immer ein wenig als Rätsel erscheinen muss. Wir können es – wie jede ungelöste Frage – vereinfachen, verdrängen oder zu verstehen versuchen ...

Geistesgeschichtlich gesehen beschränkt man sich aus der Sicht des Christentums oft vereinfachend darauf, davon zu sprechen, dass die Aufgabe des jüdischen Volkes die Vorbereitung des Christus-Impulses war. Von nichts anderem handelt ja im Grunde genommen die Hebräische Bibel, auch wenn ein Jude sicherlich eher von der Vorbereitung des Messias-Impulses sprechen würde. Christos, der Gesalbte, ist aber nicht etwa der Nachname des Jesus von Nazareth, sondern eine Übersetzung des hebräischen Titels »Meschiach«, des Königs und/oder Priesters, der durch heiliges Öl durchlässig gemacht wird für die vom Himmel einstrahlende Gotteskraft. Diese spendet er – anders als Könige und Priester vor ihm – nicht einem einzelnen Volk, sondern für die ganze Menschheit. Er bringt sie auf die Erde.

Das ist auch heute in Variationen die Aufgabe, die als Ziel vor der jüdischen Religiosität steht. Wer als Christ davon ausgeht, dass der Messias bereits da war, der kann sich leicht zu der Meinung verirren, die über Jahrhunderte den kirchlichen Anti-Judaismus begründete: Die Juden braucht es heute nicht mehr, sie haben nicht verstanden, dass der Christus schon in die Welt gekommen ist. Also sollten sie sich von ihrem Irrglauben abwenden und sich taufen lassen. Wer die Welt nur von diesem Standpunkt aus sieht, muss zu dem Schluss kommen, dass das Jüdisch-Sein heute ein Anachronismus ist.

Aber ist das so richtig? Für Juden ist die Christusfrage im Allgemeinen nicht das Zentrale an ihrem Glauben, das heißt, sie definieren sich natürlich nicht primär als diejenigen, die nicht an den Christus glauben, sondern erleben die positiven Ziele ihrer Religion als vordringlich. Über den Christus lässt sich aus jüdischer Sicht nur sagen: Ist die Welt denn schon gerettet? Erleben wir, dass er uns irgendwie erlöst hat? Geht es den Menschen denn heute wirklich besser als vor seinem Kommen? Und wenn wir diese Kritik ernst nehmen, dann können wir nur mit Christian Morgenstern zu dem Schluss kommen, dass wir erst am Anfang stehen mit unserem Christentum. Und dass es noch weit ist bis zur Vollendung, die die individuelle Freiheit, die Fähigkeit zur selbstlosen Liebe für alle Menschen einschließt. Wer wäre dann heute schon Christ? Vielleicht kann man gar nicht Christ sein – sondern nur *werden*?

Auf dem Wege dahin kann es vielleicht auch ganz berechtigt sein, an anderen Menschheitsaufgaben zu arbeiten, die der Erreichung dieser Ziele des Menschwerdens dienen. Und dazu gehört immer wieder das Erwachen am anderen, das Bewusstwerden der eigenen Individualität, der Verantwortung. Auf diesem Gebiet macht die Menschheit durchaus spürbare Fortschritte in den letzten zweitausend Jahren.

Das besondere Schicksal des in alle Welt zerstreuten Volkes, das überall fremd war, hat sicherlich gerade dazu beigetragen, Wachheit und Selbst-Bewusstsein bei den Völkern der Welt zu stärken. Nicht nur der Jude, der der »Fremde« war, war ja in der Situation einer überhöhten Wachheit – auch diejenigen, bei denen er wohnte, wurden in dieser Weise herausgefordert – und bewiesen nur selten die christliche Liebekraft, die in einer Begegnung mit dem Nächsten, Anderen, Andersartigen, Fremden und sogar Feind angemahnt wird. So gesehen waren die Juden das Salz der Erde – und in ihrer Entwicklung zum Ich-Bewusstsein allen anderen, stärker in der Selbstverständlichkeit einer heimatverbundenen Volksgruppe lebenden, nicht heimatlos umherziehenden Menschen weit voraus. Das drückt sich zum Beispiel darin aus, dass sie stärker mit Wort, Schrift und Buch lebten, dass sie Verbindungen pflegten zwischen verschiedenen Völkern, anpassungsfähig wurden und vieles mehr. Das Opfer der Heimatlosigkeit trug durch die Jahrhunderte Früchte für sie selbst und für die Welt.

In unserer Kultur trifft man oft ein sehr schlichtes Bild der Messiaserwartung im Judentum. *Die Chabad*-Bewegung, diese gewissermaßen Neureligiösen, oft sehr spirituellen Juden, die stark unter den »Abgefallenen« im Volk missionieren für die Einhaltung der Gesetze, hat noch eine klare Vorstellung, dass der Messias eine Person sein könnte, und sogar wer es sein könnte, steht im Mittelpunkt ihres Interesses. Ansonsten lebt aber im aufgeklärten Judentum heute eher ein Messiasbild, das das Kommen des Erwarteten als eine Art Zustand, als ein Zeitalter sieht, das kommen wird, wenn die Menschen sich individuell entsprechend geläutert haben. Chabad oder Martin Buber? Das Judentum hat viele Spielarten und Facetten, und ganz bestimmt auch eine tief spirituelle Seite, die sich nicht in einer veräußerlichten Messiaserwartung erschöpft. Dies zu beschreiben, ist hier nicht das Thema.

Wie lange werden die Menschen verschiedene Wege gehen? Bis zum Erreichen des Menschheitszieles unserer Zeit. Das ist auch ein Zustand der Verwirklichung des Christus-Impulses, ein Kommen des Messias in seiner Art. Im Römerbrief des Juden Saulus, der mit seinem römischem Namen immer schon auch Paulus hieß, heißt das: Bis die Masse der Völker den Zugang gefunden hat. Haben sie das etwa schon? Im neunten bis elften Kapitel des Römerbriefes finden wir Anregungen, die uns bei der Beschäftigung mit der Frage nach der Mission des Judentums helfen und jeden Hochmut verbieten. Wir stehen selbst erst am Anfang …

Opfergeschichten

In Bezug auf die Shoa hat einer der Gründer des Kibbuz Harduf, Jesaia Ben-Aharon, der inzwischen in den USA lebt, den Holocaust als die große Opfertat des Christus im 20. Jahrhundert gesehen – ein heikler Gedanke, der in der Konsequenz doch auch bestechend ist. In dem kleinen Büchlein, das er dazu schon als junger Mann Anfang der 90er-Jahre verfasste, wird deutlich, dass das keinesfalls eine Relativierung des Verbrechens sein soll. Es hätte auch andere Wege geben können, auf denen der Christus in der Lebenssphäre sich den Menschen hätte schenken können. Aber was auch immer man selbst dazu erforschen kann: Die Welt war nach dieser Menschheits-Katastrophe nicht mehr dieselbe, das Bewusstsein der Menschen machte eine starke Bewegung in Richtung Individualisierung.

Wir kommen im Gespräch auf die Frage der Reinkarnation im Zusammenhang mit der Shoa – auch das soll auf keinen Fall eine das Bewusstsein irgendwie entlastende Erklärung sein, im Einzelfall ist der Schmerz größer als die Sinnhaftigkeit. Und doch ist es gut denkbar, dass durch den plötzlichen gewaltsamen Tod all der Weltkriegstoten im Allgemeinen und der jüdischen Opfer im Besonderen im Karma der Menschheit sehr viel durcheinander geriet. Die Welt rückte zusammen, Völkerschicksale verschoben sich ineinander, Flüchtlinge gab es überall, und sehr viel Heimatlosigkeit trug dazu bei, dass überall die Frage nach dem Individuellen im Schicksal deutlicher wurde. Inkarnationsmöglichkeiten, in denen Mitteleuropa und das Judentum eine Rolle spielen, sind danach selten geworden. Und in den Sehnsüchten der Menschen, die das betrifft, lebt der Impuls des jeweils anderen Teiles der deutsch-jüdischen Verbindung. Diese Schicksalswendungen können heute an den ganz konkreten Lebenswegen wahrgenommen werden. Die Begegnung wird gesucht. Ob das die jungen Deutschen sind, die es ins Heilige Land zieht, oder die jungen Israelis in Berlin, sie spüren eine starke Verwandtschaft mit dem anderen – in solchen Schicksalen lässt sich einiges lesen …

Außerdem ist die Affinität der Menschen für den Gedanken von Reinkarnation und Karma ganz allgemein seit dem Zweiten Weltkrieg graduell stärker geworden. Zwischen einem Viertel und einem Drittel der Deutschen sind inzwischen davon überzeugt, nicht nur einmal zu leben – und das sind nicht alles Buddhisten und Anthroposophen, sondern viele ansonsten eher traditionell gläubige Christen (sowie auch Juden und Muslime). Die meisten Menschen sehen heute keine Schwierigkeit darin, diese Gedanken mit ihrem Glauben in Übereinstimmung zu bringen, unabhängig davon, was die offiziellen Lehrmeinungen dazu sagen.

Es würde den Rahmen sprengen, aber hier müssten wir eigentlich einige konkrete Opfergeschichten einfließen lassen, an denen die Folgen der Verbrechen der NS-Zeit deutlich werden. Immer sind es ja die Einzelschicksale, die uns verstehen lassen, dass das Leben nicht in den Vereinfachungen der Ideologien zu erfassen ist, dass es immer auch die andere Seite gibt. So wäre vielleicht auch die Forschung von Gitta Sereny zu erwähnen, die sich eingehend mit den seelischen Werdegängen der Täter beschäftigte. Auf der Opferseite gibt es unzählige Berichte, die das Grauen zu verarbeiten suchen und dabei auch neue Impulse für die Menschheit aufzeigen: Früh bekannt und unvollendet bleibt das Tagebuch der Anne Frank. Imre Kertesz und Viktor Frankl haben in der Verarbeitung neue Fähigkeiten aufgezeigt, die nicht nur ihnen selbst zu Gute kamen. Und auch ein Schicksal, wie das patriotisch instrumentalisierte Leben der jungen ungarischen Jüdin Hannah Szenes, die als britische Fallschirmjägern das relativ sichere Palästina verließ, um in Europa hinter den Linien des Feindes Juden zu retten, und am Ende des Krieges doch noch als Kriegsgefangene von den Nazis erschossen wurde, wäre berichtenswert. Es gibt unzählige Biografien, die neues Licht auf das Dunkel der finsteren Zeit werfen. Und die damit dazu beitragen, dass wir die Mentalität der Überlebenden besser verstehen lernen.

Die Opfer werden nicht so schnell aussterben wie die Täter, die naturgemäß nicht nach 1927 geboren sein können. Opfer sind auch noch die Menschen, die als Kinder von Überlebenden des Grauens die Traumata ihrer Eltern in der Erziehung übernehmen mussten. Für sie ist das, was andere vergessen wollen, noch immer Lebensrealität.

Ein Beispiel aus unserem galiläischen Umfeld ist die vor einigen Jahren verstorbene langjährige »Großmutter« von Harduf, Varda Shilo. Sie wurde in Mannheim geboren, von den Eltern als kleines Kind allein nach Dänemark geschickt, um dort als Einzige ihrer Familie zu überleben. Ihre weitere Reise führte über Schweden ins Gelobte Land. Sie zog ihren Töchtern nach, als diese in Harduf den neuen Kibbuz mitbegründen halfen: die eine als Eurythmistin, die andere als Krankenschwester. Hier leitete Varda ein kleines Gästehaus und war lange der einzige »ältere Mensch« in der Gemeinschaft. Als ich ihr 1993 begegnete, sprach sie kein Deutsch, diese »Sprache der Mörder«. Wir sprachen Dänisch miteinander. Erst nach dem Kennenlernen unserer Jugendlichen einige Jahre später und vor allem der Aufführung von Max Frischs *Nun singen sie wieder* durch die Jugendgruppe aus Oldenburg, begann sie, die Sprache der Dichter und Denker wieder zu entdecken und freute sich fortan, wenn sie Deutsch mit uns sprechen konnte. Lange war sie die gute (wenn auch etwas schroffe) Seele unserer Sommerlager. Für sie und ihren Elektro-Rollstuhl wurden die steinigen Bergpfade in Sha'ar laAdam – Bab l'il Insan durch mühsame Handarbeit barrierefrei gestaltet.

Der jüdische Staat

Rein äußerlich ist der Nationalstaatsgedanke nach 1945 vielerorts auf der Welt zunächst erstarkt, besonders dort, wo die Völker unter der kolonialen Abhängigkeit von fremden Kulturen gelitten hatten. Hier im Land ist ein ganz neuer Nationalstaat, der einzige jüdische Staat weltweit, entstanden. Man kann darüber sprechen, ob es so etwas geben sollte. Und irgendwann demnächst entsteht vielleicht in der Folge dieses Ereignisses ein weiterer Nationalstaat, der bereits auf dem Wege ist, Palästina. Auch das kann man hinterfragen. Aber wie weit sind wir mit der Überwindung des Nationalen in Europa und anderswo in der Welt?

Die Frage ist aber nicht in erster Linie, ob es noch Nationalstaaten geben sollte. Das scheint überall noch eine Selbstverständlichkeit zu sein. Eher können wir fragen: Wie jüdisch muss ein jüdischer Staat sein? De facto gibt es in Israel rund ein Fünftel Bürger, die nicht jüdisch sind, die meisten davon Araber. Wenn man Palästina dazurechnet, sind die Araber im ganzen Land sogar in der Mehrheit.

Es ist also offensichtlich: Das ganze Land kann nicht ein jüdischer Staat sein, wenn es ein demokratischer Staat sein soll. ›Jüdisch‹, ›demokratisch‹ und ›das ganze Land‹ – das ist nicht miteinander vereinbar, ohne dass es zu Vertreibungen und Deportationen käme, was sich glücklicherweise auch kaum jemand vorstellen kann. *Jüdisch* und *demokratisch* im *halben* Land, das ginge – wenn es auch durch die große arabische Minderheit zu Problemen führt. *Jüdisch* und das *ganze* Land – dann wäre das Land, das alle Araber unterdrücken oder vertreiben müsste, aber faschistisch. Oder das *ganze* Land und *demokratisch* – dann aber unter Verlust der jüdischen Mehrheit.

Was würden Sie wählen? Und vergessen Sie dabei die kulturellen Unterschiede und die Existenzängste nicht …

Auch wenn die Mission unserer Zeit die Entwicklung der freien Individualität ist, die Überwindung des Gruppenbewusstseins überall: Es ist sehr leicht, das bei anderen einzufordern, was wir selbst noch nicht können. Der Anachronismus der Nationalstaaten, der Gruppenegoismen ist auf der Welt noch nirgendwo wirklich überwunden. Haben wir eine zu hohe Erwartung an dieses Land und seine Bewohner, wenn wir davon enttäuscht sind, dass das hier nicht gelingt? Könnte es denn überhaupt gerade hier beginnen, wo die Wunden so tief sind? Oder könnte es gerade deswegen einen Versuch wert sein, der von vornherein ein bisschen ins Utopische zielt, weil hier Besonderes zu erwarten ist?
Die Gemeinschaftsgefühle sind gerade aus diesen Gründen in Israel wie in Palästina in allen Bevölkerungsgruppen so stark: In der arabischen Kultur geht es um Familie, Sippe, Blutsverwandtschaft. Bei den Orthodoxen ist es das jüdische Volk. Aber auch die neuen Gemeinschaften in der säkularen jüdischen Welt arbeiten oft mit alter Exklusivität – Kibbuz, Moschav, Zionismus 2000 ... Sochnut, Birth Right, Aliya – so vieles hängt davon ab, ob man jüdisch ist. Und bei der Forderung nach Rückkehr der Flüchtlinge von 1948 ist es bei den Palästinensern ähnlich: Wer auch nur *einen* Vorfahren hat, der 1948 oder 1967 seine Heimat verlassen hat, gehört dazu – aus den ursprünglich 750.000 Menschen wurden so inzwischen geschätzte 5,5 Millionen. Alle diese müssten nach Meinung der Extremisten zurückkehren in ihr Eigentum im heutigen Staate Israel, ohne Wenn und Aber. Ein Zurückweichen hinter diese Forderung gilt manchem Palästinenser als Verrat am Vaterland.
Um Religion geht es dabei ebenso wenig, wie es in der Shoa um die Frage religiösen Judentums ging. Auch ein getaufter Jude kam nach Auschwitz. Oder, erinnern wir uns an Hilde Domin: Jude ist, wen Hitler dazu gemacht hat.

Das arabische Opfer

Opfer der nationalen Ambitionen der Juden sind viele arabische Menschen im Land, auch wenn sie erst in der Folge all dieser Ereignisse geboren wurden, und dadurch in Umständen leben, die mit den Grundfragen des jüdischen Staates zu tun haben. Und auch hier kommt es darauf an, dem Opfer etwas abgewinnen zu können, damit es sich verwandeln kann. Dabei spielt im Judentum wie im Islam die Vergebung eine entscheidende Rolle.

Auch hier wäre es interessant, sich mit den einzelnen Lebensschicksalen zu beschäftigen, insbesondere mit denen der Flüchtlinge. Vor einiger Zeit machte ein deutscher Jugendlicher ein Sozialpraktikum in Harduf, dessen Vater als Asylant aus dem Libanon nach Deutschland gekommen war. Er stammt aus einer Flüchtlingsfamilie, die ein kleines Dorf in der Nähe von Harduf 1948 verlassen musste, dann in den Libanon verschlagen wurde und dort mit sehr eingeschränkten Bürgerrechten lebt. Nachdem zwei der Söhne im Bürgerkrieg gefallen waren, machte sich der Vater unseres Praktikanten auf den Weg nach Europa, heiratete eine deutsche Frau, bekam vier deutsche Kinder ... Und mit der Reise des Sohnes, der mit Hilfe arabischer Freunde vor Ort die Heimat der Familie seines Vaters kennenlernen konnte, schließt sich ein Kreis ... Viele andere Schicksale bleiben viel stärker in der Heimatlosigkeit stecken, und unendlich viel Elend haftet an vielen palästinensischen Lebenswegen, nicht zuletzt auch weil ihr Status vielerorts der von Heimatlosen bleiben soll, damit sie ihre Rechte gegenüber Israel nicht verwirken ...

Israel-Museum

Weil wir Yad Vashem nicht besuchen können, wenden wir uns in unserem Tagesprogramm nun dem Israel-Museum zu, wo wir

vor allem im »Schrein des Buches« unsere Bekanntschaft mit den Essäern vertiefen. Der Fußweg dorthin war noch die einfachste Art, an diesem Tage überhaupt irgendwo in die Nähe zu gelangen, denn auch hier, in der Nähe des Parlamentes, der Knesset, ist alles mal wieder für den Präsidenten gesperrt. Inzwischen freuen sich die meisten Menschen vor Ort, dass er bald wieder weg fährt ...
Über allem spüren wir durch die Wirren des Staatsbesuches den Atem der großen Politik, die Aufmerksamkeit der Welt. Das Gefühl, hier an entscheidender Stelle zu stehen, verstärkt sich im Zusammenfallen der Zeiten. Und die kleinen menschlichen Geschichten im Umfeld geben uns die Gewissheit, dazuzugehören, zum großen Schicksal der Menschheit, das mit diesem Ort immer besonders verbunden ist.

Ein christlicher Impuls?

Unsere Reise neigt sich dem Ende zu. Der Nachmittag wird sehr verschieden genutzt – mancher bleibt länger im Museum, einige wollen im Hadassa-Krankenhaus noch die Chagall-Fenster anschauen (und den »Einweihungsort« unseres Patienten und seiner Frau in hiesige Schicksale). Andere besichtigen die Ausgrabungsstätten unter der lutherischen Erlöserkirche, suchen noch einmal die wirkliche Via Dolorosa.
Am Abend im Abschlussgespräch schauen wir auf den Weg, die Wurzel und die Quelle – Themen unserer Reise. Wir haben viel gesehen, und doch längst nicht alles ... Viele Themen bleiben offen, wie immer, auf jeder Reise ein wenig anders. Wir kommen darauf zu sprechen, was für ein Weg das war, die Reise ins Heilige Land. Das Bild der Jünger auf dem Weg nach Emmaus drängt sich auf – eine Begegnung mit dem Leben selbst. Emmaus ist heute ein Ort hinter dem Sicherheitszaun, an dem es nicht viel zu sehen gibt außer einer Kirche und einer Salesianer-Schwester, die dort wun-

derbare Sozialarbeit mit alten und behinderten Menschen macht. Aber ist es dieses äußere Emmaus, von dem wir sprechen? Entscheidend für das Emmaus-Erlebnis ist nicht das Angekommen-Sein, sondern der Weg dorthin. Er begegnet uns auf dem Wege …
Jede wirklich tief erlebte Menschen-Begegnung kann zur Christus-Begegnung werden, vielleicht gerade dann, wenn wir besonders verschieden sind – und uns dennoch entgegen aller Vorhersehbarkeit wirklich begegnen, etwas von der Lebensgeschichte des anderen in uns aufnehmen.
Mit Sicherheit sind wir Ihm deshalb begegnet – vielleicht mehr in den Menschen und ihren Schicksalen als in den Steinen. Doch auch die haben ihre Geschichten, die von Menschen handeln, Menschen aus ganz verschiedenen Zeiten und Kulturen.
Wer ist »der Christus« im Verhältnis zum guten Lehrer Jesus? Wo begegnen wir ihm in den Religionen, den orientalischen, den westlichen Kirchen? Im Buch der Bibel?
Wir erleben ihn in allen Ereignissen der Überwindung des Kleinen, Engen, Voreingenommenen, Verhärteten, Sterbenden. Wir begegnen ihm in der Erlösung von unserer Kleinlichkeit, in der Liebe, so wie sie von Menschen aller Religionen dem Höheren entgegengebracht wird. Wir erleben ihn, wo Neues geschaffen wird, das wirklich zum Menschsein führt – bei den »Peacemakers of Jerusalem« wie in der Begegnungsstätte Sha'ar laAdam – Bab l'il Insan. Wir begegnen ihm in unserer Mitte – in der Mitte der Erde. Am Kreuzweg der Kulturen …
Wo ist diese Mitte? Immer da, wo wir sind. Und doch immer auch hier im Heiligen Land, wo alles sich begegnet, alles kulminiert, wo es keine Lösung gibt – außer der Demut.

Nach Hause

Samstag, den 23. März

Das neue Jerusalem und das alte

Wir haben unsere Reise in Jerusalem begonnen und werden auch von hier aus wieder in unser alltägliches Leben zurückkehren. Der Nabel der Welt, Edelstein unserer Erde ... Der Ort, der dem ganzen Land seine Bedeutung gibt für den Rest der Welt.

Weil Jerusalem der Dreh- und Angelpunkt der Geschichte des Landes ist, gab es immer wieder Bestrebungen, die Altstadt mit ihren religiös bedeutungsvollen Orten zu »internationalisieren«, ein Wort, das die Idee nur unzulänglich wiedergibt. Die Stadt würde durch einen solchen Akt nicht zwischen die Nationen (*inter nationes*) gestellt. Nationen an sich haben aber in dem gemeinten Vorgang keine Bedeutung mehr. Im Gegenteil, vielleicht ist die Jerusalemfrage die erste, an der deutlich wird, dass die Zeit der Nationalstaaten vorüber sein muss, wenn wir der Individualitätsentwicklung der heutigen Menschen in aller Welt gerecht werden wollen.

Das klingt nach Utopie. Tatsächlich werden wir uns aber so lange in unlösbare Konflikte verstricken, bis es gelingt, den im Nationalen liegenden Gruppenegoismus zu überwinden. Was sicherlich bedeutet, dass der Friede – überall auf Erden und hier ganz besonders – noch sehr fern ist ...

Jerusalem, Oktober 2012

Es gibt nur zwei Möglichkeiten

Entweder:	Dieses Problem des Heiligen Landes hat keine Lösung.
Oder:	Die Lösung dieses Problems ist der Mensch selbst.

Daneben gibt es nur Scheinlösungen, die sich weigern, einen Teil oder Teile der Fragestellung einzubeziehen; die Teile jeweils, die für die eigene Weltsicht verstörend sind.

Es gibt natürlich auch die Möglichkeit, das Thema als für das eigene Leben nicht relevant zu verdrängen – aber ist das der Sache angemessen? Wir haben mit einer Menschheitsfrage zu tun – *der* Menschheitsfrage vielleicht, weil sie Ausdruck ist für etwas, das überall geschieht.

Ich neige zur Utopie. Die Lösung muss der Mensch selbst sein. Das beinhaltet die Möglichkeit des Scheiterns. Der Mensch müsste ein wirklicherer Mensch werden, im Ebenbilde seines Schöpfers, um das Problem aufzuheben. Wenn der Mensch wirklich Mensch wäre, würde das Problem aufhören zu existieren. Neues Jerusalem …

Ich weiß, dass eine solche Utopie keine realistische Zukunftsperspektive für die nächsten Jahre oder Jahrzehnte bietet. Ich spüre, dass es wehtun wird, mit der unvermeidbaren Unvollkommenheit zu leben, die hier im Lande tiefgreifende, schmerzhafte, traurige Konsequenzen hat, haben muss.

Und dann haben wir die Wahl. Wir können zu Möglichkeit eins zurückkehren: Der Mensch wird sich nie ändern. Es geht alles den Bach hinunter, wird nur immer schlimmer. Vieles spricht gesamtmenschheitlich gesehen dafür, dass das eine wirklichkeitsnahe Sicht der Dinge ist.

Oder aber wir stellen uns der Utopie. Arbeiten daran, dass es weitergeht mit den Menschheitszielen Liebe, Gerechtigkeit, Freiheit, mit dem ultimativen und spirituellen Individualismus, der zu einer verantwortungsbewussten Gemeinschaft führt.

Wir leben in einer Zeit, die sich von Patentrezepten in den tieferen Schichten der Wirklichkeit innerlich längst verabschiedet hat. Politik und

Wissenschaft fangen langsam an, das zu verstehen. Wir sprechen von Komplexität und Vielfalt. Wir geben zu, dass wir nicht Herr der Lage sind – es vielleicht nie sein werden, wenn sich nicht doch noch etwas Grundlegendes ändert am Zustand der Menschheit.
Hier im sogenannten Heiligen Land wird überdeutlich, was die Anforderungen an das Menschsein in der Zukunft sein werden. Wir müssen diese neuen Vorgaben lernen, jeder für sich. Wir bekommen nichts mehr geschenkt von den Gemeinschaften, in denen wir aufwachsen, oder der Vergangenheit, die uns erzieht.

Wir müssen mit der Zukunft, dem nicht Greifbaren, leben. Jeder für sich, und so jeweils einer für alle.
Dieses Land ist ein Lehrmeister.

Das Tor zum Menschwerden

Wir kehren mit vielen Fragen zurück nach Europa – mehr Fragen vielleicht, als wir vorher hatten. Anderen Fragen? Aus allen spricht die Aufforderung, am eigenen Menschwerden zu arbeiten.
Dazu hier noch zwei Stimmen zur Notwendigkeit unserer Arbeit, die uns nachdenklich machen können:

Galiläa 2006

Nach dem kurzen, aber tief verunsichernden Libanonkrieg im Sommer des Jahres:
Amin Sawa'ed: Diese besondere Situation, diese Erfahrung von einem Monat und drei Tagen Krieg, macht für mich wieder einmal deutlich, wie wichtig Sha'ar laAdam – Bab l'il Insan ist. Diese Erfahrungen geben einen Grund, dass die Idee weitergeführt werden muss. Nur durch persönliche Treffen und menschliche Beziehungen gibt es die Möglichkeit, dass Men-

schen verschiedener Religionen, Kulturen und Sprachen zusammenleben können. Wir müssen uns treffen und gemeinsam schauen, wie es weitergehen kann. Gerade eine Belebung der jeweiligen Religion ist dafür wichtig. Eine Belebung der Religion, die nicht zu Fundamentalismus, sondern zur Besinnung auf das Menschsein führt. Die Besinnung auf das, was uns Menschen zu Menschen macht, kann das Verbindende in einer neuen gemeinsamen Kultur werden. Dafür brauchen wir einen physischen Ort, an den alle Menschen kommen können, um dort Raum zu finden für ihren Weg zur geistigen Welt. So hoffe ich, dass die Ideen und Planungen für den Gebetsraum bald verwirklicht werden können.

Yaakov Arnan: In diesen Tagen erleben wir einen großen Kampf – nicht um Land, sondern um Zivilisation. In Sha'ar laAdam – Bab l'il Insan bauen wir an individuellen Beziehungen. Nicht nur zwischen Juden und Arabern, sondern auch zu Menschen aus Europa. Diese individuellen Beziehungen machen uns zu Brüdern. Wir haben gesehen, als die Geschosse der Hisbollah einschlugen, wie fragil die Beziehung von Arabern und Juden in Galiläa ist. Nur gemeinsame Aktivitäten können Brücken bauen. Unsere Arbeit ist sehr simpel. Nur durch Treffen, Reden und gemeinsames

Die Drei

Tun bauen wir Brücken. Das Thema ist nicht Freundschaft zu erzwingen, sondern das Kennenlernen der Sorgen, Nöte und Wahrnehmungen anderer. So werden Augen geöffnet und Freundschaften entstehen.
Ich denke, dass in Galiläa eine neue Kultur geschaffen werden kann. Unsere jetzige Arbeit ist ein kleiner Anfang, der Großes bedeuten kann. Unsere Feinde sind der Fundamentalismus und das kalte Denken des Westens. Wir müssen einen Mittelweg finden, was eigentlich die Aufgabe Europas ist. Wo ist die Mitte? Schläft Europa?
Ich bete dafür, dass das Leiden der Opfer dieses Krieges nicht zu neuem Hass führt, sondern ein Weg entsteht, der zu einer neuen Kultur des Zusammenlebens führt. Die Heiligkeit des Landes wird immer wieder missverstanden. Das müssen die Menschen hier lernen. Wir dürfen nicht beim alten äußerlichen Denken stehenbleiben.

Irgendwann fliegt uns das alles um die Ohren, dieses Desinteresse aneinander. Es ist so schwer, die besser gestellten Waldorfschüler oder auch die viel beschäftigten Erwachsenen aus Harduf davon zu begeistern, sich für ihre arabischen Nachbarn zu interessieren. Und auch die arabischen Nachbarn leben eigentlich ganz selbstzufrieden in ihrer eigenen Welt.
Aber ehrlich gesagt: Wie sehr interessieren sich die deutschen Jugendlichen, die das kritisieren, dafür, mal etwas mit Migrantenkindern aus Problemvierteln ihrer Stadt zu unternehmen? Wie häufig fragen wir uns, wie wir über den Tellerrand unserer Lebenskreise schauen könnten? Und warum interessieren sich nicht mehr Migrantenfamilien für Kulturbegegnungsprojekte in deutschen Großstädten? Dieser Ort ist nicht nur exemplarisch für das, was uns alle beschäftigen sollte an Kulturkonflikten: Was hier getan wird, ist Homöopathie für die Menschheit, mal wieder in diesem Land. Denn irgendwann fliegt uns das alles um die Ohren, in Israel/Palästina, in Europa, in der ganzen Welt …

Das Menschwerden ist das Programm unserer Arbeit. Was haben wir in letzter Zeit konkret getan, um weiterzukommen? Der Schwerpunkt liegt auf Begegnungsprojekten vor allem junger Menschen. Sie werden hoffentlich erinnern, was sie miteinander erlebten, wenn das Leben sie eines Tages ganz woanders hinführt – egal, ob es dann für die arabischen Jugendlichen darum geht, dass in ihrer Gemeinschaft Feindbilder von Juden bestehen, zu denen man selbst ein anderes Verhältnis hat, wenn man einzelne Menschen persönlich kennt, oder ob die jungen jüdischen Israelis eines Tages im Wehrdienst in Situationen kommen, in denen es nützlich ist, dass man Araber nicht nur als potentielle Terroristen kennt. Oder ob die Deutschen aus den Begegnungen mitnehmen, dass die Welt nicht schwarz-weiß ist, und dass Engagement sich immer lohnt?

Im Sommer 2009 wurde das erste dreisprachige Schauspielprojekt » Nathan der Weise« in Süddeutschland, Basel und in Harduf aufgeführt – von jüdischen und arabischen Israelis sowie einer Gruppe deutscher Jugendlicher.

Zwei weitere Schauspielprojekte folgten und immer mehr junge Menschen werden so in Beziehung gebracht, zu sich selbst, zu einander und zum Frieden zwischen den Kulturen.

Frieden ist ein zu großes Wort. Frieden als Pakt, als *pax*, ist nicht unbedingt auch schon Frieden zwischen den Kulturen, den Einzelnen. Frieden im landläufigen Sinne ist noch nicht Heilsein wie Shalom oder Salaam. Mit dem Dialog ist es genauso ... Nützlich, aber an sich noch keine Lösung, vor allem, wenn er verordnet ist. Gespräch findet immer zwischen Individuen statt ... Deshalb müssen sich überhaupt erst einmal einzelne Menschen begegnen – und nicht Stammesangehörige, Parteigenossen, Gruppenwesen.

Urteil, Vorurteil und Begegnung – das sind die Themen, die uns täglich herausfordern, und hier kann man sie jederzeit exemplarisch angehen. Eine Reise ins Heilige Land verändert das Leben.

Dafür braucht es nicht so sehr schöne Gedanken und kluge Erkenntnisse. Es braucht die Schulungswege der Tat: Schauspiel, Naturgestaltung, Ökologie, gemeinsames Leben, Projekte, auch Kultisches, gemeinsame Feste und Gebete – und den Kultus, das Sakrament als Ur-Tat. Diese Horizonterweiterung ist nicht überall erwünscht, man muss sie aber auch nicht missionarisch diskutieren. Es reicht völlig aus, zu handeln.
Das ist Religion. So entsteht das neue Jerusalem, nicht heute oder morgen, sondern stückchenweise in der Menschheit, sodass die Menschen es auch in ihrem Leben immer besser finden können.

Zukunft im Heiligen Land?

Notizen Oktober 2012

Eine wirkliche Heilung können wir erst erwarten, wenn es um eine Verantwortung des Menschen gegenüber dem geht, was ihn hervorgebracht hat, was ihn erhält und trägt, und was seinem Dasein Sinn verleihen kann. Man kann das mit sehr unterschiedlichen Begriffen benennen. Aber bei genauem Hinhören auf das, was in unserem Inneren lebt, kann jeder es wahrnehmen: Der eine nennt es Gott, der andere die höhere Weisheit, das Schicksal, das Wesen der Natur der Erde, mancher verknüpft es mit religiösen Traditionen, mancher wendet sich von diesen gerade ab, weil sie das Wesentliche oft verbergen, wenn nicht bekämpfen, wenn man sieht, wie religiöse Observanz in diesem Lande in allen Religionen fundamentalistisch lebt. Aber gerade auch bei den Menschen, die in diesen Traditionen leben, ist die Suche nach Spiritualität oft sehr groß.

Wieder ist es eine Frage von Begriffen: Wenn wir in den europäischen Sprachen von Religion sprechen, impliziert das immer eine Art Wiederverbindung mit diesem verlorenen Anteil unseres Seins. Es ist nicht unbedingt eine bestimmte konfessionelle Vorstellung mit dem Wort verbunden. Auf Hebräisch sprechen wir von *dat* – »Gesetz«, oder wenn man es anders schreibt auch »Wissen«. Auch das arabische Wort *din* bedeutet Gesetz. Fragt man also einen Juden oder einen Muslimen nach seiner »Religion«, versteht er das unweigerlich als Frage nach der religiösen Observanz, nach dem Gesetz, unter dem er lebt. Oder aber, wenn es um die Frage geht, ob er Jude, Christ, Muslim ist – dann geht es um das ethnische Element, die Abstammung, die Tradition, die einen geprägt hat.

Durch die Traditionalisten und Fundamentalisten aller Art sind aber die konventionellen Religionsgemeinschaften für offene und suchende Menschen oft gebrandmarkt als nicht mehr zeitgemäß und verknöchert. Spiritualität, eine Ausrichtung der Seele auf den Geist, die ja in unseren kulturellen Zusammenhängen durchaus auch und gerade in religiösen Strömungen gesucht wird, steht dazu geradezu im Gegensatz: Wer »spirituell« (*ruchani*) ist, ist eben gerade nicht »religiös« (*dati*). Schade eigentlich. Denn so verstehen wir Religion, und wenn dieses Verständnis wächst, kommt der Mensch seinem höheren Wesen näher: dem Anteil seines Selbstes, das nicht in den engen Grenzen von Ethnie, Kultur und Dogma leben will.

So könnte Heilung wachsen, gerade auch durch die spirituell suchenden Menschen, die ihre Religionen mit Leben und Liebe erfüllen.

Weitere Wege

September 2014 – Statt eines Nachwortes

Mehr als anderthalb Jahre nach der Reise, alle sind wieder zu Hause angekommen, in einem ganz anderen Alltag, jeder in seinem, auch das sind viele Welten. Was bleibt von der Reise ins Heilige Land? Und wie ist es dort weitergegangen, wird es weitergehen?

Viele Menschen habe ich durch die Jahre gefragt, was ihnen die Reise für ihr weiteres Leben gegeben hat. Das Fazit: Wir schauen anders hin auf Zusammenhänge – zwischen den Menschen weltweit, zwischen Vergangenheit und Gegenwart, zwischen Gott und den Menschen. Wir sind anders in der Welt verankert, in der Geschichte verortet, ins Leben mit den göttlichen Kräften gestellt.

Neue und alte Katastrophen erschüttern seitdem ununterbrochen den Nahen Osten im Allgemeinen und das Heilige Land im Besonderen. Syrien ist ein Schlachtfeld mit über sechs Millionen Binnenflüchtlingen und zweieinhalb Millionen Syrer haben auf der Flucht ihr Land verlassen. Der Irak und auch Afghanistan sind durch das Eingreifen des Westens keineswegs befriedet. Lösungen sind nirgends in Sicht. In und um Gaza hat sich der Konflikt um das Heilige Land wieder einmal blutig ausgetobt. Aber in der Landschaft des Nahen Ostens wird Israel fast zum Nebenproblem, Flüchtlingsströme erreichen ein Vielfaches dessen, was hier zum jahrzehntewährenden Dilemma geworden ist.

Nur im Menschwerden kann ich Lösungen sehen, und die sind nicht per Dekret zu verordnen, beginnen in der Erziehung des Einzelnen, in der Zusammenarbeit der einzelnen Menschen, im gegenseitigen Anerkennen der Würde, des Leidens, des Andersseins. Unser Andachtshaus ist endlich im Bau – der Bedarf nach

Schutzräumen in der Begegnungsstätte, in der inzwischen eine Unterkunft für die Freiwilligen und eine Gemeinschaftsküche sowie einfache sanitäre Einrichtungen gebaut wurden, gab den letzten Anstoß. Schutzraum? Der Rest des Hauses wird mit einfachsten Mitteln und weitgehend in Eigenarbeit gebaut, ein internationales Jugendlager im letzten Sommer hat den Anfang gemacht: Ausgraben des Fundamentes bis auf den Stein, Naturmauer mit römischem Zement, Holzständerwerk ... So entsteht jetzt der Gebetsraum, der im Herbst 2015 mit einer Friedensübungswoche eingeweiht werden soll.

Parallel dazu arbeiten Menschen in Galiläa am »Gemeinsamen Weg«, einer Rahmenlösung für das ganze Land, in der Neues gedacht wird – zwei Staaten mit freier Wahl der Staatsangehörigkeit für jeden, jeder darf wohnen, wo er will, muss aber mit der jeweiligen Regierung kooperieren, Anerkennung der Rechte und auch des Leidens des jeweils anderen, regionale Zusammenarbeit, Bürgerrechte ... Vieles ist ungeklärt, aber die Gespräche helfen Mauern zu überwinden. Neues zu denken kann die Welt verwan-

Party im Jugendlager

deln, und dass so etwas von Galiläa ausgeht, ist nicht undenkbar ... Das Neue Jerusalem hier im Lande? Wohl kaum in den nächsten Zeiten. Aber hier können wir lernen, dass es an uns ist, ohne Schuldzuweisungen an andere Verantwortung zu ergreifen und daran mitzubauen.

Und so geht es weiterhin drei Schritte vor und zwei zurück, und die Erfolge sieht man meist erst Jahre später. Aber letztlich verändert sich etwas bei allen Beteiligten. Und wenn es auch nur wir selbst sind. Der Mensch. Dieses Land ist ein Lehrmeister ...

Glossar

A-, B-, C-Zone

Als Ergebnis des Interimsabkommens von 1995 vorgenommene Aufteilung des besetzten Palästinas: Die A-Zone (18% des Territoriums von Gaza und dem Westjordanland) ist das eigentliche Autonomiegebiet, in dem intern die palästinensische Verwaltung entscheidet. In der B-Zone (20%) ist vieles von der Genehmigung des israelischen Militärs abhängig, Zone C (62%) untersteht gänzlich der israelischen Militärverwaltung. Dort leben die jüdischen Siedler: 1972 waren es 1.200, 1993 110.000, 2010 310.000 und heute sollen es etwa 600.000 sein.

Adhan

Arabisch, islamischer Gebetsruf, der fünf Mal am Tag zu den rituell vorgeschriebenen Gebeten aufruft.

Afteem

Restaurant in Bethlehem in der Nähe des Krippenplatzes (Manger Square).

Agnostizismus

Bezeichnet die Weltanschauung, nach der religiöse Fragen nicht zu klären und damit für die Lebensführung irrelevant sind.

Ahura Mazdao

Schöpfergott im aus dem persischen Hochland stammenden Zoroastrismus.

Al-Aqsa-Moschee

Arabisch, *al-musdschid al-aqsa* – »die entfernte Kultstätte«, drittheiligste Stätte des Islam, auf dem Tempelberg gelegen, am Anfang des 8. Jahrhunderts unter dem Kalifen Abd Al-Malik erbaut.

Al-Azhar-Universität

Islamische Lehrinstitution in Kairo, Lehrbetrieb seit 988, einerseits islamische Rechtsinstanz, andererseits Universität mit vielen theologischen und einigen weltlichen Fakultäten, aufgeteilt in einen weiblichen und einen männlichen Zweig.

Al-Bukhari

810–870, bedeutender islamischer Gelehrter, ursprünglich aus dem heutigen Usbekistan stammend, Sammler der bedeutendsten Zusammenstellung von Hadithen, Überlieferungen aus dem Leben des Propheten Mohammed.

Allah

Arabisch, für »Gott, der Höchste«. Auch arabische Christen (und Juden) benutzen diesen Gottesnamen, der keinesfalls der Name eines ausschließlich islamischen Gottes ist.

Aliya

Hebräisch, für »Aufstieg«, Bezeichnung für die Einwanderung in das Heilige Land Israel.

Altstadt

Von einer Stadtmauer aus dem 16. Jahrhundert eingegrenzter Bezirk Jerusalems, knapp einen Quadratkilometer groß, etwa 30.000 Einwohner in vier Vierteln: muslimisch, christlich, jüdisch, armenisch.

Anthroposophie

Erkenntnisweg begründet von Rudolf Steiner (1861–1925) und Grundlage vieler ganzheitlicher Bestrebungen und Bewegungen auf den verschiedensten Lebensgebieten (Waldorfpädagogik, Sozialtherapie, biologisch-dynamische Landwirtschaft, anthroposophische Medizin, die Christengemeinschaft u.v.m.

Apartheid

Politik der Rassentrennung in Anlehnung an das in Südafrika bis 1994 herrschende System der Segregation, im internationalen Recht Straftatbestand.

Apokalypse

Griechisch für »Enthüllung, Offenbarung«, allgemein die Beschreibung der Weltentwicklung mit Blick auf die »letzten Dinge«, speziell Name des letzten Buches des Neuen Testamentes, in dem von Johannes ein visionärer Blick auf die jenseits der äußeren Wahrnehmung liegenden Schichten der Entwicklung der Erde und der Menschheit berichtet wird. Umgangssprachlich auch für Katastrophe, Weltenende.

Apokryphen

Nicht in den Kanon der Bibel aufgenommene Schriften aus dem Umkreis der Quelltexte des Alten wie des Neuen Testamentes.

Araber

Ursprünglich die Bewohner der arabischen Halbinsel, die sich durch die Islamisierung in vielen Gegenden Vorderasiens und Nordafrikas verbreiteten. Die gemeinsame Sprache des Koran sorgte im Laufe der Geschichte für eine gemeinsame Identität, die sich aber in viele Stammesgebiete aufgliederte. Nicht alle Araber sind Muslime, es gibt weltweit etwa 40 Millionen arabische Christen.

Aramäisch

Ältere semitische Sprache, die zur Zeit Christi in Palästina Umgangssprache der Juden war. Früher wurde Aramäisch in einer der hebräischen ähnlichen Schrift geschrieben, die heute noch Aramäisch sprechenden Menschen, vor allem in Syrien und im Irak, schreiben ihre Sprache meist in arabischer Schrift.

Armenier

Aus dem Kaukasus stammende Volksgruppe, die schon im 4. Jahrhundert das Christentum annahm. Schon bald danach siedelten sich erste Armenier im Heiligen Land an. Seit dem 12. Jahrhundert ist Jerusalem ihr religiöses Zentrum. Durch den Völkermord an den Armeniern durch die Türken 1915/16 vervielfachte sich die armenische Bevölkerung in der Altstadt.

Aschkenazim

Diejenigen Juden, die sich auf die seit dem frühen Mittelalter im Rheingebiet ansässigen Juden zurückführen, d.h. alle aus Mitteleuropa stammenden Juden sowie die Ostjuden, die meist im Mittelalter vertriebene Juden aus den deutschen Ländern waren.

Atheismus

Gottesleugnung, der Glaube, dass es definitiv keinen Gott gibt. Im Gegensatz dazu ist der → Agnostizismus eine Auffassung, nach der es unmöglich ist, die Frage nach Gott oder einer geistigen Welt mit rationalen Mitteln zu entscheiden.

Bar Mitzwa

Hebräisch: »Sohn des Gesetzes«, für Mädchen (erst in den Reformbestrebungen der jüngsten Zeit) Bat Mitzwa: »Tochter des Gesetzes«, mit 13 Jahren (bzw. bei Mädchen oft mit 12 Jahren) vollzogene Feier der Volljährigkeit vor dem jüdischen Religionsgesetz.

Beduinen

Ursprünglich nomadische Wüstenbewohner, im Norden des Landes überwiegend schon seit Jahrzehnten sesshaft, im Süden des Landes durch die Bestrebungen der israelischen Regierung, die Ansiedlung zu steuern, oft diskriminierte Bevölkerungsgruppe. Auch in arabischen Ländern sind Beduinen vielen Benachteiligungen ausgesetzt als »bedun«, außerhalb des Rechtes Lebende, oft ohne Bürgerrechte.

Birth Right (Taglit)

Eine von den großen jüdischen Organisationen unterhaltene karitative Institution, die jungen Juden aus aller Welt Reisen nach Israel ermöglicht, um ihre jüdische Identität zu stärken.

Bothmer-Gymnastik

Anthroposophisch inspirierte Bewegungskunst, im pädagogischen Zusammenhang in den Waldorfschulen im Sportunterricht integriert.

Brecha, pl. *Brachot*

Hebräisch, »Segen«, verwandt mit dem Wort für Wasserbecken, das Wasser spendet Leben wie ein Segen, der das tote Dasein mit Lebendigkeit durchströmen soll.

Breaking the Silence

Hebräisch, *schovrim schtika* – »das Schweigen brechen«, Bürgerrechtsbewegung unter israelischen Soldaten und Ex-Soldaten, die das »Schweigen brechen« wollen, das oft um moralisch fragwürdige Einsätze in den besetzten Gebieten aus patriotischen Gründen üblich war und ist.

Byzantinische Zeit

Im Heiligen Land 395 (Aufteilung des Römischen Reiches in Ost- und Westreich) bis zur islamischen Eroberung 638 (mit kurzem persischem Intermezzo), christliche Blütezeit im Land, in der viele heilige Stätten angelegt und ausgebaut wurden.

Camphill-Bewegung

Eine auf den österreichischen Kinderarzt und Anthroposophen Karl König (1902–1966) zurückgehende Bewegung in der Heilpädagogik und Sozialtherapie, in der Menschen mit unterschiedlichen Bedürfnissen inklusiv in

Dorfgemeinschaften zusammenleben. Die erste Camphill-Gemeinschaft wurde 1940 in Aberdeen begründet, wo König als Jude im Exil lebte.

Cast Lead Operation

Gaza-Krieg 2008/09, als Reaktion auf Raketenbeschuss aus Gaza bombardierte das israelische Militär das Gebiet, wobei etwa 1300 Menschen ums Leben kamen, die meisten unbeteiligt an den vorausgehenden Aggressionen. Infolge der Zerstörungen war absehbar, dass eine neue Welle von Gewalt folgen musste, was sich schon in den folgenden Jahren zeigte und 2012 und 2014 zu ähnlichen Reaktionen führte.

Chabad-Bewegung

Hebräisch, *Chochma* – »Weisheit«, *Bina* – »Erkenntnis« und *Da'at* – »Wissen«, chassidische, das heißt mystisch-suchende, jüdisch-religiöse Bewegung, die heute viele neue Anhänger unter jungen Menschen gewinnt, die Spiritualität in der Religion suchen. Chabad-Chassidim sind gegenüber säkularen Juden oft sehr missionarisch.

Chassidismus

Hebräisch, *chassidim* – »die Frommen«, mystische Strömung im Judentum, in der heutigen Form entstanden in Osteuropa im 18. Jahrhundert.

Checkpoint

Militärisch kontrollierter Grenzübergang zwischen Israel und den palästinensischen Gebieten und innerhalb dieser, um jüdische Siedlungen oder von Siedlern befahrene Straßen zu sichern. Je nach Nummernschild, Identitätsstatus, Alter, Religion und persönlichen Befindlichkeiten der Kontrollierenden kann ein Checkpoint kaum zu bemerken (z.B. für Touristen) oder unüberwindlich (für junge männliche Palästinenser ohne besondere Genehmigungen) sein.

Chemin neuf

Französisch: »neuer Weg«, charismatische Bewegung innerhalb der katholischen Kirche mit ökumenischen Ansätzen. Die *Chemin-neuf*-Bewegung entstand 1973 in Lyon um den Jesuitenpater Laurent Fabre.

Christian Information Center

Von den Franziskanern betriebenes Informationszentrum am Jaffator in der Altstadt, das einerseits Ratschläge für die Besichtigung christlicher Stätten bietet, andererseits auch Räume für Treffen anbietet und einen Bücherverkauf unterhält.

Custodia Terrae Sanctae

Lateinisch, »Schutz des Heiligen Landes«, Italienisch *Custodia di Terra Sancta*, franziskanische Mission im Heiligen Land, die sich seit dem Besuch des Ordensgründers im Nahen Osten im 13. Jahrhundert die Aufgabe gestellt hat, die Verantwortung für die Heiligen Stätten des Christentums zu tragen und die Pilger zu betreuen. Diese Aufgabe wurde ihnen vom Heiligen Stuhl über die Zeit zugesprochen.

Dat, dati

Hebräisch, für das, was bei uns »religiös« genannt wird, im Wortsinne »gesetzestreu« oder auch mit da'at, »religiöse Erkenntnis« verwandt, wird angewandt auf die gesetzestreu lebenden Juden. Wer in freierer Weise religiös ist, nennt sich meist »ruchani«, d.h. spirituell.

Davidstadt

Erste jüdische Besiedlung der Altstadt, vom Berg Moriah, dem heutigen Tempelberg, südlich abfallender Bergkamm, auf dem um 1000 die Stadt Davids gegründet worden sein soll. Die Ausgrabungen, die das beweisen sollen, graben sich tief in das heute dort bestehende palästinensische Dorf Silwan hinein.

Deir Yassin

Palästinensisches Dorf im Nordwesten von Jerusalem, das am 9. April 1948 im Kontext des Unabhängigkeitskrieges von paramilitärischen Verbänden angegriffen und eingenommen wurde. Das an den Bewohnern dabei verübte Blutbad wurde einerseits ungeschönt, eventuell sogar mit übertriebenen Zahlen veröffentlicht, um andere arabische Bewohner des Landes zur Flucht zu veranlassen, andererseits distanzierte sich die jüdische Führung von der Vorgehensweise der Extremisten.

Dekalog

Das sogenannte »Zehnwort«, die zehn Gebote, die Moses nach Exodus 20,2-17 und Deuteronomium 5,6-21 von Gott auf zwei Steintafeln empfangen haben soll. Sie sind eigentlich nicht in Befehlsform gehalten, sondern drücken über eine Futurform aus, wie die Entwicklung des Menschen eine positive Richtung nehmen kann.

Dhikr

Sufi-Meditation, meist im Singsang wiederholtes Gebet oder Mantram, mitunter auch in Körperbewegung ausgedrückt, das durch ständiges

Wiederholen zu einem Teil des Betenden und der ihn umgebenden Welt werden soll.

Diaspora

Griechisch: »Zerstreuung« (Hebräisch: »Galut«), Zeit des Exils des jüdischen Volkes in der Welt nach der Vertreibung durch die Römer. Örtlich auch die Welt der nicht-jüdischen Länder, in der etwa die Hälfte des heutigen Weltjudentums lebt.

Din

Hebräisch, »Gesetz«, insbesondere auch das religiöse Gesetz, an dem in Israel Teile der Zivilgesetzgebung orientiert sind.

Diya

Im arabischen Schlichtungsritual der Sulha das – manchmal symbolische – Opfer, das anstelle der Racheforderung als Schadensersatz geleistet werden soll. Die oft missverstandene Forderung des »Auge um Auge, Zahn um Zahn« ist ursprünglich von ähnlicher Bedeutung: Wenn Du jemandem ein Auge nimmst, gib ihm zum Ausgleich, was ein Auge wert ist …

Djihad

Arabisch, »Anstrengung, Kampf, Bemühung, Einsatz, Anstrengung auf dem Wege Gottes«. Dabei bezeichnet der äußere Kampf für Gott den kleinen, der innere Kampf um eine Annäherung an das Göttliche den großen Djihad.

Drusen

Religiöse Gemeinschaft, die sich im 11. Jahrhundert vom Islam abgespalten hat. Sie leben vorwiegend in Syrien, dem Libanon und Nordisrael. Die Glaubenslehre ist eine Art Geheimwissen (Reinkarnation, neoplatonische und schiitische Elemente), in das jeder, Mann oder Frau, ab dem vierzigsten Lebensjahr eingeweiht werden kann. Die Nichteingeweihten leben verhältnismäßig angepasst an die moderne Gesellschaft. In Israel leisten sie auch den Wehrdienst und bekleiden im Militär zum Teil hohe Positionen, obwohl sie zur arabischen Bevölkerung gezählt werden.

Dual Narrative

Englisch, »zweifaches Narrativ«, der Versuch, die beiden hauptsächlichen Versionen der Geschichtsanschauungen (israelisch – palästinensisch) in einer Veranstaltung, einer Publikation zum Tragen zu bringen und so ein komplexeres Bild der Wirklichkeit zu vermitteln.

Elohim

Hebräisch. In der Hebräischen Bibel einer der Namen Gottes, eigentlich eine Pluralform (sieben Elohim, die sieben Schöpfergeister Gottes) von Eloah, des Höchsten, verwandt dem arabischen Wort Allah, wobei die Verbform in der Bibel meist im Singular steht.

Erzväter (Patriarchen)

Die Begründer des Volkes Israel, Abraham, Isaak und Jakob, mit ihren Frauen Sara, Rebekka, Lea und Rachel, die mit Ausnahme von Rachel in Hebron ihre Gräber und Kultstätten haben. Falls sie sich chronologisch verorten lassen, nimmt man dafür die Zeit etwa 1800 v. Chr. an.

Eschatologie

Von Griechisch εσχατα, »die letzten Dinge«, und λογος, »Wort, Lehre«, theologisches Spezialgebiet, versucht die Endzeit der Schöpfung und die göttlichen Ziele zu beschreiben.

Essäer

Auch Essener, jüdische Sekte um die Zeitenwende, die durch Reinigung und asketische Lebensregeln versuchen, das Kommen des Messias herbeizuführen.

Eurythmie

Aus der Anthroposophie inspirierte Bewegungskunst, die vor allem pädagogisch (Waldorfschulen) und therapeutisch (Heileurythmie) angewandt wird.

Expat

Abkürzung von Englisch, *expatriate,* »im Ausland lebend«. In Israel, vor allem aber auch in Palästina leben viele junge Ausländer, vor allem solche, die als Volontäre, aber auch als Fachkräfte ihrer Regierungen und bei Nichtregierungsorganisationen vorübergehend im Lande arbeiten.

Fair Trade

Kontrollierter Handel, der den Erzeugern in Ländern der sogenannten Dritten Welt ein höheres und verlässlicheres Einkommen sichert, als das sonst oft der Fall ist. Es gibt verschiedene Gütesiegel, die den Verbraucher über die Handelsbedingungen informieren sollen.

Falafel

Frittierte Bällchen aus Kichererbsenbrei, in allen Teilen der Gesellschaft beliebtes Fast Food.

Felsendom

Auf dem Tempelberg, ältester Sakralbau des Islams und eines seiner Hauptheiligtümer, für Nicht-Muslime seit 2001 nicht mehr zugänglich. Der Felsen, der den Namen gibt, ist nach islamischer Tradition der Ort, von dem Mohammed seine »Nachtreise« in den Himmel begann (Fußabdruck seines Pferdes inklusive), nach jüdisch-christlicher Tradition hat hier Abraham Isaak opfern sollen.

Findhorn-Gemeinschaft

Spirituell orientierte Lebensgemeinschaft in Nordschottland, gegründet 1972, unterhält ein College, eine Schule und diverse Unterkünfte für spirituelle Rückzüge und Besinnungsaufenthalte (*retreats*).

Franziskaner

Orden des Franziskus von Assisi (1181/82–1226), der in den Nahen Osten reiste, um das Heilige Land in seine Wirksamkeit mit einzubeziehen. Die »kleinen Brüder«, die für ihre Taten der Brüderlichkeit und ihr Engagement für die Benachteiligten bekannt sind, unterhalten die *Custodia Terrae Sanctae,* die sich der christlichen Stätten und der Betreuung der Pilger im Heiligen Land annimmt.

Friedensübungswoche

Seit 1987 finden jedes Jahr meist mehrere Übungswochen der Christengemeinschaft in verschiedenen Ländern statt, durch die die Teilnehmer den Frieden an sich selbst üben und damit den Frieden zwischen den Menschen entwickeln wollen.

Fünftes Evangelium

Im franziskanischen Kontext: Das Heilige Land als Offenbarung des Christuswirkens. Im anthroposophischen Kontext: Das auf Erden ungeschriebene Evangelium in den übersinnlichen Welten, in dem man lesen kann, wenn man zur übersinnlichen Wahrnehmung gelangen kann, und in dem sich bisher nicht beschriebene Einzelheiten aus dem Wirken Christi auf Erden offenbaren.

Galiläa

Landschaft im Norden des Heiligen Landes, eigentlich kurz für *Galil ha*

Gojim, »der Umkreis der Heiden, der Völker«. Das Wort hängt mit *gal* – Kreis zusammen. Grenzt im Norden an den Libanon, im Osten an den Golan und den See Genezareth, im Süden an die Höhenzüge von Karmel und Gilboa, im Westen ans Mittelmeer.

Galut / Diaspora

Hebräisch, »Exil«, auch dieses Wort hängt mit dem Wort für Umkreis zusammen. Zeit der Verbannung des jüdischen Volkes durch die Römer. Örtlich meint man auch die Welt der nicht-jüdischen Länder, in der etwa die Hälfte des heutigen Weltjudentums lebt.

Gehinnom

Hebräisch wörtlich, »Schlucht von Hinnom, Hölle«; Arabisch: »Höll«, Tal, das die Altstadt nach Süden begrenzt. Der Mythos sagt, dass alle Seelen der Toten auf einem Faden über das Tal gehen müssen, die Verdammten fallen in den Flammenabgrund, wenn sie nicht durch die Gnade Allahs erlöst werden.

Gethsemane, Gat Schmanim

Hebräisch, »Ölpresse«, Garten im Kidrontal zwischen dem Ölberg und dem Tempelberg Moriah. Ort der Festnehme Jesu.

Goj, pl. *Gojim*

Hebräisch, »Nichtjude«, eigentlich Volk, Heide.

Golgatha

Soll nach den Griechisch geschriebenen Evangelien auf Hebräisch »Schädelfelsen« heißen. Ort der Kreuzigung, dessen Lokalisierung bis heute umstritten ist. Der Ort, der mit der Grabeskirche umbaut ist, ist dabei durchaus plausibel, weil der zur Zeitenwende außerhalb der Stadtmauer gelegene Steinbruch einen Hügel aufwies, der einem Schädel wohl ähnlich sehen konnte.

Good Fence

So wurde die etwa 80 km lange israelisch-libanesische Grenze zwischen 1976 und 2000 genannt, weil sie für Libanesen, insbesondere die christlichen Maroniten verhältnismäßig durchgängig war, obwohl seit 1970 die PLO zunehmend an Einfluss im Südlibanon gewonnen hatte. Sowohl reguläre Arbeitserlaubnisse in Galiläa als auch Krankenhausbehandlungen in Israel waren nicht selten.

Grabeskirche, Anastasis

Kirche in der Altstadt, an der sowohl der Kreuzigung wie der Auferstehung Christi gedacht wird, deren heutige Mauern also Golgatha und das Grab als Auferstehungsort umfassen. Die Kirche wird von drei großen und drei kleinen Konfessionen geteilt: der römisch-katholischen, der griechisch-orthodoxen und der armenischen Kirche sowie den syrisch-aramäischen, den koptischen und den äthiopischen Kirchen.

Ha'aretz

Hebräisch, »das Land«, Name einer liberalen, friedensorientierten Tageszeitung in Israel, die auch in einer englischen Ausgabe erscheint.

Hadassa

Hebräisch: »Myrthe«, Name der Königin Esther, Frauenorganisation in den USA, die von Helene Szold 1912 gegründet wurde, um Gesundheit und Frauenbelange in Israel zu stärken. Das Hadassah Krankenhaus in Jerusalem besteht aus zwei Häusern, die eine umfassende Gesundheitsversorgung für alle Bevölkerungsteile anbieten.

HaDerech haMeshutefet/Al-Tariq al-Mushtarak

Hebräisch/Arabisch, »der gemeinsame Weg«, eine galiläische Initiative zur Lösung der Frage von Nationalität und Staat, in der eine Art durchlässige Zweistaatenlösung angestrebt wird, in der jeder Bürger im ganzen Land seine Staatsangehörigkeiten wählen kann, aber der Legislative des Ortes unterworfen ist, an dem er wohnt. Regionale Zusammenarbeit aller Bevölkerungsgruppen ist ein wichtiger Bestandteil des Planes.

Hadithe

Arabisch, Erzählungen, Berichte, Überlieferungen aus dem Leben und Wirken des Propheten Mohammed, die in verschiedenen Sammlungen gebündelt Teil der Glaubenslehre der Sunniten sind.

Hadsch

Pilgerreise nach Mekka, die jeder Muslim einmal im Leben unternehmen sollte.

Halacha

Hebräisch, »gehen«, »Weg«, der rechtliche Teil der Überlieferungen des Judentums, der die Regeln des Zusammenlebens festlegt.

Hamas

Arabisch, »Eifer«, zugleich Abkürzung von Harakat al-muqawama alislamiya – islamische Widerstandsbewegung in Palästina, die die Errichtung eines islamisch-theokratischen Staates im ganzen Land anstrebt.

Haram Asch-Scharif

Arabisch, »das erhabene Heiligtum«, arabischer Name des Tempelberges.

Hasmonäer

Herrschergeschlecht in den ersten beiden vorchristlichen Jahrhunderten, auch Makkabäer genannt, das von 165–37 v. Chr. (Herodes d. Gr.) das Land weitgehend unabhängig regierte.

HaTikwa

Hebräisch, »die Hoffnung«, Titel der israelischen Nationalhymne, nach einem Gedicht von Naphtali Herz Imber von 1878. Der Ursprung der Melodie ist unbekannt, wahrscheinlich nach einem unbekannten europäischen Volkslied.

Hebräisch

Sakralsprache des jüdischen Volkes, im Exil nur in religiösen Zusammenhängen verwendet und im Heiligen Land Ende des 19. Jahrhunderts als Ivrit wiederbelebt, u.a. durch die Bemühungen von Elieser Ben-Jehuda (1858–1922).

Hisbollah

Arabisch, *hisb-allah* – »Partei Gottes«, schiitische Partei und Miliz im Libanon, die eine islamische Theokratie im Nahen Osten anstrebt.

Hodna

Arabisch, »Waffenstillstand«, eine Art Zustand des Stillhaltens im Schlichtungsverfahren der → Sulha, auch Waffenstillstand im Krieg.

Holiday Village

Englisch, Feriendorf, Siedlung aus Ferienhäusern oder -wohnungen.

Holocaust → Shoa

Hope House

Auch House of Hope. Englisch: »Haus der Hoffnung«, Initiative der Familie von Elias Jabbour in Sha'amr für eine Verständigung der verschiedenen Bevölkerungsgruppen in Galiläa.

Hummus

Kichererbsenpüree, Grundlage palästinensischer Küche, ebenfalls populär in Israel.

Idumäer

Antikes Volk, das vor der Zeitenwende die Landschaft Judäa bevölkerte, oft mit den Edomitern identifiziert.

Iftar

Fastenbrechen im Ramadan, meist eine festliche, gemeinschaftlich begangene Mahlzeit.

Inshallah

Arabisch, »so Gott will«, wird in der Umgangssprache häufig Absichtsbekundungen und Zukunftserwartungen hinzugefügt.

Intifada

Arabisch: »sich erheben, abschütteln, loswerden«, Volksaufstände der Palästinenser gegen die israelische Besatzung. Die erste Intifada (Krieg der Steine) begann 1987 und ebbte Anfang der Neunziger Jahre ab, die zweite Intifada (Al-Aqsa-Intifada) begann im September 2000. Terroristische Anschläge wurden in Zeiten der Intifada auf palästinensischer Seite als Mittel der Kriegsführung gegen einen übermächtigen Gegner angesehen.

Islam

Arabisch, »Hingabe oder Unterwerfung«, zweitgrößte Weltreligion, im frühen 7. Jahrhundert auf der arabischen Halbinsel durch den Propheten Mohammed begründet. Die Offenbarung Mohammeds ist im Koran festgehalten.

Israel

Hebräisch, mögliche Übersetzung sind zum Beispiel »Gottesstreiter«, »Gott streitet«, »der mit Gott streitet«. Beiname des Erzvaters Jakob nach dessen Kampf mit dem Engel (Gen 32,29), Name des Volkes der Hebräer und heute Name des jüdischen Staates im Heiligen Land.

Ivri, Ivrit

Hebräisch, mögliche Übersetzungen: »vom Jenseits her«, »vom anderen Ufer, der anderen Seite« oder auch »die Söhne Evers (Ebers)«, Name des Volkes und der Sprache der Nachfahren Abrahams und Isaaks in hebräischer Sprache, heute im Deutschen oft für die neu-hebräische Sprache gebraucht.

Järna-Stil

Baustil der anthroposophischen Einrichtungen in Järna, Schweden, die seit 1935 dort ansässig sind und in den 70er und 80er Jahren eine der anthroposophisch aktivsten Kulturzentren in Europa ausmachten. Der die Architektur dort prägende Architekt war der Däne Erik Asmussen (1913–1998).

Jaha

Im Schlichtungsritual der Sulha das Gremium, das zwischen den Konfliktparteien vermittelt.

Jerusalem Post

Englischsprachige Tageszeitung in Jerusalem

Jesiden

Volksgruppe im Irak, Syrien, der Türkei (Kurdistan), die einer monotheistischen, nicht auf einer heiligen Schrift beruhenden, nicht missionierenden Religion angehören, die sich ethnisch definiert.

Jewish Brigade

Kämpfende Einheit in der britischen Armee im 2. Weltkrieg, die gegen die Achsenmächte kämpfte und sich aus jüdischen (und arabischen!) Bewohnern des palästinensischen Mandatsgebietes zusammensetzte.

JHVH

Hebräisch, יהוה, das sogannte Tetragrammaton (Vier-Buchstaben-Wort), mit dem Gott sich gegenüber Moses selbst bezeichnet. Wird oft abgeleitet von einer Form des Verbs »sein, existieren«, vergleiche auch die Aussage: Ich bin der, der ich sein werde (Ex 3,14).

Jischuv

Hebräisch, »Siedlung, bewohntes Land«, Bezeichnung für die jüdische Bevölkerung im Lande vor der Staatsgründung Israels.

Johanniter

Ordensgemeinschaft, die aus dem Hospitaliterorden hervorgegangen ist, der seit 1048 im Muristan ein Pilgerspital betrieb. Die Johanniter unterstützen seit dem 16. Jahrhundert weltweit Kranke und Bedürftige.

Judäa, Juda

Landschaft südlich Jerusalems, ehemals Einflussbereich des Stammes Juda.

Kabbalat Schabbat

Hebräisch, »Übernahme des Sabbat«, auch »Überlieferung«, der Vorabend des Ruhetages, die Feier am Freitagabend, mit der der Sabbat begrüßt wird

Kanaan

Bezeichnung des Landes und auch eines Teiles der umgebenden Länder vor der Besiedlung durch die Israeliten, auch in Ägypten wurde der Landesname benutzt. Die Kanaaniter sind eine Zusammensetzung verschiedener Völker der Umgebung (Amurriter, Hurriter, Edomiter, Ammoniter u.a.), die nicht-israelitischen und nicht-ägyptischen Bewohner des Landes, die Urbevölkerung.

Karwoche

Hergeleitet von Althochdeutsch kara, »Kummer, Trauer«, die Woche vor dem Ostersonntag, in der der Leidensweg Jesu vom Einzug in Jerusalem (Palmsonntag) über die Einsetzung des Abendmahls (Gründonnerstag) und die Kreuzigungsereignisse (Karfreitag) und dem Wirken im Totenreich (Karsamstag) miterlebt werden kann.

Keren Kayemet leIsrael

(KKL), Deutsch meist »Jüdischer Nationalfond«, nationale Stiftung, die Juden das Leben im Lande ermöglichen soll und dafür Land aufkauft (das als Gemeinschaftseigentum ausschließlich für jüdische Bürger zur Verfügung steht), Wälder anlegt, Wasserressourcen fördert.

Khan

ummauerte Herberge an Karawanenstraßen, Karawanserei.

Kibbuz

Hebräisch, »Versammlung, Kommune«, pl. Kibbuzim, Bewohner: Kibbuznik, Kollektivsiedlung, in der im Idealfall allen alles gehört, jeder tut, was er kann und bekommt, was er braucht, alle über alles mitbestimmen. Erste Gründung war Degania am See Genezareth 1910. In den letzten Jahrzehnten sind viele Kibbuzim stark verbürgerlicht, oft wohlhabend, machen aber einen viel kleineren Anteil an der Gesamtbevölkerung aus.

Kippa

Minimale Kopfbedeckung der männlichen religiösen Juden, seit dem 16./17. Jahrhundert bekannt. Heute meist Zeichen der religiösen Gesinnung, Form und Farbe geben Auskunft über Zugehörigkeit zu religiösen oder politischen Strömungen.

Kishle

Ehemalige osmanische (türkische) Kaserne am Jaffator, die früher ein Gefängnis und eine Polizeistation umfasste. Die Stadtpolizei hat dort noch ihren Sitz, das Gefängnis-Verlies wird zurzeit vom Museum in der Davidszitadelle ausgebaut, um als Ausstellungsraum genutzt zu werden.

Kollaborateur

Eigentlich von Lateinisch, »Zusammenarbeit«, meist im negativen Sinne benutzt für Menschen, die mit einem Gegner oder Feind zusammenarbeiten.

Kopten

Abgeleitet vom Griechischen Αἰγύπτιοι, »Ägypter«, ursprünglich alle Einwohner von Ägypten, die nicht Griechisch oder Lateinisch sprachen. Nach der Islamisierung Bezeichnung für die ägyptischen Christen. Die koptische Kirche führt sich auf den Evangelisten Markus zurück, spaltete sich nach dem Konzil von Chalcedon als eigene Kirchenströmung ab.

Koran

Auch Qur'an umgeschrieben. Arabisch, »Lesung, Rezitation, Vortrag«, Heilige Schrift des Islam, durch Mohammed und Gabriel von Gott empfangen in einzelnen → Suren, die im Laufe der nächsten beiden Generationen verschriftlicht wurden. Das koranische Arabische ist seitdem die Basis der einheitlichen arabischen Hochsprache.

koscher

Hebräisch, Adjektiv: »rituell rein«, »brauchbar«; Substantiv: Kaschrut: »rituelle Reinheit«. Nach den jüdischen Speisegesetzen erlaubte Lebensmittel, die z.B. keine unreinen Bestandteile (Schweinefleisch, nicht geschächtetes Fleisch, Krustentiere) enthalten, nicht am Sabbat verarbeitet wurden und in nicht erlaubten Kombinationen dargeboten werden (Trennung milchiger und fleischiger Lebensmittel).

Kreuzzüge

Religiös, aber auch wirtschaftlich und politisch motivierte Kriege europäischer Herrscher gegen die muslimischen Herrscher im Heiligen Land zwischen 1095 und 1291. Nach der blutigen Eroberung Jerusalems 1099 begann die Zeit der Kreuzfahrerstaaten, in denen Europäer die vorherrschende Macht im Lande wurden. Zahlreiche Kirchen- und Festungsbauten zeugen von der damaligen Machtentfaltung.

Krypta

Griechisch, »die Verborgene«, unter dem Chor oder dem Altar gelegener Raum, der Heiligengräber oder Reliquien und meist einen weiteren Altar enthielten.

Landnahme
Auseinandersetzungen im Zusammenhang mit der Niederlassung der Stämme Israels im Land nach dem ägyptischen Exil und der Wüstenwanderung, heute meist auf das frühe 13. Jahrhundert vor Christus angesetzt.

Land-und-Boden-Tag
Arabisch, *Jaum al-ard* – »Tag der Erde, des Bodens«, 30. März, jährlicher Protesttag in den arabischen Gemeinden Israels und in den palästinensischen Gebieten, der sich gegen die Landenteignungen der palästinensischen Bevölkerung durch Israel richtet.

Leben-Jesu-Forschung
Heute: historische Jesusforschung, Bewegung, die ihren Ursprung in der Aufklärung, ihre Blütezeit im 19. Jahrhundert hatte, und die mit wissenschaftlichen Methoden versucht, das Leben des Jesus von Nazareth historisch zu erfassen und damit die heiligen Schriften zu belegen.

Legenda Aurea
Lateinisch, »Goldene Legende«, Erzählung, um 1264 von Jacobus von Voragine verfasste Sammlung von Schriften, die Überlieferungen zum Leben der Heiligen des frühen Christentums und aus dem Umkreis Jesu zusammenfassten.

Madrassa
Arabisch, »Schule«, Ort an dem man lernt, seit dem 10. Jahrhundert Bezeichnung für islamische Lehrinstitute auf allen Ebenen.

Maghreb
Arabisch, *al-maghreb* – »der Westen«, abgeleitet von Untergehen (der Sonne), im engeren Sinne Marokko, im weiteren Sinne auch die arabisch-nordafrikanischen Staaten Algerien, Tunesien, Libyen und auch Mauretanien.

Makkabäer
Jüdische Freiheitskämpfer in der Zeit der Seleukiden (165–63 v.Chr.). Sie begründeten das König- und Priestertum der Hasmonäer und sicherten den Fortbestand der jüdischen Tempelströmung in Zeiten hellenistischer Überfremdung des Landes.

Mamelukken
Ehemalige zentralasiatische Militärsklaven, die im ganzen Orient von

den islamischen Herrschern begünstigt eigene Reiche begründeten. Ihre Herrschaft im Heiligen Land datiert man auf die Zeit vom Ende des 13. Jahrhunderts bis zum Beginn der osmanischen Zeit 1516.

Maroniten

Benannt nach dem Heiligen Maron, Priestermönch aus Cyrrhus, gegründet nach dem Konzil von Chalcedon, im Mittelalter auf der Seite der Kreuzfahrer. Damals entstand die Bindung an Europa und die Papstkirche, die bis heute besteht.

Menschenweihehandlung

Eucharistie-Gottesdienst der 1922 begründeten Christengemeinschaft, auch erneuerte Messe genannt.

Meretz

Hebräisch, »Energie«, linksgerichtete Partei im israelischen Parlament, dem Friedensprozess und der Gleichheit aller Bevölkerungsgruppen verhaftet.

Messe

Christlicher Gottesdienst, der in seiner Urform aus vier Teilen besteht: Verkündigung, Opferung, Wandlung, Kommunion. Der Begriff stammt wahrscheinlich aus der lateinischen Liturgie, wo die Entlassungsworte heißen »Ite, missa est!« (Gehet hin, es ist die Aussendung) oder aber von mensa, Lateinisch für »Tisch«, der Tisch des Herrn.

Messias

Hebräisch, *meschiach* – der Gesalbte, griechisch Χριστός – Christos, der in der Hebräischen Bibel angekündigte Erlöser der Welt, den die Juden noch heute, wenn auch in verschiedener Weise, erwarten. Die Salbung bezieht sich auf das Salben von Königen und Priestern und soll den Messias ermächtigen, den Frieden, das Heil der Welt für alle Menschen zu bringen.

Michaeli

29. September, Fest des Heiligen Michael (Hebräisch, *Mi-cha-el* – »Der wie Gott ist« oder »Wer ist wie Gott?«), der eigentlich einer der vier Erzengel ist, der Patron verschiedener Völker zu verschiedenen Zeiten, beispielsweise des israelitischen Volkes, der Deutschen, aber auch der Georgier, der katholischen Kirche und vieler Zünfte, Landschaften und Städte.

Mikwe

Hebräisch, von »Zusammenfließen«, rituelles Tauchbad der Juden, immer mit »lebendigem Wasser« gefüllt, Regenwasser, Grundwasser, Fluss- oder Seewasser, wird zur rituellen Reinigung verwendet, beispielsweise vor der Hochzeit, nach der Berührung mit Totem, bei Konversionen.

Minarett

Arabisch, *manara* – ursprünglich »Leuchtturm«, Turm einer Moschee, von der fünf Mal am Tag durch den Muezzin der Ruf zum Gebet ertönt.

Mishkan haMila

Hebräisch: »Wo das Wort wohnt«, in Anlehnung an die Stiftshütte, Name der Theater- und Sprachgestaltungsschule im Kibbuz Harduf, begründet von Ya'akov Arnan und Miriam Glass.

Mizrachim

Hebräisch, »vom Osten her«, »vom Aufgang«, aus den östlichen, besonders nahöstlichen Ländern stammende Juden, früher auch orientalische Juden, oft auch zusammengefasst mit den Sepharden, die aus Spanien oder Nordafrika stammen, meist 1948 in Folge der Staatsgründung Israels aus den arabischen Ländern vertrieben. Etwa 40.000 Juden sollen noch in der muslimischen Welt verstreut leben.

Moschav

Hebräisch, »Siedlung«, landwirtschaftliche Gemeinschaftssiedlung auf Genossenschaftsbasis, mit stärkerer Betonung des Familiengedankens als im Kibbuz, erste Gründung1921 in Nahalal im Yesreel-Tal.

Moschee

Arabisch, *masdschid* – »Ort der Niederbeugung«, muslimischer Raum des gemeinsamen Gebets und der sozialen Zusammenkunft. Ein gemeinsames Gebet zielt ein Vielfaches, aber nur das Freitagsgebet zur Mittagszeit ist an die Moschee gebunden.

Muezzin

Arabisch, *Mu'adhin* – »Ausrufer«, der vom Minarett (oder über Lautsprecher, die dort erschallen, aus den unteren Räumen der Moschee) fünf Mal am Tag zum Gebet ruft.

Mukhtar

Arabisch, »der Gewählte«, Oberhaupt einer Dorfgemeinschaft, gewählt oder als Stammesältester in Erbfolge.

Muristan
Persisch, *Bimaristan* – »Krankenhaus«, »Irrenhaus«, traditionsreiches Gelände im christlichen Viertel der Altstadt, das einst von Harun al-Raschid Karl dem Großen geschenkt worden sein soll, der darauf ein Pilgerhospiz bauen ließ. Heute Ladenviertel, das im griechischen Stil erbaut wurde, und der Gebäudekomplex der deutschen Erlöserkirche sowie des Johanniterordens.

Muslim
Arabisch, »der sich Gott Hingebende, Unterwerfende«, Angehöriger des Islam, manchmal in der eher persischen Aussprache aus Moslem umgeschrieben.

Naqba
Arabisch, *an-Naqba* – »die Katastrophe«, im palästinensischen Sprachgebrauch die Flucht und Vertreibung von ca. 750.000 palästinensischen Bewohnern der Landesteile, die 1948 Gebiet des Staates Israel wurden.

Naqschbandi-Sufismus
Sufi-Orden, der im 14. Jahrhundert in Zentralasien entstand. Im Gegensatz zu anderen Sufi-Richtungen spielt der schweigende Dhikr, eine stille Meditation, sowie eine umfangreiche Selbstschulung eine größere Rolle als äußere Übungen wir der laut gesungene Dhikr oder der meditative Tanz.

Nathan der Weise
Protagonist des gleichnamigen dramatischen Gedichts von Gotthold Ephraim Lessing, ein jüdischer Kaufmann in Jerusalem zur Zeit Saladins. Er erzählt die Ringparabel, in der es um die Frage nach der »richtigen« Religion geht und wird dadurch zum Symbol der religiösen Toleranz.

Oase
Wasserstelle in der Wüste, das Vegetation erlaubt und so Leben ermöglicht.

Okzident
Im Gegensatz zum Orient – Ort des Sonnenuntergangs, Westen.

Orient
Im Gegensatz zum Okzident – Ort des Sonnenaufgangs, Osten.

Orthodoxie
Griechisch, ὀρθός, »gerade«, »richtig« und δόξα, »Meinung«, »Rechtgläu-

bigkeit«, an ursprünglicher Interpretation orientiert, im Christentum: Ostkirchen der Orthodoxie im Gegensatz zur westlichen katholischen Kirche; im Judentum: gesetzestreue Auslegung der Religionsvorschriften, »Rechtgläubigkeit«.

Osmanisches Reich

Von Konstantinopel/Istanbul aus regiertes Großreich der osmanischen Herrscherdynastie in der heutigen Türkei und ihren umfangreichen Einflussgebieten, 1299 bis 1923.

Palästina

Vom Volksnamen der Philister hergeleitete ursprüngliche Lateinische Bezeichnung des Landes, zuerst Syria Palaestina, auf Arabisch *Falastin*, ursprünglicher Landesname, den auch die frühen Juden benutzten.

Pali-Tuch

Ein von Männern als Sonnenschutz getragenes Kopftuch in der arabischen Welt, das durch Palästinenserführer Yassir Arafat weltweit populär wurde. Die Kuffiye ist ein quadratisches Tuch, in der Regel weiß mit einem Karomuster, das in verschiedenen Ländern unterschiedlich gefärbt ist. Die palästinensische Variante ist schwarz-weiß, die der Golfstaaten rot-weiß, die saudische rein weiß.

Patriarch

Erzvater, in biblischem Zusammenhang einer der Urväter des israelitischen Volkes, also Abraham, Isaak, Jakob.

Peacemakers of Jerusalem

Zusammenschluss von spirituell-religiösen Persönlichkeiten, meist Geistlichen, der sich von der Zusammenarbeit zwischen den religiösen Strömungen eine friedensfördernde Wirkung verspricht und zu diesem Zweck den Dialog übt und Veranstaltungen organisiert.

Pferdeställe Salomos

Gewölbe unter dem südöstlichen Tempelplatz, der dem legendären König Salomo als Stalllatz für 40.000 Pferde gedient haben soll (1. Kön 5,6). Heute Teil der unterirdischen Moschee, die von al-Aqsa-Moschee nur für Muslime zugänglich ist.

Pharisäer

Hebräisch, *peruschim* – Gruppierung im Judentum zur Zeit Jesu, die durch ein genaues Befolgen der Schriften und Gesetze versuchte, Gott näherzukommen, im Gegensatz zu den an der Praxis und am Machterhalt orientierten, eher materialistischen Sadduzäern und den asketisch lebenden, Schulung der Seele übenden Essäern.

Philister

Hebräisch, *pelischtim* – wahrscheinlich aus Phönizien stammendes Seefahrervolk, das seit dem 12. Jahrhundert v.Chr. die Küstenregion Palästinas besiedelte.

Pilgrims' Office

Englisch, »Pilgerbüro«, Franziskanische Koordinierungsstelle für alle Aktivitäten und Informationen rund um die Heiligen Stätten der Christen, die von der *Custodia Terrae Sanctae* betreut werden.

Pita

Handtellergroßes Fladenbrot, das entweder zum Essen gereicht wird oder als Imbiss mit Salaten, Falafel und/oder Fleisch gefüllt wird.

Pogrom

Russisch, погром – »Verwürstung«, »Zerstörung«, Ausschreitung gegen eine irgendwie andersartige Menschengruppe, früher nur für Pogrome gegen Juden verwendet, wie sie in Russland Ende des 19. / Anfang des 20. Jahrhunderts gehäuft vorkamen.

Rabbiner

Rabbi, Bezeichnung für einen Funktionsträger innerhalb einer jüdischen Gemeinde, geht auf das hebräische Wort für »groß« zurück, das für einen Lehrer verwendet wird. Ehrentitel für Tora-Gelehrsamkeit. Da es keine zentrale Instanz für die Verleihung des Titels gibt, sind die Wege zum Titel verschieden.

Ramadan

Arabisch, der heiße Monat, Fastenmonat im Islam, an dem von Sonnenaufgang bis Sonnenuntergang nichts gegessen und auch sonst auf manches verzichtet wird. Verschiebt sich im Jahreslauf, da das islamische Jahr neben den zwölf Mondmonaten keine Schalttage kennt.

Rayah

Friedensflagge, in die Knoten gebunden werden, die den Frieden nach erfolgreicher Schlichtung im Sulha-Verfahren verkünden.

Reconquista

Spanisch, »Rückeroberung«, Wiedereinnahme der Iberischen Halbinsel durch christliche Nachfahren der Westgoten im Laufe der Jahrhunderte nach der maurisch-islamischen Zeit, die im frühen 8. Jahrhundert begann. Die Reconquista wird mit dem Jahr 1492 als abgeschlossen betrachtet. In der Folge werden Mauren und Juden zwangsgetauft oder zum Verlassen ihrer Heimat gezwungen.

Religieuses des Nazareth

In Frankreich Anfang des 19. Jahrhunderts begründeter Nonnenorden, der seit Mitte des 19. Jahrhunderts an vielen Orten im Heiligen Land sozial wirksam ist.

Rochavei HaGmalim

Hebräisch, »Kamelreiter«, Kamelfarm und Basis für organisierte Wüstenwanderungen in Shaharut, Südnegev.

ruchani

Hebräisch, »spirituell«, »geistig«, Begriff, der auch für jede Art unorganisierte Religiosität gebraucht wird, indem das Adjektiv »religiös« im jüdischen Kontext eher gesetzestreu bedeutet.

Sadduzäer

Strömung im Judentum zur Zeit der Zeitenwende. Ob die Bezeichnung griechischen Ursprungs ist, auf die »Söhne des Zadok« zurückgeht oder mit dem Adjektiv zaddik – »gerecht« zu tun hat, ist umstritten. Die Sadduzäer gehörten dem religiösen Establishment an und lebten in den Äußerlichkeiten der religiösen Traditionen, stellten die Mehrheit der Tempelpriester und arrangierten sich mit den Herrschern im Lande.

säkular

Weltlich lebend, ohne religiöse Lebensweise, ungeachtet eventueller innerer Überzeugungen zu Weltanschauungsfragen.

Samariter, Samaritaner

Religions- und Volksgemeinschaft mit Ursprung und Wohnort in Samaria, die zur Zeit der Verschleppung der Stämme des Nordreiches im Lande blieb, dann weitgehend ohne religiöses Zentrum durch Tempel oder Priester das Judentum aufgrund der Überlieferungen der Tora selbst weiterentwickelte, sich mit anderen Stämmen vermischte und so zu einer Außenseitergruppe wurde. Es gibt heute noch etwa 700 Samaritaner im Heiligen Land, vor allem in Nablus/Shchem.

Sanhedrin

Griechisch, auch Synhedrion, zur Zeit des Zweiten Tempels der Hohe Rat der Juden, nach der Zerstörung des Tempels noch eine Zeit lang in Jawne fortbestehend. Heute besteht die herrschende Auffassung, dass es erst in Zeiten des Messias einen neuen Hohen Rat geben wird.

Sassaniden

Name der letzten vorislamischen Dynastie in Persien, »Neupersisches Reich« im Gegensatz zum Persischen Reich der vorchristlichen Zeit, 3.–7. Jahrhundert n.Chr.

Savlanut

Hebräisch, »Geduld«, beliebter Ausruf in passenden Lebenslagen.

Sawa'ed-Beduinen

Beduinen-Stamm, der aus dem Irak stammend in Nordisrael seit dem Beginn des 20. Jahrhunderts sesshaft wurde. Heute gibt es in Israel etwa 12.000, weltweit geschätzt 20.000 Stammesangehörige. Stammsitz ist das Dorf El-Homeira bei Shfa'amr in unmittelbarer Nähe des Kibbuz Harduf.

Schamor ve Sachor

Bestandteil der Tradition der Beachtung des Sabbat – Hebräisch: Beachte und erinnere!

Schekel

Israelische Währung mit antikem Namen, die auch in Palästina gilt, ursprünglich vorderasiatisches Gewichtsmaß: Metalle wurden in Schekel gewogen.

Scherut-Taxi

Von Hebräisch, »Dienste«, Sammeltaxi, das auf Buslinien verkehrt und Passagiere nach Bedarf mitnimmt und absetzt.

Schtetl

Jiddisch, »Städtchen«, jüdische Wohnviertel oder Dörfer in Osteuropa, in denen sich die ostjüdischen Traditionen herausbildeten und gepflegt wurden.

Sha'ar laAdam – Bab l'il Insan

Interkulturelle Begegnungsstätte in Galiläa, die aus der Initiative des Kibbuz Harduf, verschiedener Menschen aus den arabischen Nachbarorten und europäischer Freunde aus dem Umfeld der Christengemeinschaft gegründet wurde. Seit 2002 auf einem Grundstück zwischen Harduf und Ka'abiya ansässig, Begegnungsprogramme für Kinder, Jugendliche und Erwachsene, kulturelle und inter-religiöse Aktivitäten

Shabab

Arabisch, »Jugend«, insbesondere junge Männer, Bezeichnung für die männlichen Jugendlichen, die oft ohne Ausbildung, Arbeit und Perspektive das Stadtbild prägen, auf irgendeine Aufgabe oder Herausforderung wartend, sei es ein Gelegenheitsjob oder ein Flirt mit einer Europäerin ...

Shabbat

Hebräisch, von »Sitzen«, »Ruhen«, Deutsch: Sabbat, der siebte Tag, Gottes Ruhetag, den zu halten für Juden ein je nach Gesetzestreue mehr oder minder strenges Gebot ist. In Israel staatlicher Ruhetag, an dem das Leben (wie der öffentliche Verkehr) in großen Teilen des Landes weitgehend einschläft.

Shalom, Salaam

Hebräisch, שלום – arabisch سلام – »Unversehrheit«, »Heilsein«, »Ganzheit«,»Frieden«. In dem Wort klingt an das Wort für die Wiederherstellung der auseinandergefallenen Wirklichkeit zwischen irdischer Erscheinung und himmlischem Urbild.

Sheikh

Arabisch, arabischer Ehrentitel für Männer von Rang und Namen, vor allem auch im religiösen Kontext, manchmal auch Ältester eines Stammes oder Clans.

Shoa, Holocaust

Hebräisch, »die Katastrophe«, »das Unglück«; Griechisch ὁλόκαυστον – »vollständig verbrannt«, bezeichnet den Völkermord an Juden und anderen Verfolgten des nationalsozialistischen Deutschen Reiches während des zweiten Weltkriegs, dem etwa 6,3 Millionen Menschen zum Opfer fielen.

Schofar

»Widderhorn«, vorderasiatisches Musikinstrument, das im jüdischen Ritualgebrauch vor allem zur Ankündigung von Festen sowie zur Bekräftigung von Festgebeten verwendet wird.

Siedler, Siedlungen

Im engeren Sinne gebraucht für diejenigen israelischen Staatsbürger, die sich in besetzten Gebieten dauerhaft ansiedeln, um den jüdischen Charakter des Landes zu sichern. Von der internationalen Gemeinschaft wird eine Besetzung durch Besiedlung als völkerrechtswidrig angesehen, während die Siedler sich durch den ungeklärten Rechtsstatus der Gebiete gerechtfertigt fühlen.

Sochnut

Hebräisch, *HaSochnut ha-jehudit le-Eretz-Israel* – die jüdische Vertretung, Vermittlung für Israel; Englisch – *Jewish Agency*, größte jüdische Vereinigung weltweit zur Vermittlung von Immigration, Förderung der Verbindung zwischen Diaspora-Judentum und dem Land Israel, Förderung jüdischer Kultur im Lande.

Streimel

Wagenrad-förmiger Fellhut aus Zobelschwänzen, der vor allem von verheirateten chassidischen Juden getragen wird.

Sufismus

Arabisch, *sufiya* – mystische Strömung im Islam, seit dem 9. Jahrhundert entstehend, im 12. Jahrhundert in Orden gegliedert, die auf unterschiedliche Weise eine direkte Verbindung zum Göttlichen suchen.

Sukkot

Hebräisch, *suka* – »Hütte«, das Laubhüttenfest, eines der drei großen jüdischen Feste, an denen vormals eine Wallfahrt nach Jerusalem vorgeschrieben war, fünf Tage nach dem Versöhnungstag im Herbst. Zur Erinnerung an den Auszug aus Ägypten und die Heimatlosigkeit werden eine Woche lang alle Mahlzeiten in einer Hütte aus Laub, Ästen, Stroh o.ä. eingenommen.

Sulha

Arabisch: Beendigung eines Konfliktes durch Versöhnung, Kooperation, Vergebung in einem ritualisierten Prozess, in dem eine Gruppe von respektierten Vermittlern dafür sorgt, dass beide Seiten ihr Gesicht wahren und wieder im Frieden miteinander leben können.

Sunna

Arabisch, »Brauch«, »Gewohnheit«, in der sunnitischen Strömung des Islam zweite Quelle der Offenbarung, in Form von Hadithen gesammelte »Gewohnheiten« des Propheten, die für die Gläubigen verbindliche Regeln ergeben.

Sure

Arabisch, *Sura* – bezeichnet einen zusammenhängenden Abschnitt des Koran, der eine in sich einheitliche Offenbarung an den Propheten Mohammed darstellt.

Synagoge

Von Griechisch, συναγωγή – »Versammlung«; Hebräisch, *Beit Knesset* – Versammlungshaus, Ort an dem jüdische Gottesdienste stattfindet sowie auch Lehrhaus. Schon zu Zeiten des Tempels in Jerusalem gab es anderswo im Lande Synagogen, später ersetzen sie den zentralen Versammlungsort in vielfacher Weise.

Tanach

Die Hebräische Bibel, Akronym aus Tora, Neviim (Propheten) und Ktovim (Schriften), im christlichen Zusammenhang in etwas anderer Reihenfolge das Alte Testament genannt.

Tempel

Von Lateinisch, templum, im weiteren Sinne Sakralgebäude jedweder Religion, im engeren Sinne Tempel auf dem Berg Moriya, zuerst von Salomo aufgebaut, von den Babyloniern zerstört, von Esra wieder aufgebaut, in hellenistischer Zeit verfallen, von den Makkabäern wieder eingeweiht, von Herodes dem Großen erweitert und im Jahre 70 von den Römern zerstört. Zentralheiligtum des Judentums.

Templer

1. Templerorden – Mönchsorden für adlige Ritter, für die Kreuzzüge gegründet, bestand von 1118 bis zur Auflösung durch den Papst 1312.

2. Tempelgesellschaft, um 1850 in Württemberg entstandene pietistische Abspaltung der evangelischen Kirche, die im Heiligen Land daran arbeiten wollte, dass ihre Mitglieder sich unter »Beachtung des Gesetzes, des Evangeliums und der Weissagung« selbst zu einem Tempel machen sollten. Bis zum 2. Weltkrieg bestanden in Jerusalem, Haifa, Sharona und anderen Orten beachtliche städtische und landwirtschaftliche Kolonien.

Tora

Der erste Teil der Hebräischen Bibel, des Tanach; Griechisch der Pentateuch oder zu Deutsch: die fünf Bücher Mose. In diesem Teil der Bibel sind die wesentlichen Grundlagen der Religionsgesetze enthalten.

Tschuva

Hebräisch, »Rückkehr«, »Umwendung«, meint die Rückbesinnung auf das Leben als gesetzestreuer Jude, auch Reue, Bitte um Vergebung. Bezeichnung für den Entschluss zu einem orthodox-jüdischen Lebensstil.

Ulpan

Hebräisch, »Werkstatt«, »Studio«, im engeren Sinne Sprachschule für Neueinwanderer, in der intensiv Hebräisch gelernt wird.

Umma

Arabisch, »Gemeinschaft«, im engeren Sinne die Weltgemeinschaft des Islam als Menschengemeinschaft, während der Dar al-Islam als das Haus des Islam das Gebiet bezeichnet, das unter islamischer Herrschaft steht und das nie wieder aufgegeben werden darf.

Unabhängigkeitskrieg

Auch Palästinakrieg (s.a. Nakba), am 15. Mai 1948, dem Tag nach der Unabhängigkeitserklärung, mit dem Rückzug der englischen Mandatsmacht von den arabischen Nachbarländern begonnener Krieg gegen den neugegründeten Staat Israel. Der Waffenstillstand 1949 erweiterte die vom UNO-Teilungsplan vorgesehenen Grenzen Israels erheblich und führte zu einer Annektierung der für einen palästinensischen Staat vorgesehenen Gebiete durch Ägypten und Jordanien.

UNO

Englisch, *United Nations Organisation* – Organisation der Vereinten Nationen gegründet 1945 mit Vollversammlung, Sicherheitsrat (beide mit Sitz in New York) und vielen Unterorganisationen.

UNRWA

Englisch, *United Nations Relief and Works Agency for Palestine Refugees in the Near East.* Hilfsprogramm der Vereinten Nationen für Palästina-Flüchtlinge im Nahen Osten, 1949 gegründet als temporäre Organisation mit regelmäßig um jeweils drei Jahre verlängertem Mandat, die den Betroffenen und ihren Nachfahren bis zu einer endgültigen Lösung der Flüchtlingsfrage humanitär beistehen soll. Der Kreis der Hilfsberechtigten hat sich von ursprünglich etwa 750.000 auf inzwischen 5,5 Mio. Menschen erweitert.

Verklärung

Auch Lateinisch, »Transfiguration«, Offenbarungsereignis im Neuen Testament, in dem der Christus seinen Jüngern in einem überirdischen Licht verwandelt erscheint, sodass seine Göttlichkeit ihnen offenbar wird.

Via Dolorosa

Lateinisch, »Schmerzensweg«, »Leidensweg«, ist der Weg, der nach der katholischen Tradition die Wegstrecke nachzeichnet, die Jesus von der Gefangennahme bis zur Kreuzigung gehen musste. Der Verlauf ist in seiner jetzigen Ausgestaltung wahrscheinlich nicht historisch korrekt. Pilger bemühen sich aber, ihn auch emotional mitzuvollziehen und wandeln deshalb – oft Holzkreuze tragend – insbesondere am Freitag auf den Spuren des Heilands.

Völkerbund

Internationale Organisation mit Sitz in Genf, die 1920 ihre Arbeit aufnahm, die 1946 eingestellt wurde. Gilt als Vorläufer der UNO.

Volontäre

Aus dem Lateinischen: Freiwillige, insbesondere in Israel junge Menschen, die sich ihren Auslandsaufenthalt durch Mitarbeit in einer sozialen Einrichtung, einer Kirche, einem Kibbuz oder einem anderen Unternehmen verdienen, meist gegen Kost und Logis sowie ein kleines Taschengeld.

Waldorfpädagogik

Aus der Anthroposophie inspirierte Pädagogik, die sich weniger an gesellschaftlich formulierten Lernzielen als an den Entwicklungsbedingungen des Kindes orientiert. Waldorfschulen sind in der Regel 12-jährige Gesamtschulen, weltweite Verbreitung, in Israel zurzeit 18 Schulen, davon eine arabisch-sprachig, eine zweisprachig.

Waqf

Arabisch, »fromme Stiftung«, muslimische Einrichtung zur Verwaltung von religiösen und wohltätigen Einrichtungen, in Jerusalem verwaltet die dortige Waqf alle Gebäude auf dem Tempelberg und die dort ansässigen Schulen, Organisationen, Museen etc.

WCRP

Englische Abkürzung für den *World Council for Religions for Peace* – Weltrat für Religionen für den Frieden, internationale Nichtregierungsorganisation mit Sitz in New York mit dem Ziel, durch inter-religiösen Dialog Friedensarbeit zu leisten. Gegründet 1970 in Kyoto.

Weiße Väter
1868 vom französischen Erzbischof in Algier gegründeter Orden zur Afrikamission. Die Farbe weiß bezieht sich hier nicht auf die Hautfarbe der Mönche, die meist nicht weiß ist, sondern auf die weiße Tracht, die an den nordafrikanischen Burnus erinnert.

Yad vaShem
Hebräisch, »Denkmal und Name«, staatliche Holocaust-Gedenkstätte in Jerusalem, mit Forschungsstelle, Datenbank und Museum, gegründet 1953, völlig neugestaltet 2005.

Yallah!
Arabisch, »Los!« Umgangssprachlich auch im Hebräischen benutzter Ausruf, mit dem man eine Beschleunigung der Ereignisse zu erreichen versucht.

Wadi
Arabisch, *al-wadi* – Flusslauf in einer Wüste oder einem Trockengebiet, der nur zeitweise Wasser führt.

Zion
Eigentlich einer der Berge des alten Jerusalem, biblisch auch Synonym für die Heilige Stadt.

Zionismus
Bewegung, die die Juden der Welt wieder ins Heilige Land zurückführen und ihnen eine Heimat geben soll, insbesondere als Schutz vor Benachteiligung und Verfolgung in der Diaspora. Als Vater des modernen Zionismus gilt gemeinhin Theodor Herzl (1896: *Der Judenstaat*). Heute wird der Begriff kritisch gebraucht für die Bewegung, die den jüdischen Charakter des Landes betonen und erhalten will.

Zitadelle
Kleine, in sich abgeschlossene Festung oder definierter Teil einer größeren Anlage. In Jerusalem bezeichnet man mit dem Begriff, die sogenannte Davidszitadelle, die aus herodianischer Zeit stammt und in der osmanischen Zeit ausgestaltet wurde. Sie ist Sitz des Museums der Stadtgeschichte.

Zoroastrismus
1800–600 v.Chr. die dualistische Religion, die sich von Zarathustra herleitet, und den Gegensatz der lichten und der dunklen Seite der Schöpfung betont – Ahura Mazdao und Ahriman.

Zweistaaten-Lösung

In der Folge der Friedensverträge von Oslo (1993) angestrebte Lösung des Konfliktes um das Land. Israel wird von den arabischen Staaten in den Grenzen von 1967 anerkannt, in den besetzten Gebieten entsteht ein souveräner palästinensischer Staat. Dabei blieben viele entscheidende Fragen ungeklärt, was dazu führte, dass die vagen Pläne nach anfänglichen Teilerfolgen in immer weitere Ferne rücken. Das Gegenmodell – die Einstaaten-Lösung – wäre demografisch ein Ende des jüdischen Staates, ist aber als Alternative unausweichlich, wenn es nicht zu einer Zweistaaten-Lösung kommt.

Verwendete und weiterführende Literatur

Heilige Schriften

Die Hebräische Bibel – Das Alte Testament:
Einheitsübersetzung, da die Luther-Bibeln um einige das Land betreffende Bücher gekürzt ist, z. B. Makkabäer, Tobit, Judit, Esther u.a.

Das Neue Testament:
In der Übersetzung von Friedrich Ogilvie. Stuttgart ^{3}2012.

In der Übersetzung von Emil Bock. Stuttgart ^{4}2014.

Kaddor, Lamya / Müller, Rabeya, *Der Koran für Kinder und Erwachsene.* München 2010.

Paret, Rudi (Hg.), *Der Koran.* Kommentar und Konkordanz. Stuttgart ^{8}2012.

Weidinger, Erich, *Die Apokryphen. Verborgene Bücher der Bibel.* Augsburg 1989.

Zur Geistesgeschichte

Aslan, Reza, *Kein Gott außer Gott.* München ^{3}2008.

Bock, Emil, *Beiträge zur Geistesgeschichte der Menschheit.* 7 Bde. Stuttgart ^{9}2009.

Steiner, Rudolf, *Das Matthäus-Evangelium,* 12 Vorträge in Bern 1910. Dornach 1986.

ders.: *Aus der Akasha-Chronik.* 18 Vorträge 1913/14. Dornach 1986.

Thieben, Ludwig: *Das Rätsel des Judentums.* Hg. von Amnon Reuveni. Basel 1991.

Reiseführer / Landeskunde / Zeitgeschichte:

Dachs, Gisela, *Israel kurzgefasst.* Bonn 2013.

Gilbert, Martin, *The Routledge Atlas of the Arab-Israeli Conflict.* London/New York ^{8}2005.

Gorys, Erhard, *Kunst-Reiseführer Heiliges Land.* Köln 2006.

Robinson, Daniel et. al, *Lonely Planet Reiseführer Israel & Palästina.* Köln ^{2}2012.

Sabra, Martina (Red.), *Palästina verstehen.* SympathieMagazine, Studienkreis für Tourismus und Entwicklung 2013.

Schäuble, Martin / Flug, Noah, *Die Geschichte der Israelis und Palästinenser.* München ^{2}2009.

Segev, Tom, *Es war einmal ein Palästina. Juden und Araber vor der Staatsgründung Israels.* München ^{5}2006.

Strenger, Carlo, *Israel. Einführung in ein schwieriges Land.* Frankfurt 2011.

Suchantke, Andreas et. al., *Mitte der Erde.* Israel und Palästina im Brennpunkt natur- und kulturgeschichtlicher Entwicklungen. Stuttgart ^{2}1996.

Tishby, Ariel (Hg.), *Das Heilige Land auf Landkarten.* Göttingen 2008.

Vieweger, Dieter, *Streit um das Heilige Land. Was jeder vom israelisch-palästinensischen Konflikt wissen sollte.* Gütersloh ^{4}2013.

ders.: *Abenteuer Jerusalem. Die aufregende Geschichte einer Stadt dreier Weltreligionen.* Gütersloh ^{2}2011.

Reisetagebücher (in Klammern das Reisejahr)

Bock, Emil, *Reisetagebücher: Italien – Griechenland – Heiliges Land* (1932/1934). Stuttgart 1986.

Das deutsche Kaiserpaar im Heiligen Lande. Berlin 1899.

Gradenwitz, Peter, *Das Heilige Land in Augenzeugenberichten* (Auszüge, 10. – 19. Jh.). München 1984.

Hahn, Herbert, *Das Heilige Land. Reisebilder und Eindrücke* (1934). Stuttgart [3]1990.

Londres, Albert, *Ahasver ist angekommen* (1929). München 1998.

Paquet, Alfons, *In Palästina* (1913). Jena 1915.

Pfeiffer, Ida, *Reise in das Heilige Land* (1842). Wien [2]2012.

Erfahrungsberichte/Reportagen/Einzelthemen:

Barenboim, Daniel / Said, Edward, *Parallels and Paradoxes.* Explorations in Music and Society. New York 2004.

Bister, Ulrich (Hg.*), Alt-Jerusalem und Umgebung im 19. Jahrhundert. Aus der Sammlung von Conrad Schick.* Gießen 2008.

Elon, Amos, *Zu einer anderen Zeit. Porträt der deutsch-jüdischen Epoche 1743-1933.*

München 2000

Farhat-Nasser, Sumaya, *Tagebücher aus Palästina.* Basel, z.B.:

Verwurzelt im Land der Olivenbäume (2002) / *Disteln im Weinberg* (2007) / *Thymian und Steine* (2012) / *Im Schatten des Feigenbaums* (2013).

Frank, Anne: *Tagebuch.* Frankfurt [19]2013.

Frankl, Viktor, ... *trotzdem Ja zum Leben sagen. Ein Psychologe erlebt das Konzentrationslager.* München [6]2009.

Friedman, Thomas L., *From Beirut to Jerusalem. One Man's Middle Eastern Odyssey.* New York 1998.

Grossmann, David, *Diesen Krieg kann keiner gewinnen. Chronik eines angekündigten Friedens.* Berlin [3]2010.

Hammarskjöld, Dag, *Zeichen am Weg. Das spirituelle Tagebuch des UN-Generalsekretärs.* Stuttgart [2]2012.

Jabbour, Elias J., *Sulha – Palestinian Traditional Peacemaking Process.* Montreat [2]1996.

Nusseibe, Sari, *Es war einmal ein Land. Ein Leben in Palästina.* Frankfurt 2009.

Sacks, Jonathan, *To heal a Fractured World. The Ethics of Responsibility.* New York 2006.
Senesh, Hannah, *Her Life and Diary.* New York 2004.
Serenyi, Gitta, *Das deutsche Trauma. Eine heilende Wunde.* München 2002.

Belletristik

Agnon, Samuel Josepf: *Gestern, vorgestern* (*Tmol schilschom*). Frankfurt 1996.
Al-Madhoun, Raba'i, *The Lady from Tel Aviv.* London 2013.
Frisch, Max, *Nun singen sie wieder. Versuch eines Requiems.* Frankfurt 1996.
Gavron, Assaf, *Auf fremdem Land.* München 2013.
Grossmann, David, *Eine Frau flieht vor einer Nachricht.* Berlin [3]2011.
Gur, Batya, Die Inspektor Achajon-Kriminalromane. München, z.B.:
Denn am Sabbat sollst du ruhen (1994) / *Am Anfang war das Wort* (1997) / *Du sollst nicht begehren* (2004)
Kashua, Sayed, *Zweite Person Singular.* Berlin 2013.
Kertesz, Imre, *Roman eines Schicksallosen.* Reinbek [27]1999.
Khoury, Elias, *Das Tor zur Sonne.* München 2007
Lagerlöf, Selma, *Jerusalem.* Hamburg 2011.
Lasker-Schüler, Else, *Gesammelte Werke in vier Bänden.* Insbesondere: *Das Hebräerland* (1937). Frankfurt 2000.
Oz, Amos, *Eine Geschichte von Liebe und Finsternis.* Frankfurt [8]2008.
Rees, Matt Beynon, Die Omar-Yussuf-Kriminalromane, München, z.B.:
Der Verräter von Bethlehem (2009) / *Ein Grab in Gaza* (2010) / *Der Tote von Nablus* (2011).
Shalev, Meir, *Esaus Kuss.* Zürich [7]1996.
Shalev, Zeruya, *Klopf nicht an diese Wand.* München 2002.
Szir, Zvi, *Der Jude Einstein.* Basel 2011.
Wilder, Thornton, *Einakter und Dreiminutenspiele.* Frankfurt 1993.

Besonders empfehlenswerte Filme:

Hajo Schomerus (Regie), *Im Hause meines Vaters sind viele Wohnungen.* (Über die Grabeskirche) DVD Deutschland 2010.

Justine Shapiro & B.Z. Goldberg (Regie), *Promises.* (Hass und Hoffnung – Kinder im Nahostkonflikt) Deutsche DVD 2009.

Volker Heise (Regie), *24h Jerusalem.* 8 DVDs zu einer 24stündigen TV-Dokumentation. Deutschland/Frankreich 2014.

Bildnachweis

Seite 15: Wolfgang Schmidt, Tübingen;
Seite 19, 20: Wikipedia;
Seite 21, 109: FilmFollowsForm / Jochen Schlöder, Stuttgart.
Alle anderen Bilder stammen aus Privatbesitz. Die Autorin und der Verlag danken den Inhabern der Rechte für die großzügige Bereitstellung.

Über die Autorin

Ilse Wellershoff-Schuur, Jahrgang 1958, studierte zunächst Jura und arbeitete später als Lehrerin in Dänemark. Nach ihrer Rückkehr nach Deutschland besuchte sie das Priesterseminar und ist seit 2000 Pfarrerin der Christengemeinschaft. Sie ist Mitbegründerin der interkulturellen Begegnungsstätte Sha'ar laAdam – Bab l'il Insan und leitet seit 1995 Jugendbegegnungen und Studienreisen ins Heilige Land. Ilse Wellershoff-Schuur ist verheiratet, hat drei Kinder und lebt in Überlingen am Bodensee.